COSTURA DE MODA
técnicas básicas

Connie Amaden-Crawford

Tradução
Flávia Simões Pires (coordenação)
Laura Martins
Scientific Linguagem Ltda.

Revisão técnica
Bruna Pacheco
Mestre em Inclusão Social e Acessibilidade
pela Universidade Feevale
Especialista em Design de Moda com ênfase em
Marketing pela ESPM-Sul
Professora do curso de Moda da Universidade Feevale

bookman

2014

Obra originalmente publicada sob o título
Fashion Sewing: Introductory Techniques
ISBN 978-1-4725-2945-9

© Bloomsbury Publishing Plc., 2014. Todos os direitos reservados.
Tradução para língua portuguesa © 2014, Bookman Companhia Editora Ltda., uma empresa do Grupo A Educação S.A. Todos os direitos reservados.

Design da capa: *Megan Trudell*

Imagem da capa: © *Colourbox.com*

Gerente editorial: *Arysinha Jacques Affonso*

Colaboraram nesta edição:

Editora: *Mariana Belloli*

Capa: *Kaéle*, arte sobre capa original

Leitura final: *Angelita dos Santos Silva*

Editoração: *Techbooks*

A481c	Amaden-Crawford, Connie.
	    Costura de moda : técnicas básicas / Connie Amaden-Crawford ; tradução: Flávia Simões Pires (coord.), Laura Martins, Scientific Linguagem Ltda. ; revisão técnica: Bruna Pacheco. – Porto Alegre : Bookman, 2014.
	    183 p. : il. ; 21 x 27 cm.
	
	    ISBN 978-85-8260-201-0
	
	    1. Moda – Costura. 2. Moda – Design. I. Título.
	
	    CDU 687.01

Catalogação na publicação: Ana Paula M. Magnus – CRB 10/2052

Reservados todos os direitos de publicação, em língua portuguesa, à
BOOKMAN EDITORA LTDA., uma empresa do GRUPO A EDUCAÇÃO S.A.
Av. Jerônimo de Ornelas, 670 – Santana
90040-340 – Porto Alegre – RS
Fone: (51) 3027-7000   Fax: (51) 3027-7070

É proibida a duplicação ou reprodução deste volume, no todo ou em parte, sob quaisquer formas ou por quaisquer meios (eletrônico, mecânico, gravação, fotocópia, distribuição na Web e outros), sem permissão expressa da Editora.

Unidade São Paulo
Av. Embaixador Macedo Soares, 10.735 – Pavilhão 5 – Cond. Espace Center
Vila Anastácio – 05095-035 – São Paulo – SP
Fone: (11) 3665-1100   Fax: (11) 3667-1333

SAC 0800 703-3444 – www.grupoa.com.br

IMPRESSO NA CHINA
PRINTED IN CHINA

PREFÁCIO

Costura de moda: técnicas básicas foi escrito para todas as pessoas interessadas na construção de peças de roupa, sejam principiantes ou experientes em costura. Ao aprendermos a costurar, é importante entendermos como montar uma peça de roupa e como costurar cada item da peça.

O texto, de linguagem simples, é acompanhado de instruções passo a passo e de ilustrações. Ele apresenta todas as habilidades básicas e intermediárias necessárias para a costura de peças a partir de um molde. Depois de ler este livro, você terá condições de criar peças simples, e algumas não tão simples assim, com aparência profissional.

O Capítulo 1 deste livro mostrará como você pode organizar o seu atelier de costura. Ele oferece um resumo sobre os principais modelos de máquinas de costura e overloques e sobre os materiais e equipamentos de costura. O Capítulo 2 faz uma introdução aos tecidos e inclui informações sobre fibras e combinações mais recentes de fibras, com uma seção voltada para fibras ecologicamente corretas. O Capítulo 3 é um recurso útil para aqueles interessados em costurar também para outras pessoas, oferecendo informações sobre como tirar medidas e apresentando tabelas de medidas padrão em moldes comerciais. As técnicas de ajuste do Capítulo 4 ilustram os métodos de ajuste de peças de roupas utilizados pela indústria da moda. Os Capítulos 5 a 8 mostram as técnicas básicas de construção, desde pontos e costuras até bainhas e fechamentos.

Este livro é uma fonte excelente para todos os que desejam aprofundar seu conhecimento sobre a costura de moda. Muitos anos em salas de design de moda, salas de produção e salas de aula me ensinaram que habilidades de costura sólidas e competentes resultam em um bom design. Desejo que as habilidades adquiridas pelo estudo deste texto forneçam a você uma base sólida para o sucesso na costura de moda.

SUMÁRIO

1
INTRODUÇÃO | 7

Como montar o seu atelier de costura — 8
Máquinas de costura — 9
Overloques — 21
Equipamentos e ferramentas de costura — 23
Equipamentos e ferramentas de passadoria — 29
Métodos de passadoria — 30

2
COMO IDENTIFICAR OS TECIDOS | 33

Introdução aos tecidos — 34
Tecidos orgânicos e naturais — 40
Fibras celulósicas regeneradas — 43
Fibras sintéticas e artificiais — 43
Forros — 46
Entretelas — 47

3
BIÓTIPOS e TABELAS DE MEDIDAS | 53

Entendendo os biótipos — 54
Mulheres — 54
Crianças — 56
Adolescentes — 58
Homens — 59

4
PLANEJAMENTO DO DESIGN e SELEÇÃO DO TECIDO | 61

Planejamento do design — 62
Seleção do molde — 67
Ajuste do molde — 70
Planejamento do corte do molde e do tecido — 75
Transferência das marcações do molde — 80

5
PONTOS | 83

Termos e conceitos essenciais	84
Embebimento	87
Franzidos	88
Como costurar elásticos	90
Pontos de costura para bainhas	91

6
COSTURAS e ESTRUTURAS | 93

Costuras	94
Acabamentos de costura	113
Pences	117
Como costurar pences	119
Pregas	126
Tomas	131

7
BAINHAS | 135

Termos e conceitos essenciais	136
Como marcar e virar uma bainha	138
Ponto picot	140
Bainha de canto	141
Bainha mitrada	142

8
FECHAMENTOS | 143

Termos e conceitos essenciais	144
Botões e casas de botões	145
Velcro	150
Colchetes	151
Zíperes	152

APÊNDICE | 168

Recursos para máquina de costura	168
Glossário	170

ÍNDICE | 177

CAPÍTULO 1

INTRODUÇÃO

- Como montar o seu atelier de costura
- Máquinas de costura
- Overloques
- Equipamentos e ferramentas de costura
- Equipamentos e ferramentas de passadoria
- Métodos de passadoria

COMO MONTAR O SEU ATELIER DE COSTURA

Ao montar o seu atelier, dedique algum tempo para organizar os equipamentos e se certifique de que estão aptos e prontos para serem utilizados. Um local agradável para costurar deve ser bem iluminado: boa iluminação é essencial em uma área de costura. Embora a luz solar seja ideal, existem muitas lâmpadas de alta intensidade e de luz diurna disponíveis.

A superfície de corte deve ter largura suficiente para cortar os projetos de costura. Ela deve ser firme para impedir que o tecido se desloque. A tábua de passar e o ferro devem ficar perto da máquina de costura. Um espelho de corpo inteiro é útil para conferir o caimento e a aparência da roupa.

Para qualquer projeto de costura, é necessário uma variedade de ferramentas, aviamentos e suprimentos. Todos os itens relacionados à costura devem ser mantidos em áreas específicas, armários ou caixas especiais para facilitar o acesso e a utilização. Os suprimentos e os equipamentos a seguir, que serão discutidos mais detalhadamente ao longo deste capítulo, devem ser mantidos na área de costura:

- Máquina de costura
- Ferro e tábua de passar
- Linha
- Fita métrica
- Alfinetes e agulhas
- Tesouras
- Alicates
- Cortadores rotativos (opcional)
- Régua métrica
- Suprimentos diversos

DICA PRÁTICA Utilize uma caixa de equipamentos para agrupar as suas ferramentas de costura. As caixas de equipamentos estão disponíveis em diversos tamanhos e configurações, com compartimentos para guardar todas as ferramentas em um espaço adequado. São portáteis e fáceis de montar.

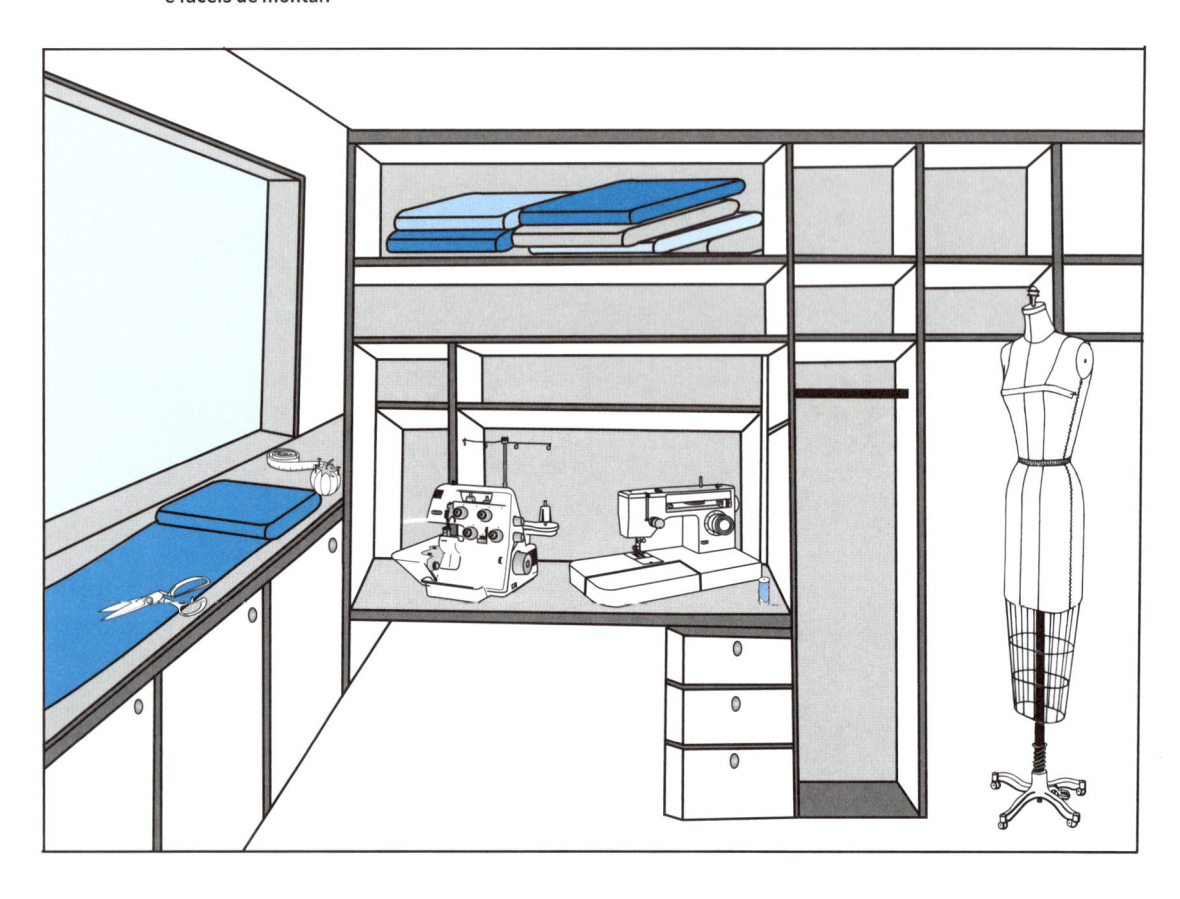

MÁQUINAS DE COSTURA

Máquinas de costura utilizam uma agulha e um gancho giratório para entrelaçar linhas em cima (linha do carretel) e embaixo (linha da bobina) de uma peça de tecido e produzir um ponto. Esse ponto pode ser projetado para unir dois tecidos, arrematar as bordas não acabadas de uma costura ou decorar o tecido com um padrão específico. Os modelos de máquina de costura produzem um ou vários tipos de pontos.

Escolher uma máquina pode ser uma tarefa intimidante. De modelos antigos com funções básicas até modelos de última geração com computadores internos e diversos recursos, uma profusão de modelos está disponível no mercado. Escolha uma máquina apropriada para a utilização desejada. Uma costureira doméstica pode querer uma máquina com muitas opções de pontos decorativos, enquanto uma fábrica de vestuário escolheria aquela com funções básicas de ponto e um motor mais potente para velocidades de costura mais rápidas. Para ajudar a escolher uma máquina e simplificar o processo de decisão, este capítulo apresenta as características básicas dos tipos de máquinas e seu uso. Se for possível, teste diversas máquinas antes de tomar a decisão.

CLASSIFICAÇÃO DAS MÁQUINAS DE COSTURA

As máquinas de costura podem ser divididas em duas categorias – domésticas e industriais –, ambas com diversos modelos. Entretanto, a principal diferença entre elas está no uso pretendido. As máquinas de costura industriais são projetadas para usos prolongados e contínuos a altas velocidades, e são configuradas para tarefas de costura extremamente repetitivas. As máquinas de costura domésticas operam em uma velocidade muito menor, mas incluem um número maior de funções, pois são projetadas para propósitos gerais, adequadas para reparos e construção de roupas, acolchoados e artesanato.

MÁQUINAS DOMÉSTICAS

Uma boa máquina de costura doméstica deve operar suavemente, produzindo pontos nítidos e uniformes. São projetadas para serem máquinas versáteis nas quais o usuário pode trocar as funções com facilidade e rapidez. Geralmente, máquinas básicas oferecem ponto reto (avanço e retrocesso), ponto zigue-zague, larguras e comprimentos de pontos ajustáveis e um aparelho de caseamento. Os pontos para bainha invisível para tecido plano e com elastano também estão disponíveis em máquinas básicas.

Os preços dos novos modelos de máquina variam entre R$ 280,00 a R$ 10.000,00. Quanto maior o preço, maior a complexidade e a versatilidade. As máquinas domésticas podem ser completamente mecânicas ou computadorizadas. As máquinas mecânicas tendem a ser mais baratas e menos versáteis, mas com longa vida útil. Máquinas computadorizadas são bastante versáteis, mais caras e às vezes possuem função de "autoajuda eletrônica de costura" para ajudar a selecionar um ponto adequado e a combinação do pé-calcador. Antigamente, todas as máquinas utilizavam um reostato (controle de velocidade) para transmitir energia do motor para as partes funcionais de uma máquina. Hoje, com modelos mecânicos e computadorizados disponíveis, botões ou *touch screen* são utilizados para selecionar configurações de pontos. Máquinas mais caras geralmente têm uma quantidade maior de pontos utilitários e decorativos e maior facilidade de utilização.

Também é preciso considerar os detalhes mecânicos. Uma máquina com motor de poucos watz pode afogar ou não produzir muita força na agulha ao costurar em velocidade baixa. O motor Servo e o motor de passo, tipicamente encontrados em máquinas computadorizadas ou eletrônicas, produzem força total mesmo nas velocidades mais baixas – uma vantagem, quando se trabalha com alguns tecidos. A escolha entre uma máquina mecânica e uma computadorizada, em geral, depende do orçamento e o desejo de facilidade de uso ou versatilidade. Uma máquina usada e bem conservada, disponível em lojas que vendem máquinas novas, pode se encaixar no seu orçamento.

MÁQUINAS INDUSTRIAIS

Todos os componentes de uma máquina industrial são projetados para a construção eficiente de uma roupa, economizando tempo e dinheiro. A máquina atual, chamada de "cabeçote da máquina", é configurada com um determinado ponto para um passo específico e pode ser dimensionada e formatada correspondentemente. Também contém um sistema de bobina que enche bobinas extras durante a costura. O cabeçote da máquina é colocado em uma mesa que aloja um motor de embreagem, um pedal, um suporte de linha, um sistema de lubrificação automática, um pedal que levanta a agulha quando desejado e uma alavanca de joelho (conhecida como joelheira) que levanta o pé-calcador para que as mãos fiquem livres para manipular o tecido. As máquinas industriais geralmente são customizadas para um único propósito, como ponto reto, costuras especiais, casas de botão, zíperes ou colocação de viés, e podem ser especializadas para materiais diferentes. Essas aplicações variadas costumam utilizar um pé-calcador personalizado para costurar uma tarefa específica.

FUNÇÕES BÁSICAS NECESSÁRIAS PARA COSTURA DE MODA

(Listadas em ordem de importância)
- Ponto reto
- Comprimento e largura variável do ponto
- Posições variáveis da agulha
- Ponto zigue-zague e variações
- Casas de botão (único e estilos variados)
- Pontos utilitários diversos: ponto invisível para bainha, ponto tipo overloque e ponto elástico

RECURSOS ÚTEIS

Os avanços na engenharia e na tecnologia continuam proporcionando maior eficiência e precisão na costura à máquina. Alguns recursos estão listados a seguir:
- Passador automático de linha: dispositivo que passa a linha pelo olho da agulha
- Elevação automática da linha da bobina quando a bobina for inserida
- Levantador automático do pé-calcador
- Tensor automático
- Seletor automático do comprimento de ponto para trabalhar com movimento livre (bordados ou acolchoados)
- Cortador automático de linha que finaliza e corta a linha entre seções de bordado da mesma cor
- Finalizador automático de costura, o qual começa e termina uma costura com retrocesso
- Cortador de linha: função que corta automaticamente a linha no final da costura
- Câmera da agulha: pequena câmera que exibe a posição exata da agulha em uma tela
- Controle de velocidade: ajusta a velocidade máxima permitida
- Armazenamento de pontos: armazena configurações e combinações de pontos para uso posterior; geralmente utilizado para produzir casas de botão idênticas e pontos decorativos
- Parada de agulha: configura a agulha para parar automaticamente na posição superior ou inferior, facilitando giros ao final de uma costura
- Costura multidirecional, incluindo costuras de acabamento de bordas
- Maior capacidade de bobina
- Sensor que avisa quando o fio da bobina está no final ou acabou
- Sensor automático de tamanho de casas de botão
- Autoajuda eletrônica de costura: sugere configurações de máquina e pé-calcador para pontos específicos
- Chapa extensora: uma área maior à direita do pé-calcador; importante para quem costura acolchoados à máquina e borda grandes projetos
- Função para pontos decorativos e criativos, incluindo pontos geométricos, florais e inovadores
- Iluminação aprimorada, como lâmpadas de halogêneo ou LED para melhor equilíbrio de cor e brilho, que produzem luz com pouco calor e iluminam áreas maiores
- *Touch screens* interativas

Alguns recursos, como cortador de linha automático, joelheira ou parada de agulha, podem ajudar a costurar de modo mais eficiente. Esteja ciente de que, às vezes, novas tecnologias podem complicar as operações da máquina ou exigir consertos com maior frequência. Recursos que podem ajudar costureiros iniciantes podem incomodar os mais experientes que querem controle sobre a alimentação do tecido, posicionamento da agulha, retrocesso e outros detalhes.

MODELOS DE MÁQUINA

Máquinas de gabinete são projetadas para ficar sobre uma mesa, criando uma área grande e plana para costura – útil especialmente para projetos grandes. Máquinas portáteis podem ser posicionadas em qualquer mesa, sendo fáceis de levar para aulas e de guardar. Essas máquinas geralmente oferecem uma opção de "braço livre", que algumas pessoas acham útil. Máquinas de costura e bordado costumam ter pelo menos duas extensões na base da máquina para costura normal e bordado.

Máquinas de costura estão disponíveis em dois modelos de bobina: com caixa removível ou com caixa fixa. Na máquina com caixa móvel, a bobina é colocada em uma caixa de bobina que, então, é presa a um compartimento debaixo da chapa da agulha. As bobinas com caixas fixas são colocadas em um compartimento abaixo da chapa da agulha, facilitando a sua troca em uma máquina de gabinete. Os dois modelos estão disponíveis e possuem características positivas e negativas. A escolha dependerá da preferência pessoal.

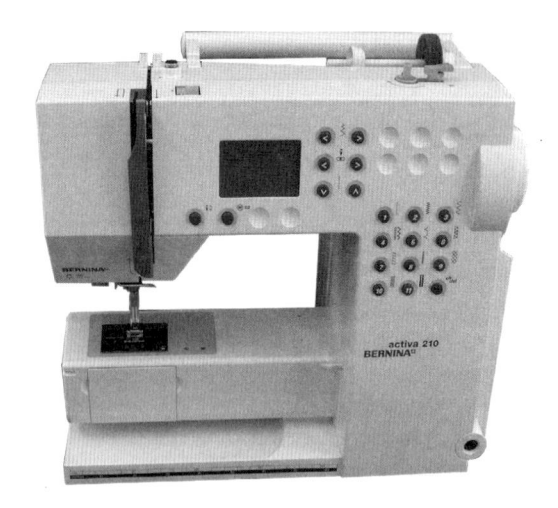

Máquina computadorizada básica Bernina Activa 210

Hoje, muitas máquinas domésticas são lançadas para estilos e tipos específicos de costura, embora muitas tenham diversos pontos e recursos.

Máquinas domésticas básicas (R$ 280 a R$ 1.500)

Projetadas para consertos, alterações, decoração e costura iniciante a básica, estas máquinas em geral são portáteis e oferecem pontos utilitários básicos. Esta categoria inclui estilos mecânicos e computadorizados; algumas incluem funções de pontos decorativos e recursos como passador automático de linha. Algumas máquinas computadorizadas podem ser mais baratas que uma máquina totalmente mecânica.

TABELA 1.1 Máquinas domésticas básicas

MARCA	MODELO
Bernina	Bernette, Activa, Classic series, Série 2, Série 3
Brother	L14, LX17, LX25, XR27NT, XR37NT
Elna	Sew Fun, eXplore 220/240, eXplore 320/340
Husqvarna Viking	Emerald 116, Emerald 118
Janome	J3-24, 525S, 2522LE (My Style 22), CXL301, XL 601, FM725 Embellisher, Jem Platinum 760 Compact
Pfaff	Hobby Line series, Select Line
Singer	Série Inspiration, Tradition, 1507, 2273, 2662, 8280

Máquinas de costura para moda e *hobby* (R$ 1.200,00 a R$ 5.000,00)

Estas máquinas oferecem diversas opções de pontos, incluindo pontos de utilidade e decorativos, customizados para vários tipos de costura, como costura de moda, consertos, acolchoados, decoração de casa e artesanato.

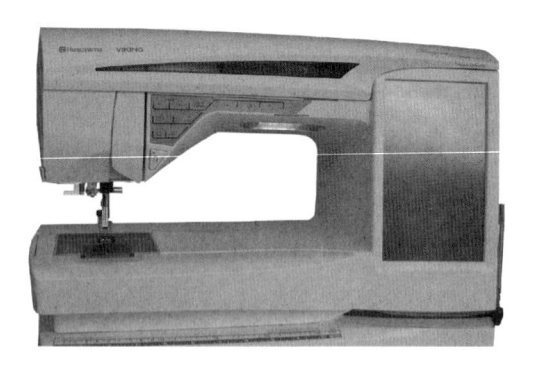

Viking Designer Diamond

TABELA 1.2 Máquinas para moda e *hobby*

MARCA	MODELO
Bernina	Série 5
Brother	Série Innovis
Elna	Série eXperience
Husqvarna Viking	Emerald, Tribute
Janome	DKS30, TXL607, 1600PQC
Pfaff	Série Smarter, Expression
Singer	Série Confidence

Máquinas de costura para alta moda e costura artística (R$ 1.500 a R$ 10.000)

Para profissionais de costura avançada de moda, essas máquinas computadorizadas possuem múltiplas funções de pontos e muitos pontos decorativos. A maioria dos modelos incluem inovações recentes, como passador de linha na agulha, cortador de linha, memória de pontos e sensores. Em geral, os modelos na faixa de preço maior são máquinas para bordados, algumas também interagem com computadores normais. Software para bordados também pode ser incluído ou disponibilizado separadamente.

TABELA 1.3 Máquinas de costura para alta moda e costura artística

MARCA	MODELO
Bernina	Série 7 e 8
Brother	Série Innovis
Elna	Série Excellence
Husqvarna Viking	Série Sapphire, Designer
Janome	Série Memory Craft series
Pfaff	Série Performance, Ambition
Singer	Quantum Stylist, Futura

Máquinas de bordado para pequenas empresas/indústria de confecção (R$ 2.500 a R$ 18.000)

Alguns fabricantes oferecem máquinas de bordado sem as funções de uma máquina de costura. Muitos entusiastas da costura, com máquinas que combinam bordado e costura, tendem a trabalhar em uma segunda máquina de costura e utilizam uma máquina conjunta para bordados. Reconhecendo isso, fabricantes lançaram máquinas de bordado com agulha única e versões menores de máquinas industriais de bordado com múltiplas agulhas.

TABELA 1.4 Máquinas de bordado para pequenas empresas/indústria de confecção

MARCA	MODELO
Bernina	Bernette 340 Deco
Brother	Innov-is 750E, Innov-is V3, PR650e 6-agulhas, PR1000e 10-agulhas
Elna	8300
Janome	Memory Craft 11000SE, Horizon Memory Craft 12000

Máquinas de costura para pequenas empresas/indústria de confecção (R$ 1.200 a R$ 18.000)

Entre as máquinas domésticas e industriais há um grupo intermediário de máquinas feitas para um uso mais pesado do que as máquinas domésticas, mas que são portáteis ou carregáveis e não são tão rápidas quanto as máquinas industriais. Em sua maioria, essas máquinas fornecem pontos utilitários. Também é comum encontrar joelheira de pé-calcador operada pelo joelho.

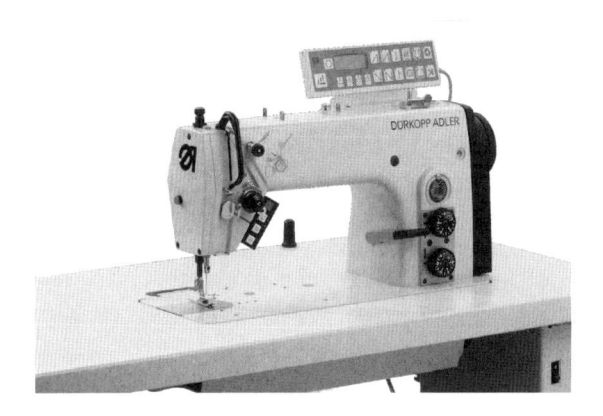

Máquina industrial Durkopp Adler

TABELA 1.5 Máquinas de costura para pequenas empresas/indústria de confecção

MARCA	MODELO
Bernina	950 (máquina com pontos utilitários e decorativos, incluindo casas de botão)
Brother	S-1110A-3, S6200-403, S7200C-403, S7220B
Durkopp Adler	171-141621, 175-141621, 176-141621
Janome	Série 1600
Singer	4423 Heavy Duty

As partes de uma máquina de costura

As partes principais de uma máquina de costura padrão estão ilustradas abaixo. Modelos específicos podem ter algumas diferenças; no entanto, todas as máquinas, seja de nível inicial ou computadorizada de última geração, terão os mesmos elementos básicos. Aprenda a manusear uma máquina de modo mais eficiente conhecendo as partes e as peças de uma máquina de costura e suas funções.

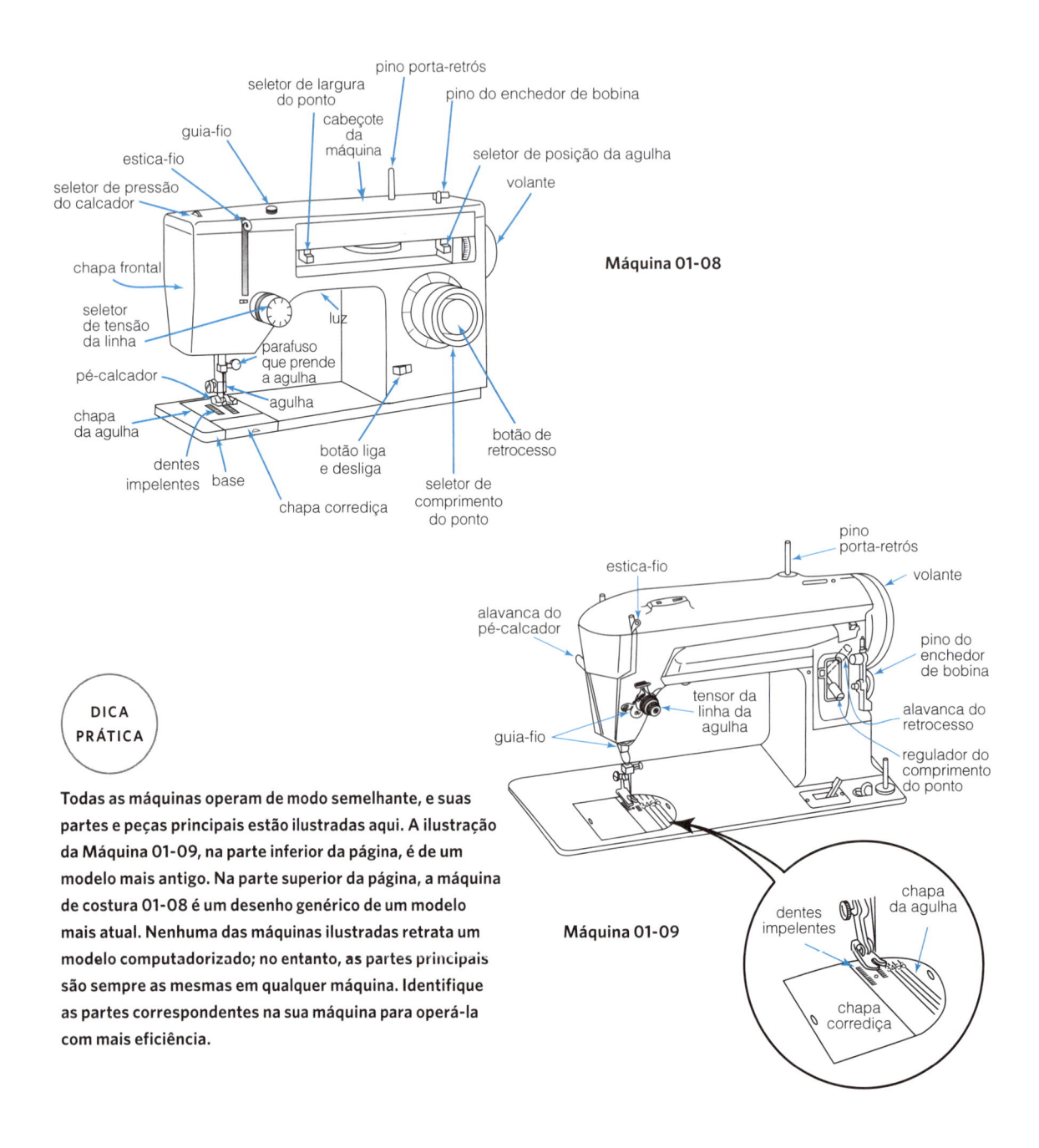

Máquina 01-08

- seletor de largura do ponto
- pino porta-retrós
- pino do enchedor de bobina
- cabeçote da máquina
- guia-fio
- estica-fio
- seletor de posição da agulha
- volante
- seletor de pressão do calcador
- chapa frontal
- seletor de tensão da linha
- luz
- parafuso que prende a agulha
- pé-calcador
- agulha
- chapa da agulha
- dentes impelentes
- base
- botão liga e desliga
- chapa corrediça
- seletor de comprimento do ponto
- botão de retrocesso

DICA PRÁTICA

Todas as máquinas operam de modo semelhante, e suas partes e peças principais estão ilustradas aqui. A ilustração da Máquina 01-09, na parte inferior da página, é de um modelo mais antigo. Na parte superior da página, a máquina de costura 01-08 é um desenho genérico de um modelo mais atual. Nenhuma das máquinas ilustradas retrata um modelo computadorizado; no entanto, as partes principais são sempre as mesmas em qualquer máquina. Identifique as partes correspondentes na sua máquina para operá-la com mais eficiência.

Máquina 01-09

- estica-fio
- pino porta-retrós
- volante
- alavanca do pé-calcador
- pino do enchedor de bobina
- tensor da linha da agulha
- guia-fio
- alavanca do retrocesso
- regulador do comprimento do ponto
- dentes impelentes
- chapa da agulha
- chapa corrediça

Como passar linha em uma máquina de costura reta

Passar linha em uma máquina envolve três operações: (1) encher a bobina, (2) passar a linha na caixa da bobina e (3) passar a linha pela máquina. As instruções a seguir ilustram o processo de passar o fio em uma máquina de costura reta padrão. Não deixe de consultar o manual de instruções que acompanha a sua máquina.

1. Levante o estica-fio e a agulha em suas posições máximas, utilizando o volante. Levante o pé-calcador. Coloque um carretel de linha sobre o pino porta carretel.

2. Leve a linha sobre o topo da máquina até o primeiro gancho do guia-fio.

3. Leve a linha para baixo, na direita do disco de tensão.

4. Passe a linha ao redor do disco de tensão, garantindo que a linha fique entre os dois discos.

5. Continue ao redor do disco de tensão e leve a linha através e sob a mola de tensão.

6. Guie a linha para cima e através do buraco do estica-fio, da direita para a esquerda.

7. Leve a linha para baixo e passe pelos guias-fio.

8. Guie a linha pelo gancho perto do suporte da agulha.

9. Passe a linha pelo olho da agulha. (Consulte "Como passar linha em uma agulha", mais adiante neste capítulo.)

DICAS PRÁTICAS

- Se a linha não for passada corretamente na máquina de costura, a linha do ponto fará um laço na camada inferior do tecido, a máquina pulará pontos ou a linha sairá da agulha após alguns pontos.
- Levantar o pé-calcador abre os discos de tensão e permite que a linha passe entre eles.
- Alguns carretéis de linha possuem uma pequena ranhura para que o final da linha seja armazenado de maneira organizada. Posicione a ranhura de modo que ela fique no lado superior quando o carretel estiver no pino, isso impedirá que a linha se prenda acidentalmente na ranhura e cause problemas de costura.

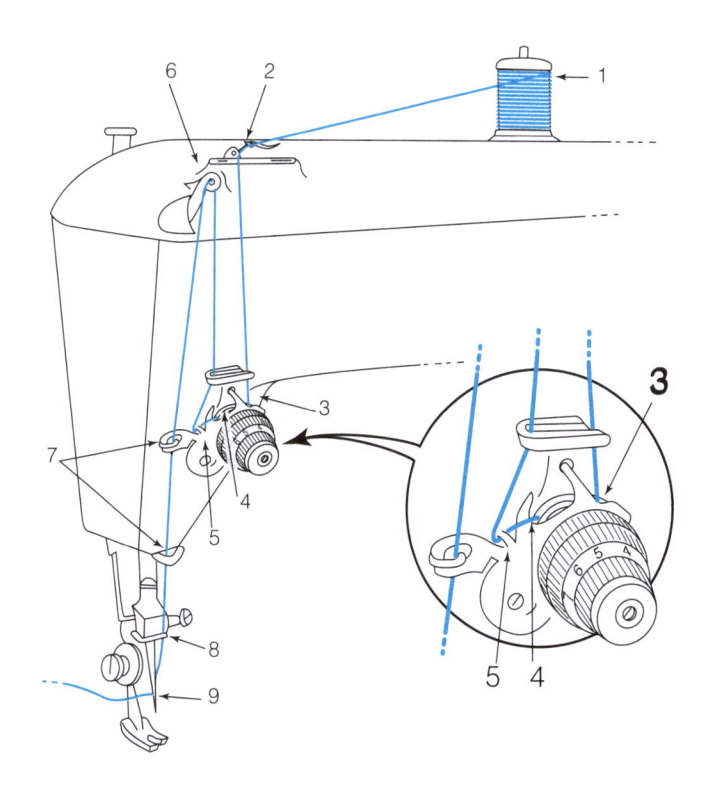

Como passar a linha em uma máquina com tensor e estica-fio na lateral

Muitas máquinas industriais são segmentadas com este modelo lateral (embora esse modelo não seja encontrado no Brasil). As partes principais são as mesmas, mas, nesses modelos, as peças do disco de tensão localizadas na lateral podem parecer confusas para um iniciante. Siga o diagrama nesta página para aprender como operar esse modelo lateral.

1. Levante o estica-fio e a agulha em suas posições máximas, utilizando o volante. Coloque um carretel de linha sobre o pino porta carretel. Leve a linha sobre o topo até o primeiro guia-fio; passe a linha no guia-fio como ilustrado.

2. Siga com a linha sobre o topo da máquina até o segundo guia-fio.

3. Guie a linha para baixo no começo do canal de tubulação.

4. Siga com a linha pelo canal de tubulação.

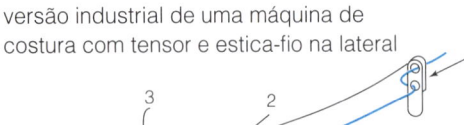

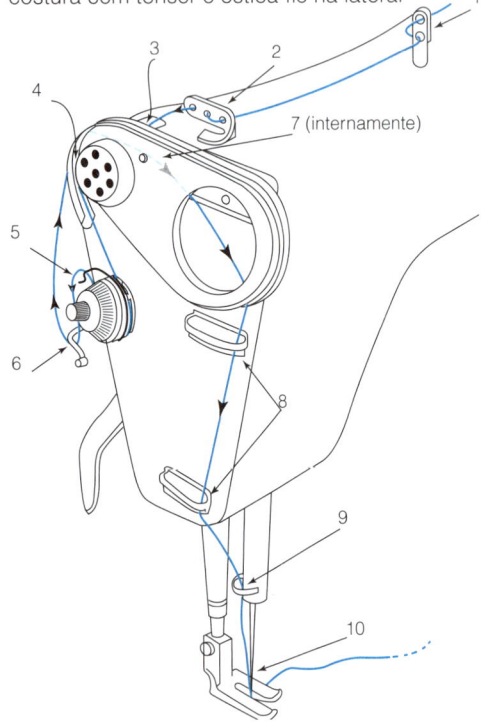

5. Passe a linha ao redor do disco de tensão, garantindo que a linha fique entre os dois discos. Em seguida, levante a linha e passe sobre o gancho do estica-fio.

6. Passe a linha sob a alavanca do estica-fio.

7. Siga com a linha para cima e passe pela abertura dos discos de tensão.

8. Passe a linha abaixo e através dos guias-fio.

9. Guie a linha pelo parafuso perto do suporte da agulha.

10. Passe a linha pelo olho da agulha. (Consulte "Como passar linha em uma agulha", mais adiante neste capítulo.)

versão industrial de uma máquina de costura com tensor e estica-fio na lateral

DICA PRÁTICA

Se a linha não for passada corretamente na máquina de costura, a linha do ponto fará um laço na camada inferior do tecido, a máquina pulará pontos ou a linha sairá da agulha após alguns pontos.

OUTRAS MÁQUINAS INDUSTRIAIS:
Máquinas retas industriais são semelhantes à ilustração na página 15. Utilize essas instruções como um guia para passar linha em uma máquina reta frontal.

Como passar a linha em uma agulha

Dependendo do modelo da máquina de costura, a linha pode passar pelo olho da agulha em uma das seguintes direções:

1 Frente para trás

2 Direita para esquerda

3 Esquerda para direita

DICA PRÁTICA
Se a linha da agulha for inserida na direção incorreta, sairá da agulha ou a linha superior pulará alguns pontos, ou ambos.

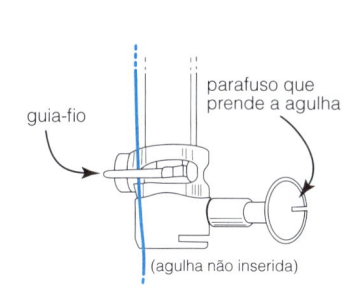

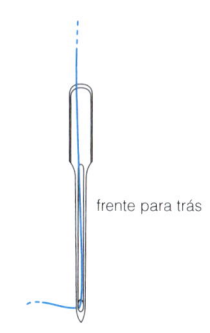

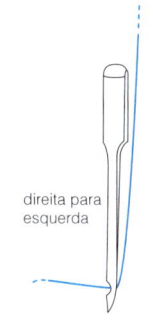

Como encher uma bobina

Muitas máquinas possuem o pino do enchedor de bobina no lado da mão direita. Outras podem ter uma bobina que é carregada na própria caixa de bobina, chamada de bobina mágica. Consulte o manual de instruções que acompanha a sua máquina. A seguir, passos básicos para a maioria das máquinas:

1 Coloque uma bobina vazia sobre o enchedor de bobina.

2 Coloque um carretel de linha sobre o pino porta-retrós.

3 Passe a linha através do guia-fio.

4 Leve a linha até a bobina vazia. Enrole manualmente a linha ao redor da bobina por três vezes.

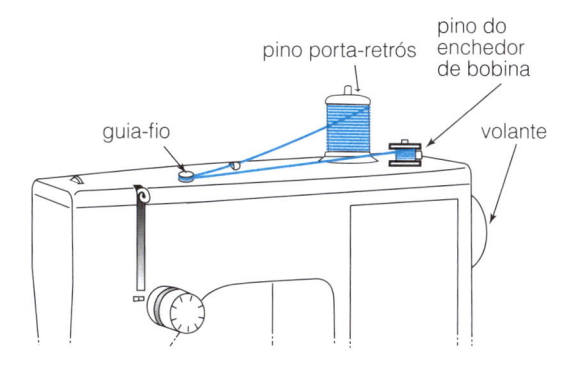

5 Pressione o isolador da agulha para interromper o movimento da agulha. Empurre o mecanismo de acionamento em direção à bobina e o enrolador de bobina em direção ao volante (ou vice-versa em algumas máquinas).

6 Acione a máquina para encher a bobina. A maioria parará automaticamente quando a bobina estiver cheia.

7 Corte a linha e remova a bobina do enchedor. Aperte o isolador da agulha novamente.

DICA PRÁTICA
Nem todas as bobinas são iguais, e a máquina não costurará bem (se chegar a costurar) se você colocar a bobina errada. Somente utilize as bobinas recomendadas pelo manual de sua máquina.

PARA MÁQUINAS INDUSTRIAIS:
Para que a agulha não quebre, certifique-se de que o pé-calcador está para baixo. A agulha continua a subir e a descer, o que permite que uma segunda bobina seja enrolada durante a costura.

Como passar linha na bobina com caixa móvel

Antes de começar a encher a bobina com caixa móvel, consulte o manual de instruções que acompanha a sua máquina. Em algumas máquinas, apenas as bobinas são móveis; a caixa de bobina permanece na máquina e a bobina é inserida no local. Os sistemas mais comuns exigem que a bobina cheia seja inserida em uma caixa móvel; assim, a bobina e a caixa são inseridas ao mesmo tempo na máquina.

1. Posicione a bobina na caixa de modo que a linha esteja em sentido horário. Se você estiver olhando pela lateral da bobina ao inseri-la, a linha tomará o formato do número nove.

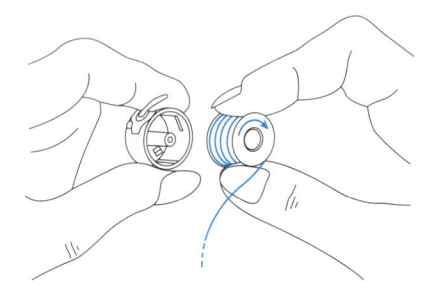

2. Passe a linha da bobina na abertura (A) e sob a mola de tensão.

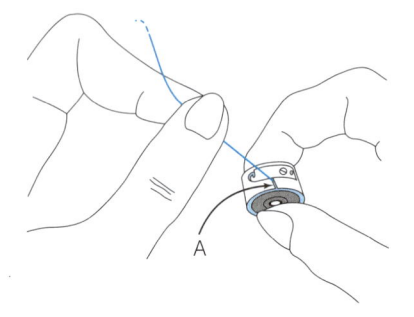

3. Continue a puxar a linha ao redor e sobre a ranhura (B, C) ao final da mola. Deixe cerca de 7-8 cm de linha para fora da caixa de bobina.

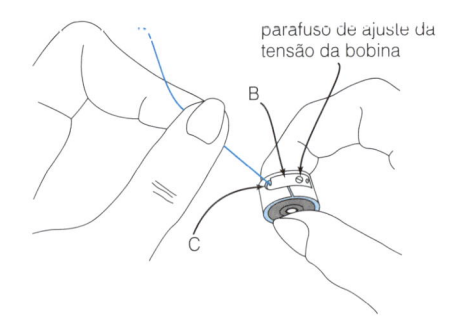

Como colocar uma bobina com caixa móvel

1. Segure a alavanca da caixa de bobina e posicione-a sobre o pino da máquina.

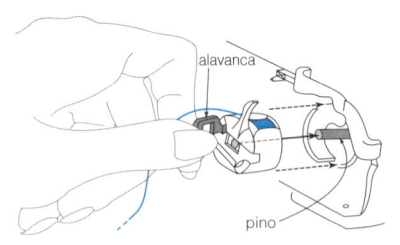

2. Solte a alavanca e empurre a caixa até ouvir um clique, indicando que a caixa está no lugar.

3. Para remover a caixa de bobina, segure a alavanca e puxe-a da caixa; puxe a caixa da máquina.

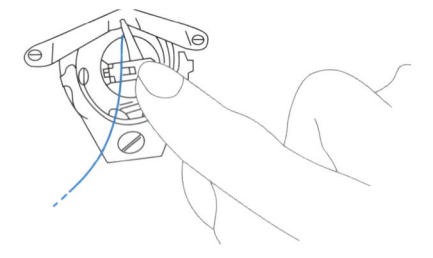

Como colocar uma bobina em uma caixa fixa (bobina mágica)*

É comum encontrar variações neste tipo de caixa de bobina (consulte o manual da sua máquina). Um tipo comum funciona da seguinte maneira:

- Deixe cerca de 7-8 cm de linha para fora da bobina. A bobina está orientada para que a linha fique no sentido anti-horário, com a linha para baixo formando a letra P.
- Coloque a bobina sobre o pino central na caixa de bobina. Puxe a linha para a direita e depois para a esquerda. A linha deve entrar na ranhura de tensão da caixa. Para remover a bobina, pressione o botão da bobina para soltá-la.

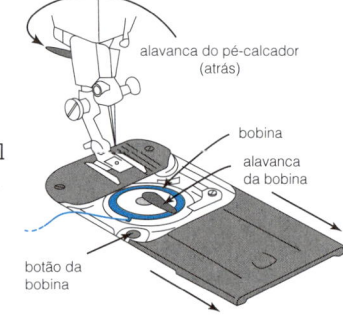

---

* N. de R.T.: Esse modelo de bobina não é mais fabricado no Brasil.

Como preparar a linha da bobina

1. Com a mão esquerda, segure o final da linha da agulha, e com a mão direita, gire o volante até que a agulha esteja completamente dentro da área da bobina.

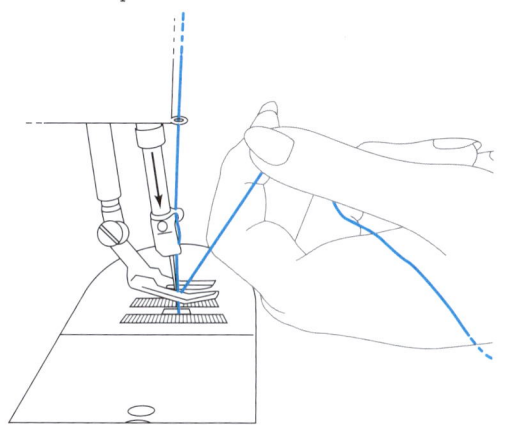

2. Continue a girar o volante até a agulha começar a levantar a linha da bobina. Puxe a linha da agulha para frente. A laçada da linha da bobina seguirá automaticamente.

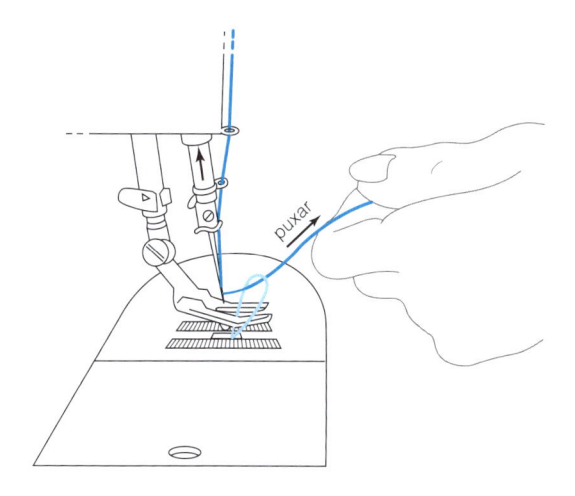

3. Puxe a linha da bobina para frente até que cerca de 7-8 cm de linha esteja visível.

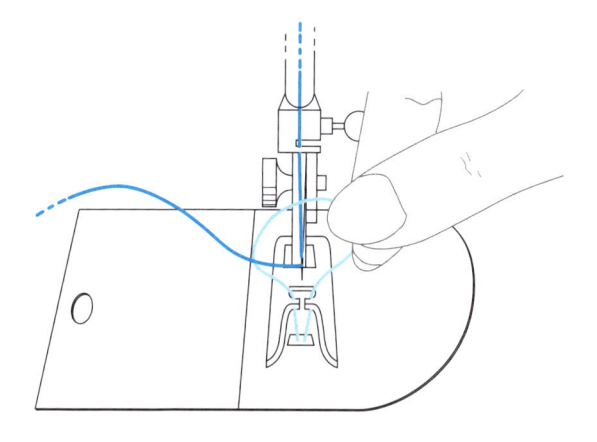

4. Coloque a linha da agulha e da bobina sob o pé-calcador, colocando-as atrás do pé.

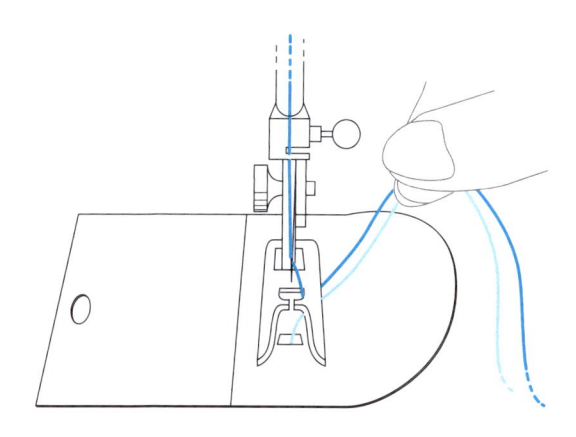

PASSADOR DE LINHA AUTOMÁTICO:
Algumas máquinas realizam automaticamente toda ou parte desta função.

Introdução · Como identificar os tecidos »

Diretrizes de costura e solução de problemas

Costurar em uma máquina que não está funcionando adequadamente pode ser uma experiência bastante frustrante. Operar uma máquina de costura é simples quando você entende como utilizá-la de modo apropriado. Seja paciente e aprenda a dominar a sua máquina. Na tabela a seguir, destacamos alguns problemas comuns e suas soluções.

TABELA 1.6 Problemas comuns e suas soluções

PROBLEMA	CHECK-LIST
Laçada de linha na camada inferior do tecido	A linha foi passada corretamente na máquina de costura? A linha está posicionada corretamente nos discos de tensão? (Você passou a linha enquanto o pé-calcador estava para cima ou para baixo?)
Pontos falhados ou desiguais	A agulha da máquina está inclinada para trás? A agulha da máquina é do tamanho certo? A linha foi passada corretamente na máquina de costura?
Linha saindo da agulha ou arrebentando	A linha está posicionada corretamente nos discos de tensão? A tensão está muito apertada? A linha não está presa em alguma coisa, como o carretel? A agulha está sem ponta? Se sim, substitua-a.
Tecido sendo puxado para dentro do buraco da agulha	A placa da agulha correta está posicionada no lugar? Certifique-se de utilizar a placa com um pequeno buraco para ponto reto, e não a placa de zigue-zague com um buraco largo, para costurar em pontos retos.
Costuras franzidas	A linha foi passada corretamente na máquina de costura? Se sim, confira a tensão. Utilize uma configuração de menor tensão. Pode ser preciso ajustar o comprimento do ponto.
Tensão superior incorreta	Muito solta: os pontos aparentam estar soltos na parte de cima do tecido, e as laçadas são visíveis no lado interno. Muito apertada: os pontos estão muito juntos no lado superior do tecido e criam um efeito comprimido. Consulte o manual da sua máquina para ajustar a tensão corretamente. Em muitas máquinas de costura, uma tensão superior a quatro deve funcionar para a maioria dos tecidos.
Tensão da bobina incorreta	Muito solta: as laçadas são visíveis no lado superior do tecido. Muito apertada: os pontos estão comprimidos no lado inferior do tecido.

DICAS PRÁTICAS

- Se a linha dos pontos parece estar incorreta no lado inferior do tecido, pode haver algo errado com a linha do lado superior, a tensão ou a agulha.
- Se a linha dos pontos parece estar incorreta no lado superior do tecido, pode haver algo errado com a bobina ou com a linha da bobina.
- É muito comum para iniciantes que a linha da máquina saia da agulha. Isso acontece por não deixarem pelo menos 12-13 cm de linha abaixo e atrás do pé-calcador. Além disso, ao começar a costurar, deve-se deixar o estica-fio em sua posição mais alta.
- Certifique-se de limpar a sua máquina com frequência para evitar acúmulo de pó e para remover linhas ou pedaços de tecido presos. Siga as instruções da sua máquina para limpeza e lubrificação com lubrificante para máquina de costura.

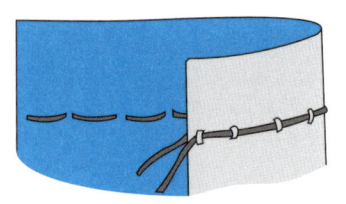

laçada de linha na camada inferior

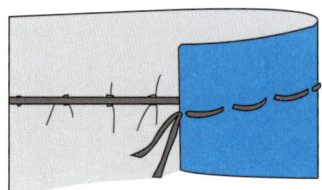

costuras franzidas

OVERLOQUES

Uma overloque complementa, mas não substitui, uma máquina de costura reta. O principal objetivo de uma overloque é decorar e arrematar bordas de tecido, criando um acabamento limpo e impedindo que o tecido desfie. Máquinas industriais podem ser descritas como máquinas overloque, overedge ou merrow, uma designação que remonta à invenção das máquinas overloque pela Merrow Company, patenteada em 1889.

Ao contrário de máquinas de costura tradicionais, as overloques não têm bobinas e utilizam uma ou mais linhas e um ou mais *loopers* (também chamados de laçadores), entrelaçando fios para a formação de pontos. A função de diferencial externo (diferencial de alimentação) – capacidade de ter dois dentes impelentes transportando o tecido a velocidades diferentes – permite que a overloque produza costuras planas em tecidos complexos. Também permite alguns efeitos decorativos, como pregas ou bainhas ponto *picot*.

Overloques industriais

As overloques industriais costumam ser construídas como máquinas de funcionalidade única, e algumas são automatizadas. O cabeçote da máquina é colocado em uma mesa que aloja um motor de embreagem, um pedal, um suporte de linha e um sistema de lubrificação automática. O motor é configurado para trabalhar por muitas horas em produção. As overloques industriais geralmente produzem mais pontos por minuto do que uma máquina doméstica, costurando, decorando e arrematando bordas de tecido de uma só vez. Essas máquinas produzem costuras estreitas e com aparência profissional. As funções ponto invisível, ponto cadeia e bainha enrolada também estão disponíveis. A maioria das overloques industriais possui somente algumas semelhanças físicas com suas versões domésticas, mas as funções são semelhantes. Algumas marcas disponíveis no mercado incluem Brother, Juki, Mauser-Spezial, Pegasus, Pfaff, Singer e Union Special, e overloques no Brasil. Como as overloques são produzidas em apenas algumas fábricas, e de acordo com as especificações de grandes marcas, você pode encontrar máquinas de várias marcas praticamente idênticas.

Overloques domésticas

O mercado para overloques domésticas (listado na página 169) cresceu nos últimos 25 anos, com modelos que podem produzir tanto pontos decorativos quanto funções de montagem. As overloques domésticas são, em geral, máquinas de combinação, com três ou quatro fios, funções de ponto fecho plano e bainha enrolada como as máquinas básicas. Versões mais complexas oferecem ponto cadeia e pontos decorativos com diversas agulhas e linhas. As primeiras overloques domésticas não eram fáceis de passar linha. Os modelos atuais de máquinas leves oferecem métodos de passar linha mais convenientes e podem trabalhar com diversas camadas de tecidos moderadamente pesados. Um índice normal de ponto é de cerca de 1.500 pontos por minuto, agilizando tarefas tediosas como fazer bainha em peças de chiffon. As overloques domésticas são fáceis de reconhecer por seus múltiplos tensores e reguladores de tensão ou mostradores de tensão e suportes para cones de linha. Para mais informações sobre como utilizar uma overloque, consulte a lista de livros na página 168.

Como comprar uma overloque doméstica

Devido aos diversos recursos e funções disponíveis em overloques, é importante comparar preços e qualidade na hora de comprar. Deve-se considerar a disponibilidade de peças, especialmente agulhas. As overloques não utilizam as mesmas agulhas das máquinas de costura domésticas. Como elas possuem uma produção grande de pontos, é importante trocar regularmente as agulhas para uma melhor costura.

Os principais tipos de overloques incluem:

- A **overloque de três fios** tem dois *loopers* e uma agulha. É utilizada principalmente para dar acabamento em bordas de tecidos e também consegue produzir um ponto de bainha enrolada de três fios e ponto fecho plano. Costuras de três fios possuem mais elasticidade que as de quatro fios e são utilizadas em malhas.

- A **overloque de quatro fios** tem dois *loopers* e duas agulhas. É utilizada para costurar e dar acabamento ao mesmo tempo. A maioria das máquinas de quatro fios também pode produzir pontos de três fios. É comumente utilizada para costuras de montagem em tecidos planos.

- A **overloque de cinco fios** tem três *loopers* e duas agulhas. Ela é utilizada para costurar com um ponto cadeia de dois fios ao mesmo tempo que costura a borda com um ponto overloque de três fios. Geralmente, essas máquinas podem produzir uma bainha enrolada de dois fios.

Muitos modelos diferentes de overloques estão disponíveis. Os modelos domésticos mais baratos do mercado geralmente podem produzir ponto overloque de três ou quatro fios, bainha enrolada de três fios e podem ser utilizadas para costurar peças de vestuário. Máquinas desenvolvidas para dois a cinco fios podem produzir bainhas enroladas de dois e três fios, ponto de overloque de três e quatro fios e pontos de cinco fios com costura de segurança. Alguns modelos também podem fazer pontos cadeia. Máquinas de primeira linha podem ter dez cones de linha, diversos pontos decorativos e facilidades como passagem de linha à ar.

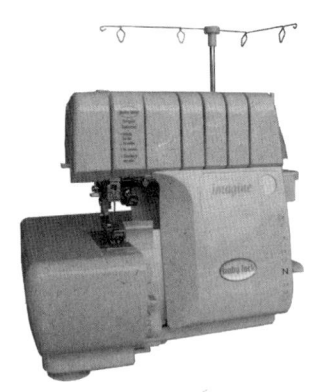

Overloque da Babylock

EQUIPAMENTOS e FERRAMENTAS DE COSTURA

Ferramentas de costura e réguas especializadas

Estas são as ferramentas de medição mais comuns na costura:

- **Fita métrica** – Fita flexível e reversível de 150 cm utilizada para tirar diversas medidas.
- **Fita métrica de gancho** – Fita flexível de 150 cm com um pedaço de cartolina em uma ponta, utilizada para medir entrepernas. (Raramente encontrada no Brasil.)
- **Régua de 1 m** – Régua de madeira ou metal com um metro de comprimento, utilizada para medir bainhas, sentido do fio, superfícies planas e comprimentos.
- **Régua transparente de plástico de 45 cm** – Régua com 5 cm de largura dividida em grades de 3 mm, perfeita para medir o sentido do fio e ajustar o molde na linha de alteração. As réguas de medida métrica e imperial estão disponíveis em lojas de material para escritório, lojas de tecido ou lojas online.
- **Medidor de costura** – Medidor de 15 cm com um indicador móvel. Utilizado para medir áreas que precisam de medição constante, como largura de bainhas, pregas e tomas. A maioria possui escalas métricas e imperiais. (Raramente encontrado no Brasil.)
- **Medidor de casa de botão** – Ferramenta expansível para criar um intervalo de botões e casas de maneira rápida e automática. Disponível em empresas que vendem aviamentos de costura e em algumas lojas de tecido.
- **Régua transparente para moda** – Régua transparente de plástico com linhas curvas para que você possa ajustar curvas. (Raramente encontrada no Brasil.) Funciona como a combinação de uma curva francesa e uma régua curva do quadril, assim como uma régua reta.
- **Marcador de bainha** – Ferramenta utilizada para medir a distância entre o chão e a barra de uma peça de roupa.
- **Curvas francesas** – Régua de 25 cm de comprimento e com uma extremidade com formato em espiral. Utilizada como guia para moldar e planificar linhas de decotes, cavas, cabeças de mangas, pences, costuras do gancho, lapelas, bolsos e golas.

DICA PRÁTICA: Periodicamente, compare suas réguas e fitas métricas para conferir se estão do mesmo tamanho. As fitas métricas mais antigas tendem a alongar conforme o uso.

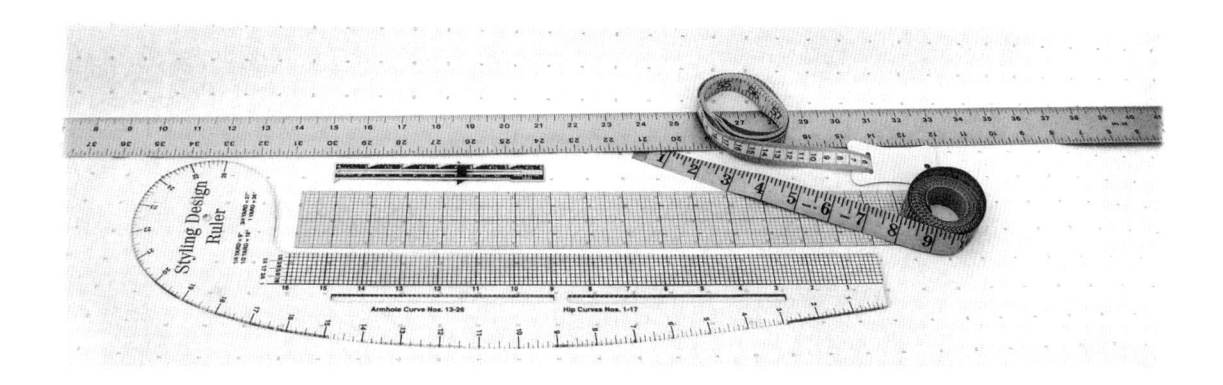

Ferramentas de corte

Estas são algumas das ferramentas de corte mais comuns:

- **Tesouras multiuso e tesouras de costura** – As lâminas da tesoura de costura costumam ter 10–20 cm de comprimento, são feitas de aço e um cabo é maior do que o outro. Tesouras de costura com cabos encurvados são excelentes para cortar tecidos e moldes. As tesouras multiuso são menores que as de costura, com cerca de 7–15 cm, e os cabos não possuem diferença em tamanho. Para cortar tecido, escolha as lâminas mais longas com as quais você consegue cortar confortavelmente.
- **Tesouras para casas de botão** – Tesouras pequenas com pontas afiadas criadas especialmente para cortar casas de botão.
- **Tesouras de picote** – Tesouras que cortam a borda em zigue-zague para impedir que o tecido se desfie, também criam uma borda decorativa em margens de costura. Essas tesouras não devem ser utilizadas para cortar o molde ou o tecido da peça-piloto (primeira peça).
- **Descaseador** – Ferramenta pequena e pontuda com uma lâmina afiada. A ponta pode ser utilizada para desfazer pontos indesejados. A lâmina é utilizada para cortar uma fileira de pontos.
- **Tesoura de arremate** – Tesoura especial utilizada para cortar linhas excedentes e recortar pequenas áreas. Geralmente, é utilizada para cortar a sobra de linha no início ou no final das costuras.
- **Tesoura para acabamentos** – Tesoura de 10–20 cm de comprimento com pontas afiadas. Utilizada para cortar linhas e costuras.
- **Cortadores rotativos** – Ferramenta com lâmina redonda utilizada para cortar costuras retas com uma régua como guia. Não são recomendados para o corte de curvas por sua falta de precisão.

DICA PRÁTICA

- As tesouras precisam ser afiadas de tempos em tempos por um profissional, para manterem o melhor corte. Alguns fabricantes oferecem amolação e serviço de reparo durante toda a vida útil da tesoura, com uma taxa mínima pelo transporte. (Este serviço não é oferecido no Brasil.)
- As tesouras podem começar a ficar sem fio, especialmente após o corte de materiais adesivos, de alguns sintéticos ou papel. Para remover resíduos da lâmina, utilize um tecido suave umedecido com álcool. Aplique uma gota de óleo para máquina de costura no ponto pivô das lâminas.

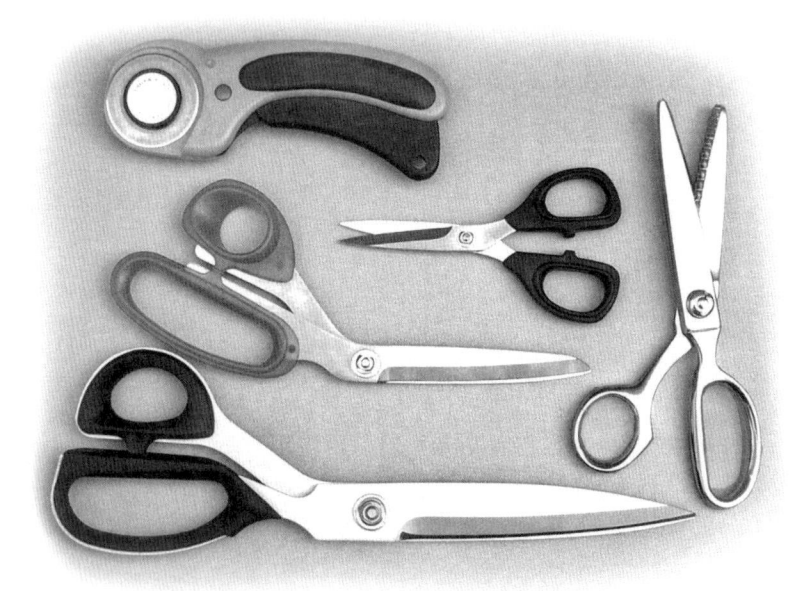

Ferramentas de costura e suprimentos diversos

A seguir, algumas ferramentas de costura e suprimentos úteis:

- **Alfinetes sem cabeça** – Alfinetes para costura – também chamados de alfinetes para seda quando em espessura extrafina – com pontas afuniladas e afiadas, feitos de aço inoxidável ou latão. Podem ser utilizados em todos os tecidos. Alfinetes de ponta redonda também são usados em malhas.
- **Agulhas de mão** – Agulha longa e fina com um olho em uma ponta. As agulhas estão disponíveis em vários tamanhos e modelos. Recomenda-se um pacote de diversos modelos.

  - **Agulhas de ponta normal** – Disponíveis nos tamanhos 1 ao 16, são agulhas multiuso e podem ser utilizadas em tecidos transparentes, finos e de leves a pesados.
  - **Agulhas para acolchoado** – Mais curtas, essas agulhas possuem um olho pequeno e arredondado e servem para produzir pontos pequenos e precisos em alfaiataria ou outro trabalho manual.
  - **Agulhas para bordar** – Possuem um olho oval mais longo e podem acomodar linhas mais grossas ou vários fios de linha. São do mesmo comprimento que as agulhas de ponta normal.

- **Dedal** – Objeto de metal (aço ou níquel) ou de borracha, leve, com o topo fechado que se ajusta ao redor do dedo médio da mão de costura. Protege o dedo ao passar a agulha pelo tecido.
- **Almofada para agulhas** – Mantém os alfinetes organizados em um lugar adequado. A almofada mais comum tem um formato de tomate e uma pequena bolsa de esmeril para remover saliências ou ferrugem de agulhas ou alfinetes. As almofadas estão disponíveis em outros modelos e tamanhos. Selecione o tamanho e o modelo mais prático para você.
- **Cera de abelha** – Cera, geralmente em um suporte com ranhuras. Passe a linha pela cera para reforçar a linha e reduzir a sua tendência de embaraçar. Cuidado ao utilizar cera em linhas que serão utilizadas em tecidos que receberão lavagem a seco: a cera derreterá no tecido e pode ficar visível na sua superfície.
- **Almofada de esmeril** – Pequena bolsa preenchida com substância abrasiva utilizada para remover ferrugem e saliências de agulhas ou alfinetes.
- **Lápis de giz** – Lápis disponíveis em cores pastel utilizados para transferir marcações do molde para o tecido. As marcações são feitas no lado avesso do tecido e não aparecem no lado direito, são laváveis ou evaporam com a exposição ao ar.
- **Giz de alfaiate** – Giz de argila lavável, em formato fino, utilizado para marcar o tecido nas bainhas e outras linhas de construção. Também disponível em pó para ser utilizado em uma carretilha de giz, que frequentemente tem o formato de um giz de alfaiate com um pequeno rolo. O giz branco sai com a lavagem, mas alguns tecidos ficam manchados permanentemente pelo giz colorido. Um giz de alfaiate de cera é comumente utilizado na indústria da moda.
- **Papel carbono** – Papel de duplo revestimento lavável e com tinta. Posicione o papel entre o lado avesso de duas camadas de tecido e utilize uma carretilha para transferir as marcações do molde ao tecido. Não recomendamos a utilização do papel carbono, pois as marcações podem ficar aparentes no lado direito do tecido e podem resistir à lavagem.
- **Carretilha** – Roda com a borda serrilhada disposta em um cabo. Use com ou sem o papel carbono para transferir as marcações. A roda deve ser afiada o suficiente para deixar uma impressão, mas macia para não rasgar o tecido.
- **Vira viés** – Ferramenta utilizada para virar tiras ou faixas do avesso.
- **Alfinetes de segurança** – Alfinetes utilizados para amarrar cordões ou elásticos ou para desvirar tiras mais largas.

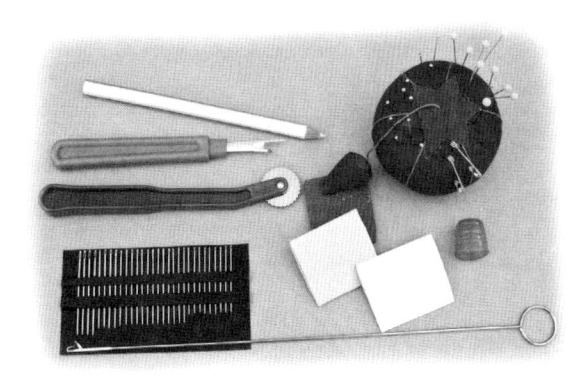

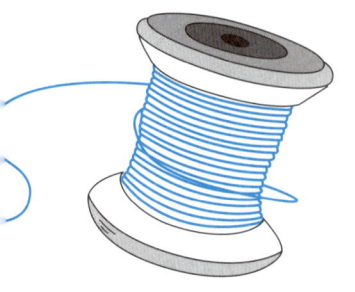

Linha

As peças de vestuário devem ser costuradas com linhas da mesma cor do tecido. A escolha da linha depende do tecido, do tamanho do ponto e do efeito desejado.

Muitos tipos de linha estão disponíveis para máquina e para costura manual. Com todos os tipos de linha, quanto maior o número no carretel, mais fina será a linha. Se a linha for muito grossa para o tecido, você pode ver uma ondulação ao longo das costuras como resultado da "compressão de linha".

Estes são alguns dos tipos mais comuns de linha:

- **Linha mista** – Poliéster coberto por algodão ou poliéster coberto por poliéster. Adequada para a maioria dos tecidos, essa linha é mais resistente que a linha de poliéster de mesmo diâmetro. É uma linha com acabamento fosco que se mescla com a costura. A linha poliéster/algodão é capaz de tolerar as temperaturas altas necessárias para passar tecidos de algodão e linho. Geralmente, as linhas mistas leves não estão disponíveis para costura doméstica, mas estão disponíveis para costura industrial.
- **Linha de poliéster** – Linha resistente feita de pedaços pequenos de fibras de poliéster. Essa linha tem um pouco de elasticidade e deve ser utilizada em tecidos com elastano e de lã.
- **Linhas de algodão mercerizado** – Linha de algodão com leve brilho, geralmente disponível em diversas espessuras: 12 para pesponto, 30 e 40 para máquinas de costura em geral ou acolchoados e 50 e 60 para tecidos finos e costura manual. Use essa linha para costurar tecidos de algodão e linho.
- **Linha para casa de botão** – Linha mais grossa, tamanho 12, feita de algodão, poliéster ou seda e utilizada para pesponto, caseamento manual e costura de botões.
- **Linha de acolchoado para máquina** – Linha forte e brilhante feita de algodão ou poliéster coberto por algodão. É a linha ideal para costuras manuais, pois não embaraça.
- **Linha de overloque** – Fio de poliéster, mais leve que linhas de máquina de costura, geralmente enrolada em um cone. A linha de overloque pode ter bastante fiapos ou pontos mais espessos e não é recomendada para máquinas de costura.

DICA PRÁTICA

Linhas de alta qualidade têm fibras mais longas, que garantem um bom desempenho da máquina. Linhas com fibras mais curtas ou linhas enceradas obstruirão a máquina, reduzindo a qualidade da costura.

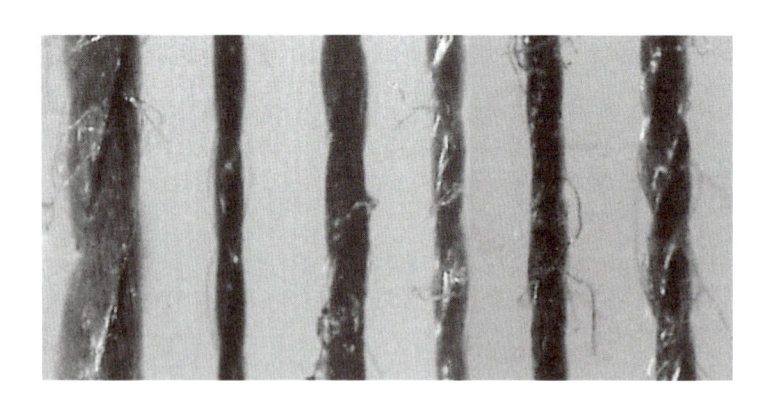

Agulhas para máquina de costura

O tamanho da agulha deve estar de acordo com o tipo e o peso do tecido e a espessura da linha. A agulha deve ter o menor tamanho capaz de produzir uma boa costura no tecido (isto é, deve-se usar o tamanho da agulha no limite da espessura do tecido, nunca maior). Se a agulha entortar, troque pelo próximo tamanho de agulha.

As agulhas de máquina de costura são especificadas pelo sistema, tamanho e tipo de ponto. De modo geral, as máquinas de costura domésticas utilizam o mesmo sistema de agulhas há 40 anos – 130/705H ou 15X1H –, embora hoje existam sistemas novos disponíveis no mercado. Máquinas de costura industriais e overloques utilizam uma variedade de sistemas de agulha, com designações como DBX1 ou 85X1. O primeiro número se refere ao sistema europeu e o segundo, ao americano. Quanto maior o número, mais larga a agulha.

À medida que os números aumentam, o diâmetro da haste da agulha aumenta, assim como o olho da agulha e o entalhe longo na frente. As agulhas estão disponíveis em tamanhos 8/60 até 18/110 para máquinas domésticas e em uma variação maior para máquinas industriais. Os tamanhos 8/60 ou 9/65 são utilizados para costurar tecidos finos ou transparentes; a maioria dos tecidos de peso médio são costurados com tamanhos que variam de 10/70 a 12/80; e tecidos mais pesados são costurados com tamanhos 14/90 ou 16/100.

Os desenhos ilustram as agulhas mais comuns de máquina de costura produzidas por diversos fabricantes. Verifique a embalagem na compra de agulhas; por vezes, ela lista o modelo da máquina, o tamanho da agulha e o tipo de ponto.

Estes são alguns dos tipos mais comuns de agulha para máquinas de costura:

- **Agulha de ponta seta (universal)** – Tipo mais comum de agulha, adequado para a maioria dos tecidos planos. Disponível em diversos tamanhos, desde 8/60 (para tecidos leves) até 18/100 (para tecidos pesados). As variações da agulha de ponta seta incluem modelos de ponta fina, para sedas e tecidos planos fechados, incluindo microfibras.
- **Agulha de ponta arredondada (ponta bola)** – A ponta arredondada dessa agulha é ideal para todos os tipos de malha e tecidos com elastano. Está disponível nos tamanhos 8/60 a 14/90. As variações incluem pontos *stretch* para tecidos elásticos e com elastano.
- **Agulhas de ponta facetada** – Agulha especial utilizada para couro, camurça, alguns couros sintéticos e vinil. Disponíveis nos tamanhos de 10/70 a 19/120. Essa agulha não pode ser utilizada na maioria dos tecidos.

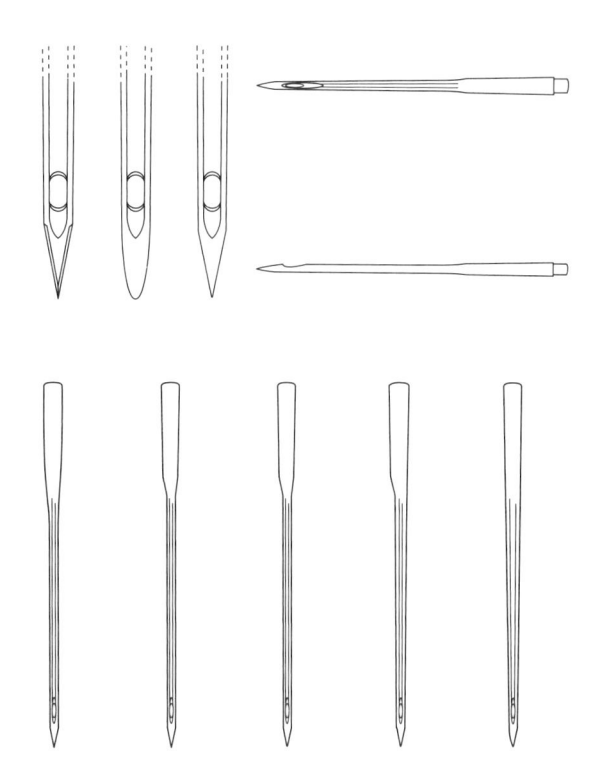

TAMANHOS DE AGULHA EM SISTEMA MÉTRICO:

O tamanho métrico de uma agulha (NM) fornece o diâmetro da agulha em centésimos de milímetro; assim, a lâmina de uma agulha de tamanho NM100 tem diâmetro de 1mm.

HASTE DA AGULHA INDUSTRIAL E DA AGULHA DOMÉSTICA

As agulhas de hastes arredondadas são utilizadas em máquinas industriais, enquanto as agulhas de hastes achatadas são utilizadas em máquinas domésticas. A agulha de haste achatada permite uma troca prática e garante que a agulha fique na posição correta.

COMBINAÇÃO ENTRE LINHAS E TAMANHOS DE AGULHA

Uma linha muito espessa para o olho da agulha pode causar laçadas no lado interno do tecido. As linhas devem ter metade do diâmetro do olho da agulha. Um teste rápido para conferir se a agulha e o tamanho da linha são compatíveis é cortar um pedaço de 30 cm da linha e passá-la pelo olho de uma agulha da máquina. Em seguida, segure a linha esticada entre as mãos e gire a agulha ao redor da linha, deixando cair um lado para que a linha fique em um ângulo de 45°. Se a agulha deslizar para baixo quando você parar de girar, então o olho é largo o suficiente para o tamanho da linha escolhida.

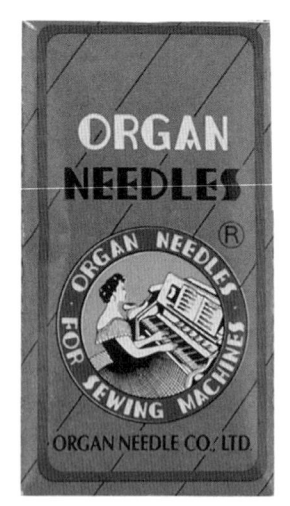

DICA PRÁTICA Substitua as agulhas se elas estiverem fracas, tortas ou cegas – geralmente isso acontece por baterem em um alfinete ou no pé-calcador, mas também pelo desgaste, à medida que a agulha penetra os tecidos. Agulhas fracas ou tortas não farão alguns pontos e podem danificar o tecido. Tenha à mão agulhas extras para máquina de costura.

TABELA 1.7 Tecido e tamanho da agulha

TIPO DE TECIDO	GRAMATURA DO TECIDO	TAMANHO DA AGULHA	MODELO DA AGULHA
Tecidos planos	Leve	8/60, 9/65	Ponta seta
	Médio	10/70, 11/75, 12/80	Ponta seta
	Pesado	14/90, 16/100, 110/18	Ponta seta ou para jeans
Tecidos felpudos e aveludados		11/75, 12/80, 14/90	Ponta seta
Malha e tecidos com elastano	Leve	8/60, 9/65	Ponta bola
	Médio	10/70, 11/75, 12/80	Ponta bola
	Pesado	14/90, 16/100	Ponta bola
Malhas felpudas e aveludadas		11/75, 12/80, 14/90	Ponta bola
Couro, camurça e tecidos de vinil	Pesado	18/110, 19/120	Ponta facetada

EQUIPAMENTOS *e* FERRAMENTAS DE PASSADORIA

Passar a peça de roupa é essencial para deixá-la com uma aparência profissional. Com as ferramentas de passadoria, você poderá passar todas as áreas corretamente para melhorar o aspecto da peça de roupa. Estes são alguns equipamentos e ferramentas de passadoria úteis:

- **Tábua de passar** – Superfície forte com uma extremidade estreita, é ajustável em diversas alturas.
- **Ferro (a vapor e a seco)** – Um ferro a vapor ou a seco com uma boa variedade de controles de temperatura é a ferramenta mais eficaz para passar os vários tipos de tecido. Um ferro à vapor, com uma base separada, é o melhor tipo de ferro para dar um acabamento profissional.
- **Tábua de agulhas** – Tábua pequena coberta de agulhas finas. Essa tábua é utilizada para passar tecidos felpudos ou aveludados, como veludo e veludo cotelê. As agulhas impedem que o tecido felpudo fique emaranhado ou esmagado. Um substituto comum para a tábua de agulhas é um tecido felpudo especial.
- **Bloco de pressão** – Bloco de madeira utilizado em tecidos ainda umedecidos pelo vapor para criar vincos em calças, golas, bainhas, pregas e limpezas.
- **Tecido de proteção** – Pedaço de algodão ou morim. Geralmente, o tecido de proteção é umedecido, dobrado e colocado entre o tecido e o ferro de passar. Ao aplicar um pouco de pressão e calor do ferro, o tecido de proteção impedirá que o lado direito da roupa fique brilhoso e resultará em uma peça bem passada.
- **Luva de costureira** – Luva acolchoada e pequena utilizada para passar e manter costuras curvas, como cabeça da manga e áreas que não devem ser achatadas.
- **Rolo de costura** – Almofada acolchoada, pequena e longa, em forma cilíndrica, coberta com algodão em um lado e lã em outro. É utilizado para passar costuras estreitas e longas em áreas de difícil acesso, como costuras de manga. O lado de algodão é utilizado para passar a maioria dos tecidos e o lado de lã, para passar tecidos de lã.
- **Passa mangas** – Tábua acolchoada e pequena com extremidades de tamanhos diferentes. Essa tábua fica sobre uma tábua de passar normal e é utilizada para passar mangas e outras áreas pequenas.
- **Tábua de alfaiate** – Ferramenta de madeira que afila a um ponto estreito, utilizada para passar áreas difíceis de alcançar, como colarinhos, lapelas e cantos.
- **Almofada de alfaiate** – Uma almofada oval e leve firmemente acolchoada e coberta de algodão pesado de um lado e de lã do outro. Utilizada para passar costuras curvas, pences, golas e lapelas. O lado de algodão é utilizado para passar a maioria dos tecidos e o lado de lã, para passar tecidos de lã.

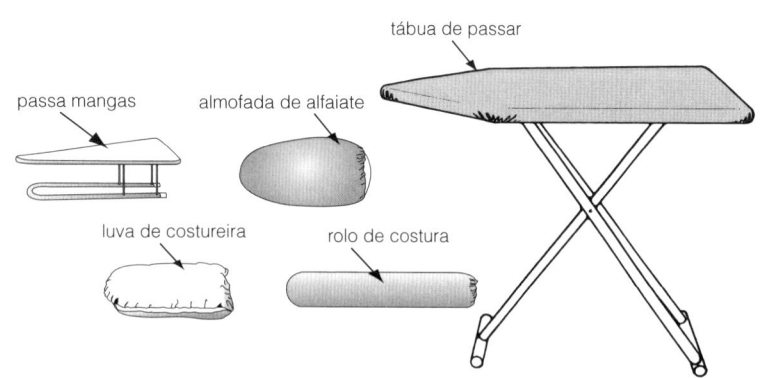

MÉTODOS DE PASSADORIA

Utilizar a temperatura correta, um pouco de pressão e ferramentas de passadoria apropriadas garantirá que todas as áreas sejam passadas corretamente para uma peça de roupa com acabamento profissional.

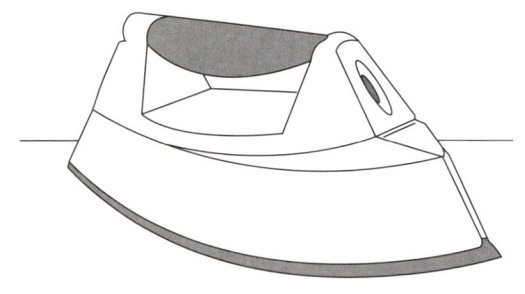

Controle de temperatura – A maioria dos ferros de passar tem variação de temperatura do frio ao quente. Se o ferro estiver muito quente, ele pode distorcer, derreter, queimar ou marcar o tecido. Se estiver muito frio, pode não passar o tecido. Teste a temperatura do ferro em um pedaço pequeno do tecido escolhido para a roupa.

A seguir, as etapas para passar costuras e pences:

1. Passe todas as costuras em um só lado. Isso permite que os pontos se acomodem no tecido. Depois, passe a costura aberta.

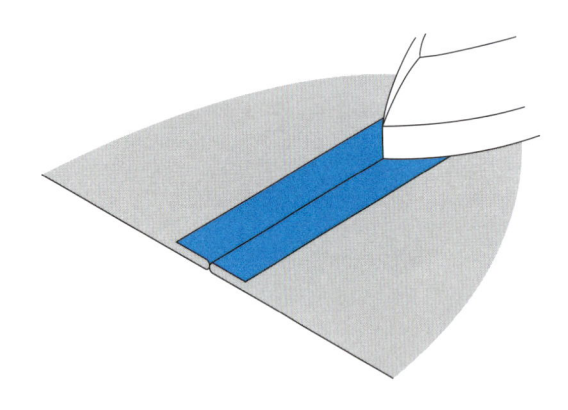

2. Passe o excesso das pences em direção ao centro da roupa ou para baixo. Uma almofada de alfaiate ajuda a incorporar a forma criada pela pence.

3. Passe todas as costuras e as pences pelo lado avesso do tecido.

almofada de alfaiate

DICAS PRÁTICAS

- **Ferro a vapor com vazamento de água** – Um ferro a vapor configurado em uma temperatura baixa pode vazar ou respingar água no tecido, o que costuma manchá-lo. Se você for passar com uma temperatura abaixo da marca de vapor no seu ferro, teste em um pedaço de tecido por 30 segundos para se certificar de que o ferro não respingará. Se respingar, você pode passar com um tecido de proteção umedecido e um ferro a seco.
- Ao passar, coloque uma tira de papel entre a pence e o tecido para evitar a marca da pence no lado direito da roupa. O papel também pode ser utilizado debaixo de margens de costura.

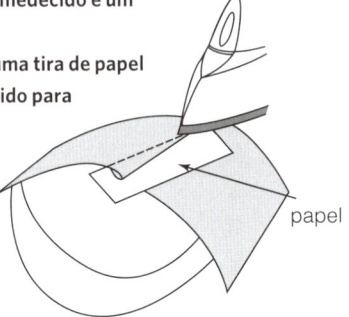

papel

Técnicas importantes de passadoria para garantir uma peça de roupa com aparência profissional:

- Levante e abaixe o ferro. Não passe o ferro para frente e para trás pelo tecido. Passa-se para moldar e alisar as costuras. Para remover rugas, passe o ferro de um lado ao outro.
- Passe cada área da roupa à medida que for costurada, antes de prosseguir com outra etapa de costura.
- Se desejar um resultado mais liso e regular, umedeça levemente o tecido de proteção. Coloque o tecido de proteção entre o ferro e a roupa para criar mais vapor. Continue a usar a configuração de vapor no ferro e aplique um pouco mais de pressão. 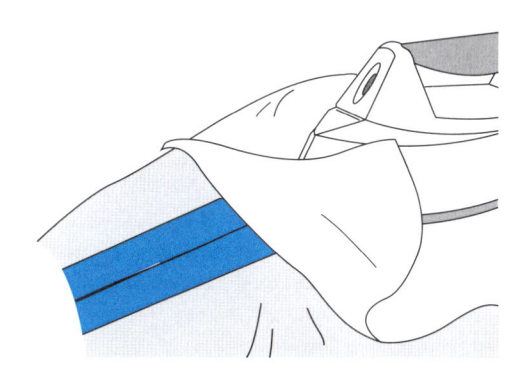
- Ao passar qualquer tecido felpudo ou aveludado, como veludo ou veludo cotelê, certifique-se de colocar o lado direito sobre uma tábua de agulha e passe pelo lado avesso do tecido.

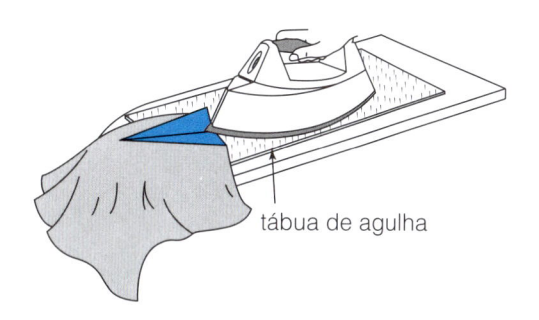

tábua de agulha

- Utilize um pequeno rolo de costura para passar costuras longas e estreitas. Utilize um passa mangas para áreas pequenas.

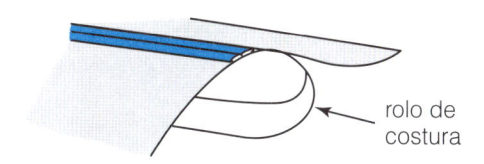

rolo de costura

DICA PRÁTICA Se não dispuser de um passa mangas, utilize uma toalha ou um pedaço de tecido de algodão e enrole-os com firmeza em forma cilíndrica. Amarre as duas extremidades do cilindro com uma fita ou um fio, insira na manga e passe.

Introdução · Como identificar os tecidos » **31**

CAPÍTULO 2

COMO IDENTIFICAR OS TECIDOS

- Introdução aos tecidos
- Tecidos orgânicos e naturais
- Tecidos artificiais
- Fibras sintéticas e artificiais
- Forros
- Entretelas

INTRODUÇÃO AOS TECIDOS

Os tecidos mais atuais têm sido inspirados pela consciência ambiental, pelos efeitos da poluição e pelo desejo de produzir tecidos de qualidade com um impacto menor sobre o meio ambiente. Novas fibras naturais e combinações nobres criam uma história perfeita do tecido, com efeitos que vão desde os mais sofisticados até os mais rústicos.

Textura dos tecidos

Hoje, a maior novidade em tecidos é a combinação de fibras orgânicas com máquinas de alta tecnologia. Isso é resultado da pesquisa contínua para desenvolver tecidos com características inovadoras. À primeira vista, os tecidos e as fibras mais recentes podem parecer tradicionais, mas o uso de técnicas e materiais complexos e inovadores no acabamento do tecido, incluindo verniz, efeitos metálicos, transparência e efeito desbotado, enrugado e torcido, resultaram em tecidos mais leves, duráveis e com um toque mais suave.

A qualidade das matérias-primas e o uso de variações sutis são combinados para proporcionar novos visuais à superfície, à aparência e ao toque do tecido. Por exemplo, combinações chamadas de "tecno-naturais" são uma mistura de fibras naturais com fibras sintéticas, criando alguns efeitos incríveis. As fábricas também estão combinando fibras naturais com cashmere, seda e lã para deixar os tecidos com uma aparência leve, suave e quente. Tecidos delicados, como cashmere, tecido de alpaca, mohair e lãs extrafinas, adquiriram um acabamento elegante e simples, que pode ser de efeito feltrado, achatado, esfregado, felpudo ou rústico. Lã, cânhamo e seda são combinados com poliéster para obter diferenças sutis na aparência e no toque, enquanto a ráfia e o papel são combinados com algodão ou linho para criar um efeito mais texturizado.

As novas técnicas de processamento para algodão criam tecidos brilhantes. Também misturam fibras naturais com fibras sintéticas e com outras fibras naturais. Por exemplo, as combinações de algodão com lã e lã com linho foram bem aceitas no mercado. Os novos tecidos também incluem microtexturas e microfibras, o que resulta em tecidos leves com ótimo desempenho e um toque surreal.

O processo de produção do tecido é o mesmo, independentemente da textura do tecido ou o tipo da fibra. As fibras são torcidas para formar os fios. Os fios são tecidos ou tricotados para criar o tecido. A cor é aplicada por meio de tingimento ou estamparia. Por último, uma técnica de acabamento (geralmente química) é aplicada para melhorar o desempenho e fornecer características desejáveis para o cliente e adequadas para utilização final.

Fibras

A escolha das fibras e os métodos de produção pelos quais elas são unidas definem as diferenças entre os tecidos. As fibras são naturais ou artificiais ou sintéticas. As fibras naturais de origem vegetal incluem algodão, linho, cânhamo, rami e juta. As fibras de origem animal incluem lã de ovelha, cabra angorá (mohair), coelho angorá (angorá), camelo e alpaca. A fibra de búfalo está se tornando popular em tricôs comerciais e manuais.

As fibras artificiais ou sintéticas não são encontradas na natureza e são produzidas com diferentes processos químicos. Elas incluem acetato, acrílico, poliamida, poliéster, viscose, elastano, e Tencel. A matéria vegetal, como madeira, bambu, algas e soja, é esmagada até formar uma polpa e, em seguida, separada com uma solução química.

Os tecidos de microfibras são bastante macios e têm um bom caimento. A tecnologia de microfibra cria um tecido com a aparência e o toque da seda. Também é possível produzir linho fino e leve e lãs laváveis e não feltradas, ambos com toque semelhante à seda. Os tipos mais comuns de microfibras são feitos a partir de poliésteres, poliamidas (Nylon) ou uma combinação de poliéster e poliamida. Fibras metálicas são transformadas em fios de tiras finas de ouro, prata, cobre, aço inoxidável e alumínio. Esses fios são transformados em tecido ao serem enrolados em outra fibra. O tecido também pode ser produzido por uma fibra ou uma combinação de diferentes fibras. Em geral, as combinações são criadas quando uma fibra não possui as propriedades desejadas para o propósito. Por exemplo, o algodão amassa facilmente, mas tem características desejáveis de absorção e maciez. Ao misturar algodão com poliéster, o qual possui ótima resistência o amassamento, se produz um tecido macio, absorvente e resistente.

Fibras ecologicamente corretas

A questão da sustentabilidade está gerando uma mudança significativa na indústria da moda. Novas tecnologias empregadas na colheita e no processamento de fibras animais e vegetais estão resultando em fibras ecológicas, lãs mais sofisticadas e fios mais finos e macios. Uma categoria de fibras sustentáveis e práticas está sendo criada a partir de avanços na tecnologia, técnicas de tingimento alteradas e uso de plásticos e outros materiais reciclados.

A demanda por fibras criadas a partir de métodos de cultivação orgânicos e materiais reciclados e biodegradáveis resultou no uso de algodão orgânico, cânhamo, linho, rami, fibras de bambu e soja, juta e celulose. Além da demanda por tecidos e fibras ecologicamente corretas, a indústria também está desenvolvendo processos de tingimento e acabamento que economizem energia. A lã é um recurso renovável, pois a fibra é tosada do animal. A vida do animal é mantida por muitos anos para a produção de lã.

Esses novos tecidos, assim como os tradicionais, oferecem variedades ilimitadas de estruturas, padrões e cores. Com o uso da tecnologia, essas novas fibras estão sendo misturadas com as fibras tradicionais, sintéticas e artificiais em combinações infinitas.

Além de peças de vestuário, o movimento ecologicamente sustentável na moda inclui etiquetas de roupas e botões. As etiquetas estão sendo produzidas cada vez mais a partir de couro, lã, papel e algodão orgânico.

Tecidos mistos

Os tecidos mistos são confeccionados por dois ou mais tipos de fibras. Ao misturar fibras, as características do tecido são mescladas.

A maioria dos tecidos mistos, projetados para uma maior facilidade de manutenção, possui maior durabilidade, toque mais suave ou agradável, maior resistência a amassamentos e redução ou eliminação de amassamentos em comparação à fibra original. O tipo e a quantidade de fibras utilizadas são identificados no rolo de tecido pela quantidade de massa.

Graças à tecnologia de hoje, o tipo e a quantidade de combinações são praticamente ilimitadas. A maioria das fibras pode ser combinada com qualquer outra fibra. A seleção de fibras determina as propriedades e as características do tecido que resultará da combinação. Hoje, é comum adicionar elastano a tecidos planos e malhas, deixando-os mais macios e confortáveis. Como a produção e o processamento de fibras naturais, sintéticas e artificiais estão sendo alterados rapidamente, os tecidos continuarão evoluindo.

Teste de conteúdo de fibra*

Existem regulamentos em todo o mundo que exigem etiquetagem e identificação de tecidos informando o conteúdo das fibras e as instruções de cuidados com o produto.** É importante saber o conteúdo da fibra para manuseio correto do tecido. Por exemplo, o tecido pode precisar ser pré-encolhido antes do corte. Essa informação geralmente está indicada no fim do rolo do tecido. Se a informação estiver faltando ou incompleta, procure um vendedor.

Quando o conteúdo da fibra de um tecido é desconhecido, você pode utilizar o teste de queima, com análise das cinzas e outras características de queima, para determinar o conteúdo da fibra. Para conduzir um teste de queima, segure um pequeno pedaço de tecido com duas pinças sobre uma superfície não inflamável. Coloque fogo no tecido com um fósforo ou isqueiro e observe como ele queima. O pedaço queima lentamente ou se extingue? Queima rapidamente, derrete ou pinga? Em seguida, deixe a amostra de tecido esfriar e confira a cor e a textura das cinzas. A borda do tecido virou cinzas ou ficou dura e derretida?

Observe estas características das fibras:
- O **algodão** e a **viscose** queimam rapidamente e cheiram como papel queimado, exalando uma fumaça branca. Eles deixam cinzas suaves.
- O **linho** se inflama lentamente e deixa cinzas suaves e leves. Cheira a folhas queimadas.
- A **lã** queima lentamente e tem um odor característico de "cabelo". As cinzas da lã são facilmente esmagadas, parecem quebradiças e deixam um resíduo de fuligem.
- A **seda** queima de maneira semelhante à lã, mas com um odor desagradável. As cinzas são mais delicadas e pretas.
- O **bambu** queima rapidamente e deixa uma cinza macia e amarronzada. Cheira a folhas queimadas.
- Os **sintéticos** queimam com uma chama forte, derretem e pingam. Quando as cinzas esfriam, podem ser esmagadas entre os dedos e deixam um resíduo oleoso. As fibras sintéticas deixam uma borda preta e dura ou uma massa pegajosa.
- O **acetato** queima rapidamente com um forte odor de vinagre. Deixa uma borda preta, dura e irregular.

---

* N. de R.T.: O teste de queima proposto é um teste caseiro e serve apenas para uma avaliação superficial do conteúdo de uma amostra de tecido. Ele não pode ser utilizado para uma avaliação completa, nem é o teste utilizado pela indústria para tal. Além disso, por utilizar fogo, é um teste perigoso – faça-o com muito cuidado.

** N. de R.T.: No Brasil, o órgão que regulamenta as etiquetas é o INMETRO.

Sentidos do fio

É importante entender os detalhes básicos da estrutura de tecido. O sentido do fio indica a direção do fio. O *fio reto* também é conhecido como *fio do urdume*, e o *contrafio* é o *fio da trama*. O cruzamento entre a trama e o fio do urdume é conhecido como entrelaçamento. Cada fio tem características distintas que influenciam o caimento do tecido sobre o corpo.

Fio reto (ou longitudinal)

O fio reto do tecido corre sempre paralelo à ourela e também é chamado de fio do urdume. A *ourela* é a borda firme que corre no comprimento do tecido nos dois lados, também conhecida como fio longitudinal. Os fios mais resistentes (*fio do urdume*) correm na direção longitudinal e têm menos elasticidade que o contrafio. Na maioria dos modelos de peças de roupas, o fio reto está posicionado na vertical.

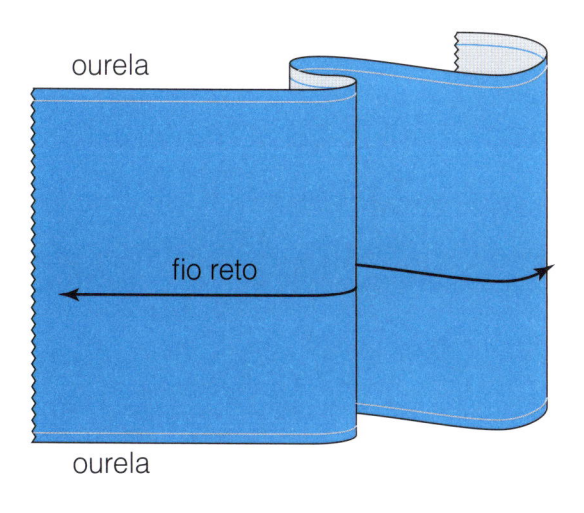

Contrafio

O contrafio é a seção da trama que corre perpendicular ao fio reto do tecido, de ourela a ourela. Os fios do contrafio são o fio da trama. O contrafio de tecidos planos tem mais elasticidade que o fio reto (sentido do urdume). Ele corre na direção horizontal da roupa, o que proporciona uma aparência mais ampla para a peça.

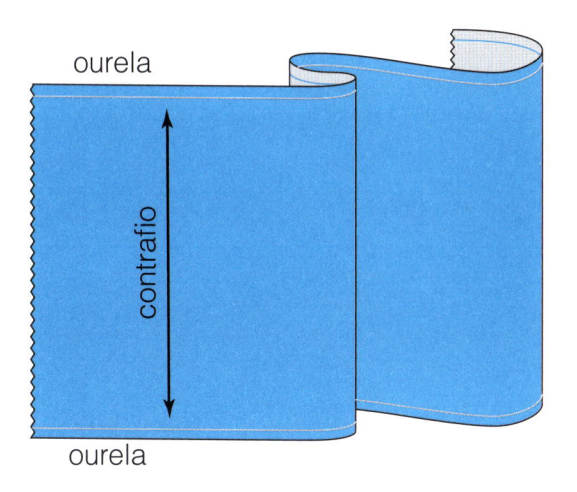

Viés

O viés tem muito mais elasticidade do que o fio reto ou o contrafio. Roupas cortadas no viés criam contornos com um caimento mais gracioso sobre o corpo. Para encontrar o viés, dobre o fio reto do tecido em direção ao contrafio para criar uma linha no ângulo de 45°. A linha no ângulo de 45° é chamada de viés verdadeiro.

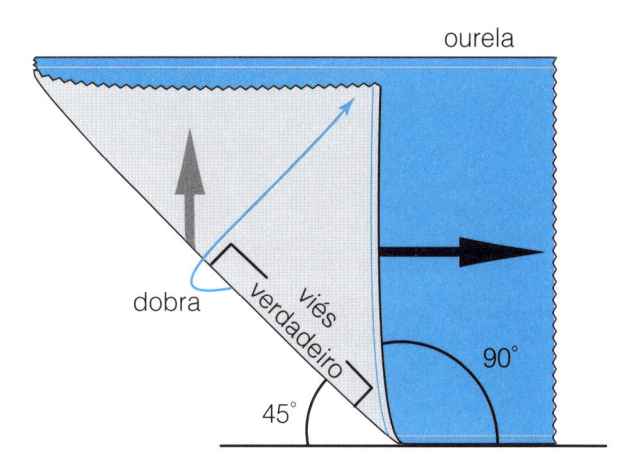

Construção de tecidos

Existem vários métodos de criação de tecidos a partir de fios, fibras e filamentos. Os dois métodos mais comuns são tecelagem plana ou malharia.

TECIDO PLANO

Os tecidos planos incluem dois conjuntos de fios: fio da trama e fio do urdume. O fio do urdume é o fio reto. O fio da trama é o contrafio. O fio da trama e do urdume se cruzam em ângulos retos. Os fios podem ser entrelaçados de modo a formar uma estrutura **tela/tafetá**, **sarja** ou **cetim**. Outros entrelaçamentos podem surgir a partir de derivados dessas estruturas.

Uma característica comum entre todos os tecidos planos é que eles desfiam na borda – quanto mais solta a estrutura, mais a borda desfiará. A durabilidade do tecido costuma aumentar à medida que aumenta a tensão e a densidade da estrutura.

TECIDOS PLANOS COMUNS

Exemplos de tecidos planos comuns são batista, morim, veludo cotelê, brim, flanela, gabardine, gaze, georgette, xadrez gingham, musseline, organza, popeline, anarruga, tafetá, tweed, veludo e voal.

ESTRUTURA TELA

Cada contrafio passa por cima e por baixo de cada fio reto da direção oposta.

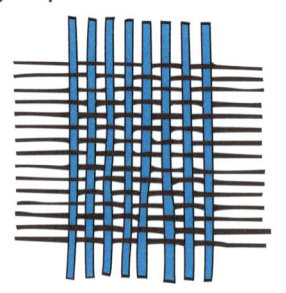

ESTRUTURA SARJA

Forma linhas diagonais no tecido. Os fios cruzam com pelo menos dois outros fios antes de passar por um ou mais fios.

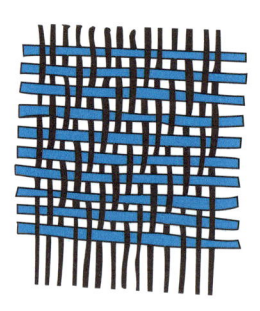

ESTRUTURA CETIM

O fio passa por cima de um e por baixo de vários fios para criar mais brilho no lado direito do tecido.

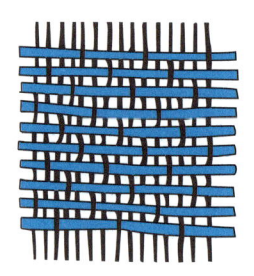

DICA PRÁTICA

Fazer bainha de costura em tecido plano garante durabilidade e fácil manutenção. Uma opção é costurar as bordas com overloque.

MALHAS

Uma característica importante das malhas é a sua elasticidade. A malha é construída quando os fios são interligados em laçadas, e são muitos os tipos de fibra que podem ser utilizados. As malhas variam em aparência de acordo com o conteúdo da fibra e o tipo de laçada, e estão disponíveis em uma variedade de fibras, gramaturas, texturas e padrões. Amplamente utilizada no vestuário, a malha escolhida deve ser apropriada para o design.

MALHA SIMPLES

Utiliza-se um conjunto de agulhas para formar laçadas ao longo da largura do tecido. Malhas simples são tecidos leves ou médios. Ao contrário da malha dupla, a malha simples pode ter elasticidade de aproximadamente 20% ao longo do fio. Este tipo de malha tem canelados verticais, planos no lado direito do tecido e linhas horizontais no lado avesso. Geralmente, a malha simples é utilizada em camisetas.

MALHA DUPLA

São usados dois conjuntos de agulhas para fazer malhas duplas, proporcionando uma aparência semelhante nos dois lados do tecido. Malhas duplas são tecidos médios ou pesados, nos quais ambos os lados podem ser aproveitados, e têm uma boa retenção de formas e silhuetas.

MALHA POR URDUME

Apresenta diversas laçadas na direção longitudinal. A malha por urdume, uma malha simples, geralmente feita com fios muito finos, é utilizada principalmente para lingerie, forros leves, moda praia, saias de armação e fantasias.

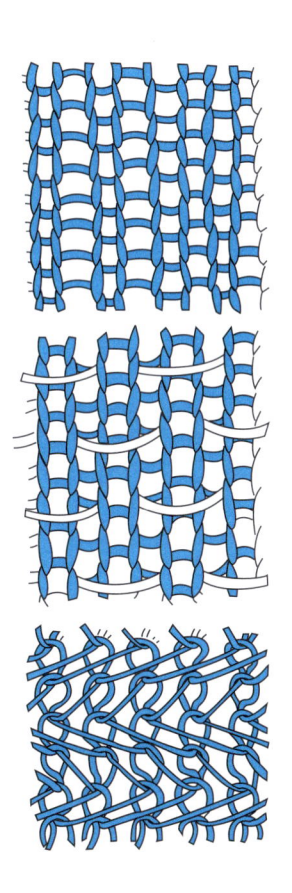

MALHAS COMUNS

As malhas comuns, dependendo da fibra, da estrutura e do peso, incluem malha de moletom, veludo, veludo com elastano, malha de suéter, malhas texturizadas, elastano bidirecional, ribana e fleece. Essas malhas podem ser feitas de acrílico, poliéster, algodão, lã ou combinações, e estão disponíveis em uma variedade de gramaturas. Algumas, como fleece, podem ser feitas de materiais plásticos reciclados.

DICAS PRÁTICAS

- **Variações nos padrões das malhas são feitas pela alteração da configuração dos pontos e das lançadas.**
- Malha simples, malha interloque e malha canelada, **conhecidas como malhas por trama, exibem uma linha vertical característica e têm mais elasticidade na largura do que no comprimento.**
- Malhas por urdume **têm menos elasticidade e mais resistência do que as malhas por trama.**

TECIDOS ORGÂNICOS e NATURAIS

Tecidos orgânicos – Para ser considerado tecido orgânico, sua produção precisa seguir a condição de não utilização de pesticidas, aditivos químicos, substâncias prejudiciais à saúde de humanos e animais e de técnicas agressivas no cuidado de animais.

Tecidos naturais – São produzidos a partir de fibras naturais, mas não precisam seguir os padrões orgânicos listados acima. Os tecidos feitos de fibras naturais incluem algodão (originado da planta de algodão), linho (processado a partir da planta do linho), lã (derivada da ovelha) e seda (obtida do bicho-da-seda). Até o início do século XX, esses tecidos eram os mais utilizados na produção de vestuário.

Avanços tecnológicos – Os avanços tecnológicos modernizaram os tecidos naturais (tradicionalmente algodão, linho, seda e lã). Pesquisas meticulosas e fábricas criativas, processos de produção e o uso de microfibras, corantes e combinações de fibras possibilitam a reprodução de todas as fibras naturais. Além das quatro fibras naturais padrão, novas fibras básicas – incluindo cânhamo, bambu e rami – foram desenvolvidas para o uso em tecidos. Hoje, é possível alterar fibras básicas, novas e antigas, combinar com outras fibras, texturizar e melhorar o acabamento. Esses avanços, juntos ou individualmente, proporcionam aos tecidos novas propriedades e características adequadas para os designs atuais. As combinações mais recentes são chamadas de "tecno-naturais", como lã e seda com poliéster.

ALGODÃO

O algodão é um tecido natural muito versátil. As propriedades do algodão – baixo custo, facilidade de manutenção, resistência, durabilidade e conforto – tornam-no o principal tecido de vestuário do mundo.

Uma temporada longa de crescimento é essencial para um bom cultivo de algodão. A planta do algodão começa a crescer após a queda da flor. O algodão é colhido no momento em que o casulo abre e fibras brancas se tornam visíveis. As fibras do casulo são utilizadas na produção de tecido, com as sementes removidas e utilizadas para produzir óleos e outros subprodutos.

Existem duas diferenças principais entre o algodão produzido tradicionalmente e o algodão orgânico: o algodão orgânico deve obedecer às normas dos produtores orgânicos e aos processos de acabamento utilizados na produção do tecido. Devido a essas diferenças, o algodão orgânico é mais caro se comparado ao algodão produzido tradicionalmente. Essa disparidade pode mudar à medida que grandes empresas de vestuário continuam a misturar algodão orgânico com outras fibras.

CATEGORIAS DE ALGODÃO

Leve – Batista, chiffon, gaze, organdi, voile. Podem ser utilizados em vestidos ou roupas de festa, camadas e forros, forros internos e estabilizadores.

Médio – Bouclé, cambraia, chita (algodão refinado), adamascado, brim, flanela, gabardine, musseline, oxfordine, piquet, plissê, popeline, anarruga e sarja. Podem ser utilizados em *sportswear*, roupa casual, camisas masculinas, roupas infantis, pijamas, blusas e vestidos.

Pesado – Bouclé, brocado, chenile, veludo cotelê, adamascado, brim, brim de linho, gabardine, tecidos felpudos, sarja e veludo. Utilizados para roupas de festa, *sportswear*, vestidos, casacos, pijamas, roupas de alfaiataria e roupa infantil.

LINHO

O linho, feito a partir da planta do linho, é utilizado há mais de 4.000 anos. A planta do linho cresce em muitas partes do mundo, o que a torna um dos materiais mais acessíveis para a produção têxtil.

O linho tem uma estrutura irregular característica. O tecido possui um toque seco e fresco porque consegue absorver até 20 vezes o seu peso em umidade antes de começar a ficar úmido. As fibras possuem um centro oco que mantém a umidade longe do corpo, ajudando a inibir o crescimento de mofos e fungos e proporcionando propriedades antibacterianas.

O tecido pronto pode aparentar ser mais áspero que o algodão, ou mais suave com estruturas uniformes, como o linho irlandês, o linho da Bélgica e o linho leve. Além de ser resistente e durável (melhorando com o tempo e a lavagem), o linho também é biodegradável, tem boa durabilidade de cor, é resistente a traças, antialérgico e tinge bem. Embora amasse facilmente, é resistente ao uso e ao desgaste.

CATEGORIAS DE LINHO

Leve – Gaze e linho leve. Adequado para vestidos de noite, blusas e saias.

Médio – Adequado para camisas, blusas, vestidos e roupa infantil.

Pesado – Adequado para calças, vestidos de alfaiataria, *sportswear*, jaquetas, ternos e casacos.

SEDA

Há séculos, a seda tem sido o tecido mais luxuoso. Ela é uma fibra versátil, produzida pelo pequeno bicho-da-seda, que pode ser transformada no chiffon mais leve ou em cetim brocado ou em matelassê. Como acontece com qualquer fibra natural, regiões diferentes do mundo produzem tipos diferentes de seda. Embora muitos tecidos reajam bem ao tingimento, nenhum se compara ao brilho intenso da seda. A seda também é suave, durável, absorvente e tem uma aparência delicada. Ela é resistente a amassamento (principalmente a média e a pesada), mas é propensa à eletricidade estática.

Os bichos-da-seda são as larvas ou as lagartas da mariposa da seda domesticada, nativa do norte da China. Na produção de seda, bandejas de casulos de bicho-da-seda são expostas a temperaturas extremas de modo que o verme morra antes que a crisálida (mariposa) tenha a chance de romper o casulo, preservando as fibras de seda dentro do casulo. Um único casulo produz cerca de 300–600m de filamentos de seda. Cerca de 2.000 a 3.000 casulos são necessários para produzir meio quilo de seda. A qualidade dos filamentos enrolados e os métodos utilizados na torção dos filamentos determinam a qualidade da fibra de seda acabada.

A seda pura pode ser tingida em muitas cores, resultando em estampas coloridas ou tecidas em estruturas em jacquard bem definidas. Muitas sedas leves e médias podem ser lavadas com cuidado e penduradas para secar; no entanto, recomenda-se lavagem a seco para sedas mais pesadas e roupas de alfaiataria.

Leve – Chiffon, gazar, georgette, mesh, organza, tule, batista de seda e seda chinesa. Adequados para roupas de festa, blusas, saias e forros.

Média – **Sedas suaves e fluidas**: crepe da China, charmeuse, crepe com direito fosco e avesso brilhoso, veludo, jersey e jacquard. **Sedas translúcidas**: tafetá, cetim e brocado. As sedas suaves e fluidas são adequadas para vestidos, roupas de festa, calças leves, saias e blazers. As sedas translúcidas, mais luxuosas e pesadas que as outras sedas médias, são próprias para vestidos de noiva, da mãe da noiva e vestidos de festa.

Sedas pesadas/texturizadas – Dupioni, shantung, sarja, tweeds e *bourrette* (seda pura). Têm superfícies texturizadas criadas pelo uso de diversos fios de seda e técnicas de tecelagem. São adequadas para roupas de alfaiataria, calças, *sportswear* e roupa de festa.

DICA PRÁTICA

Ao costurar seda, utilize agulhas bem afiadas e sem defeitos e ferramentas de corte afiadas. Caso contrário, o tecido pode rasgar.

LÃ

As características ecologicamente corretas das fibras de origem animal são utilizadas para o vestuário há séculos. A lã é obtida a partir de ovelhas, cabras, coelhos e muitos outros animais, incluindo camelos e alpacas. A cashmere é obtida de cabras kashmir (Índia). A lã de alpaca vem da alpaca, membro da família do camelo. As cabras angorás produzem fios mohair e os coelhos angorás produzem fibra angorá.

Novos processos de fiação auxiliam no desenvolvimento de fibras de lã de ovelha, tornado-as ainda mais finas, para um toque mais macio. O processo de tornar a lã mais macia criou um tecido luxuoso e com aspecto de seda, com fluidez, caimento e conforto. Novas técnicas de fiação criam fios arejados e extremamente leves, reduzindo o seu peso quase pela metade.

As fibras de lã de origem animal são quentes, macias e duráveis e são resistentes a amassamento e fogo. Além disso, tecidos de lã são fáceis de costurar. Mantêm a umidade longe do corpo, ajudando o usuário a se manter seco. A lã absorve até 30% do seu peso antes de ficar molhada. No entanto, a lã enfraquece e estica quando molhada também amolece quando exposta a umidade, calor e pressão.

Leve – Klot e Chalis. Adequada para roupas de festa, vestidos, cachecóis, saias, blusas e calças.

Média – Flanela, gabardine, sarja, espinha de peixe, xadrez houndstooth (variações da padronagem pied-de-poule e pied-de-coq e similares), tweed, klot. Adequada para ternos e casacos masculinos e femininos, roupas de alfaiataria, saias, calças, *sportswear* e casacos esportivos.

Pesada – Loden, tweed e feltro melton. Adequada para casacos e outras roupas pesadas.

Outras fibras naturais

Há séculos que outras fibras naturais vêm sendo introduzidas na produção de vestuário, juntando-se aos tradicionais algodão, linho, seda e lã. Recentemente, porém, a tecnologia moderna permitiu desenvolvimento e aperfeiçoamento de outros tecidos de fibras naturais, como rami e cânhamo. Hoje, eles já são utilizados em grande escala pela indústria. Além disso, essas fibras estão sendo combinadas com muitas outras, naturais e sintéticas, criando tecidos novos e únicos.

RAMI

O rami é uma das fibras de origem vegetal mais antigas, utilizada há milhares de anos. As fibras precisam de tratamento químico para remover as gomas e as impurezas encontradas na casca. As fibras de rami são transformadas em tecido utilizando um processo semelhante à fabricação do linho. O rami é frequentemente combinado com outras fibras para aproveitar sua resistência e absorção, brilho e afinidade com corantes. Tecidos utilizados em combinações incluem algodão, lã, viscose, seda e poliéster. As propriedades do rami incluem: resistência a bactérias e mofo; absorção; resistência a manchas; é forte quando molhado; tem aparência lisa e brilhante, que melhora com a lavagem; boa retenção da forma; resistência ao encolhimento; baixa resistência à abrasão; e durabilidade. O rami não tem muita elasticidade, amassa e é mais firme que o linho.

CÂNHAMO

Obtida a partir da planta cannabis, a fibra de cânhamo é uma das fibras naturais mais fortes e duráveis. Mantém bem a sua forma e tem menos elasticidade que qualquer outra fibra natural. Conhecido por sua durabilidade, o cânhamo é confortável e tem um bom caimento. Reage bem às combinações com fibras naturais e sintéticas.

O cânhamo é naturalmente resistente ao mofo, aceita bem corantes e é bastante absorvente. Quanto mais o tecido é utilizado e lavado, mais macio ele fica. O cânhamo também é resistente à luz ultravioleta (UV). A natureza porosa do cânhamo permite que o tecido "respire", mantendo-se fresco em temperaturas quentes. Por outro lado, o tecido aprisiona o ar (calor corporal) nas fibras, tornando as roupas de cânhamo naturalmente quentes em temperaturas mais frias.

FIBRAS CELULÓSICAS REGENERADAS

BAMBU

O bambu tem toque suave, bom caimento, absorção e tingimento fácil para um resultado de qualidade. Como o cânhamo, o bambu é antibacteriano e proporciona uma proteção natural contra luz UV, sendo apropriado para inúmeras peças de vestuário, incluindo roupa de praia e roupa íntima.

VISCOSE

A viscose é produzida pela combinação de polpa de madeira com uma mistura química. Tem propriedades semelhantes às do algodão, do linho ou da seda. Ela é macia, maleável, durável e reage bem ao tingimento. Existem dois tipos de viscose disponíveis: viscose, que é menos resistente quando molhada e se torna instável e encolhe; e Modal, a variedade mais forte e mais estável quando molhada. O uso de microfibras de viscose produz tecidos com melhor caimento e toque e aparência semelhante à seda.

A viscose é absorvente, respirável, antiestática, macia e resistente à abrasão. Aceita processos de tingimento e amassa facilmente. Com frequência, é combinada com outras fibras e utilizada na maioria das categorias de roupas feitas em grande escala. Embora os fabricantes recomendem lavagem a seco, a viscose pode ser lavada com cuidado na máquina ou à mão em água fria, com sabão neutro, e pendurada para secar.

TENCEL (LIOCEL)

Tencel é o nome comercial do liocel, uma fibra derivada da polpa da madeira produzida pela Lenzing Textile Fibers. Como o bambu, não é considerada uma fibra natural, pois é modificada quimicamente. É combinada com muitas outras fibras e é reconhecida como uma fibra que se utiliza de desenvolvimentos nanotecnológicos.

A fibra é absorvente, respirável, biodegradável, macia e resistente, aceita um processo de tingimento e é resistente a amassamento. Também é conhecida por sua aparência e toque luxuosos.

Muitos designers importantes produzem roupas com Tencel por conta de seu toque. As peças prontas devem ser lavadas a seco ou manualmente e penduradas para secar. O Tencel encolhe cerca de 3% na primeira lavagem.

FIBRAS SINTÉTICAS e ARTIFICIAIS

Inicialmente, as fibras sintéticas e artificiais foram desenvolvidas para substituir a seda. Acetato e viscose foram as primeiras fibras sintéticas disponíveis comercialmente, seguidas pela poliamida, acrílico, poliéster, elastano e Tencel.

Os tecidos sintéticos tiveram uma aceitação rápida por serem mais baratos do que a maioria das fibras naturais. Em geral, não são absorventes, mas são duráveis, têm secagem rápida, são resistentes a amassamento e encolhimento e aceitam corantes. Os tecidos sintéticos estão disponíveis em uma variedade de texturas e formas, incluindo texturizado, com pregas, enrugados, bordados e metalizados.

POLIAMIDA

A poliamida (Nylon) é uma designação genérica para a família de polímeros sintéticos conhecida como poliamidas. A poliamida, uma fibra sintética antiga, foi produzida comercialmente em 1939. Em 1940, já era empregada em meias e foi extremamente utilizada na Segunda Guerra Mundial para paraquedas, coletes à prova de balas, uniformes e pneus.

A poliamida é leve, muito resistente, durável e maleável. É propensa a estática e não "respira", mas seca rapidamente. A poliamida combina bem com muitas outras fibras, resultando em maior durabilidade, retenção de forma e resistência à abrasão. Costuma ser combinada com veludo ou outros tecidos aveludados para ajudar a eliminar ou a reduzir amassados. A poliamida é utilizada em meias, roupa íntima, *sportswear*, jaquetas, calças, saias, capas de chuva e roupa infantil.

ACETATO
O acetato foi desenvolvido no início do século XX. Ele é à base de celulose, feito a partir de algodão ou polpa de madeira. Em 1924, um fio do filamento de acetato foi tecido comercialmente pela DuPont e registrado como Celanese. O tecido de acetato é brilhante como a seda, tem um bom caimento e reage bem a corantes. Como o acetato é resistente ao encolhimento e a danos de traças e mofo, é bastante utilizado para forros e adornos de roupas de festa. É com frequência combinado com outras fibras para reduzir o *pilling*.

ACRÍLICO
O acrílico foi produzido comercialmente pela primeira vez em 1950 a partir de polímero sintético em uma tentativa de reproduzir lã. É um tecido fino e macio, com bom caimento. Reage bem a corantes, respira e absorve e libera rapidamente a umidade. É confortável, resistente a traças, possui uma boa durabilidade de cor e é de fácil manuseio. O acrílico tem uma aparência semelhante a da lã, do algodão ou de tecidos mistos; no entanto, é suscetível a abrasão, borbotos e eletricidade estática. É utilizado com frequência na fabricação de roupas de malha retilínea, incluindo suéter, meias, jaquetas fleece e *sportswear*.

POLIÉSTER
O poliéster é feito de polímeros sintéticos e foi produzido comercialmente pela primeira vez em 1953. O tecido de poliéster é altamente resistente a amassamento e retém a sua forma. É bastante resistente e possui um toque macio. De secagem rápida, pode ser tratado com calor para firmar permanentemente pregas e outras formas. Não exige muito cuidado e o tecido é lavável. O poliéster pode assumir muitas formas; por exemplo, pode imitar seda ou pode servir de enchimento para travesseiros e edredons. Também pode ser combinado com outras fibras, o que melhora a durabilidade do tecido, aumenta a resistência a amassamento, elimina ou reduz o amassado em tecidos aveludados e reduz o desbotamento.

ELASTANO
O elastano, também chamado de spandex, é uma fibra sintética inventada em 1959. Possui propriedades elásticas, sendo que alguns tecidos são capazes de esticar até 600 vezes o seu tamanho e voltar para a sua forma natural. Além de seu conforto e flexibilidade, ele reage bem ao tingimento. Embora seja utilizado em *activewear* e roupas de praia, o elastano é cada vez mais utilizado em roupas casuais, *sportswear*, roupas infantis e roupas de festa.

Tecidos mistos
Os tecidos mistos são confeccionados por dois ou mais tipos de fibras. Ao misturar fibras, as características do tecido podem ser acentuadas e atenuadas. Na combinação de fibras, aquela com a maior porcentagem determinará as características e as propriedades do tecido. Por exemplo, um tecido misto com 70% de algodão e 30% de poliéster terá mais características do algodão do que do poliéster. Graças à tecnologia de hoje, o tipo e a quantidade de combinações são praticamente ilimitadas. A maioria das fibras pode ser combinada entre si. A seleção de fibras determina as propriedades e características do tecido que resultará da combinação.

A maioria dos tecidos mistos, projetados para serem fáceis de cuidar, tem maior durabilidade, toque mais suave ou luxuoso e maior resistência a amassamento do que as fibras originais, assim como redução ou eliminação de encolhimento. O tipo e a quantidade de cada fibra utilizada estão identificados no rolo de tecido.

Hoje, é comum adicionar elastano em tecidos planos e malhas. Como a produção e o processamento de fibras naturais, sintéticas e artificiais estão sendo alterados rapidamente, os tecidos continuarão a evoluir.

Tecidos felpudos ou aveludados

TECIDOS FELPUDOS

Os tecidos felpudos são tridimensionais, com uma superfície de fios verticais cortados ou laçados e um reforço de malha ou tecido plano. Alguns simulam a aparência de peles. São bonitos, práticos, duráveis e oferecem um aquecimento maior. Podem ser produzidos a partir de várias fibras e combinações. Incluem bouclé, chenile, veludo cotelê, pele falsa, fleece, tecido atoalhado, veludo e belbutina.

TECIDOS AVELUDADOS

Têm uma cobertura externa de pontas de fibras finas que formam a superfície e são inclinadas em uma direção. As pontas das fibras podem ser cortadas, penteadas ou armadas. Alguns exemplos de tecidos aveludados incluem flanela, fleece, feltro melton, tecidos de camurça ou penteados, pelo de camelo e todos os tecidos felpudos.

COMO CORTAR TECIDOS AVELUDADOS OU FELPUDOS

Para cortar tecidos aveludados ou felpudos, é preciso planejar o corte em sentido único. O corte de tecidos em sentido único também é utilizado na hora de cortar tecidos estampados com designs claramente em sentido único. Cortar palas, golas, detalhes de bolso ou punhos na direção oposta da lanugem resultará em um visual contrastante. (Consulte a seção "Como cortar tecidos com precisão", na página 75.)

DICA PRÁTICA

Tecidos felpudos e aveludados geralmente são cortados com a lanugem voltada para a borda inferior da peça de roupa. Ao escolher a direção da lanugem, corte todas as peças maiores na mesma direção. Cortar a lanugem na direção para cima geralmente produz uma textura diferente e uma cor mais intensa.

Renda

A renda é um tecido similar a rede construído por laçadas. É vazado, e os buracos podem ser formados pela remoção de linhas ou de partes de um tecido plano ou criados como parte da renda. A renda é criada quando uma linha é laçada, torcida ou trançada a outras linhas, independentemente de um tecido de suporte. Historicamente, linho, seda e linhas metálicas foram utilizados na produção de renda.

As rendas atuais são utilizadas em todos os tipos de roupa, desde roupas casuais até roupas de festa. A renda pode ser utilizada como tecido único ou em combinação/camadas com outros tecidos.

Hoje, o algodão e as fibras mistas são utilizados com frequência. Os modelos podem ser planos e simples, com fios metálicos, fios armados e com decorações ou bordados. As rendas fluidas podem ser feitas com fios de elastano. Todas as rendas possuem um padrão definido que deve ser levado em consideração na hora de cortar e costurar. Existem diversos tipos de renda, os quais variam de acordo com o tipo e o peso da linha, o design e o material base sobre o qual a linha é aplicada.

DICA PRÁTICA

Quando estiver costurando com tecidos de renda, selecione um zíper invisível com fita de renda para ajudar a ocultá-lo.

FORROS

O forro é a cópia de uma peça de vestuário, feito de um tecido adequado para forro e costurado na parte interna da roupa. Inserir forro adiciona reforço e durabilidade à roupa, ao mesmo tempo em que proporciona um acabamento interno mais bonito.

As fábricas atuais desenvolveram novos tipos de forros. Os forros mais recentes são criados a partir de microfibras, utilizadas para tecer a sarja tradicional, forros para tricô leve e entrelaçado ou fleece de algodão com avesso em poliamida. As diversas estruturas ajudam a tornar a peça mais fácil de usar, melhoram a aparência geral do design, permitem a transpiração e criam calor quando necessário.

> **DICA PRÁTICA** Utilize linha de poliéster coberta por algodão ou algodão mercerizado e uma agulha tamanho 11/75.

Diretrizes para a seleção de forros

Ao selecionar um tecido para forro, combine a qualidade e a adequação do tecido com o design e o tecido da peça de roupa. Durante a seleção, considere cor, textura e peso, conteúdo da fibra, estrutura e acabamento do tecido. O tecido de forro é geralmente mais leve do que o tecido da roupa, o que impede uma distorção da peça de roupa pronta.

Tecidos utilizados como forro incluem acetato de viscose, 100% poliéster, 100% algodão, 100% poliamida e 100% seda. Fibras mistas, incluindo viscose/poliéster, algodão/poliamida, poliéster/poliamida e seda/poliéster, também são utilizadas. Por exemplo, uma blusa de tecido estampado e transparente deve ter forro com uma das combinações mais novas e de gramatura leve de poliéster/algodão.

TABELA 2.1 Diretrizes para a seleção de forros

GRAMATURAS DE FORROS	TECIDOS COMUNS	CARACTERÍSTICAS	DICAS DE MANUTENÇÃO
Forros leves utilizados em ternos, casacos, calças de alfaiataria e saias.	100% algodão ou combinação com poliéster	Desfia e pode arrebentar nas costuras.	Lavagem a máquina. Pode exigir pré-encolhimento e lavagem a seco.
	100% acetato	Acabamento liso e suave. Desfia e pode arrebentar nas costuras.	Somente lavagem a seco.
	Acetato com poliéster/viscose	Acabamento suave. Desfia e pode arrebentar nas costuras.	Lavagem a máquina e a seco.
	Crepe de poliéster	Forte e durável.	Lavagem a máquina e a seco. Passar em temperaturas baixas.
	Viscose ou cetim e crepe de acetato	Macio e flexível, um pouco mais encorpado que o acetato.	Somente lavagem a seco.
Forros médios utilizados em vestidos com bojo ou roupas de festa.	Cetim (poliéster ou acetato) ou tafetá (acetato ou poliéster)	Deixa mais encorpado e mantém a forma. Macio e durável.	Lavagem a máquina para poliéster. Lavagem a seco para acetato.

ENTRETELAS

A entretela, como os tecidos, é construída com uma variedade de fibras e entrelaçamentos. As entretelas devem ser compatíveis com o peso, o toque e a elasticidade do tecido. O objetivo da entretela é manter a forma da peça de roupa e adicionar estrutura às áreas selecionadas da roupa.

Diretrizes para a seleção de entretelas

A entretela escolhida não deve alterar o peso do tecido ou afetar negativamente a aparência final da roupa. Ela jamais deve ser escolhida de acordo com seu toque, pois todas as propriedades se alteram quando ela é combinada ao tecido. Selecione a entretela com base em conteúdo da fibra, estrutura, acabamento (colante ou costurável), cor e gramatura. A Tabela 2.2 descreve os cinco tipos de entretela e fornece diretrizes para selecionar a mais adequada para complementar a aparência, a durabilidade, a manutenção e o conforto de uma peça de roupa.

Conteúdo da fibra

As entretelas são produzidas a partir de fibras naturais (como algodão) ou fibras sintéticas e artificiais (como poliamida, poliéster ou viscose). A maioria das entretelas possui combinações, em diversas porcentagens, de fibras naturais e artificiais, e seu conteúdo continuará a evoluir com a tecnologia. Selecionar uma entretela compatível com o tecido garante uma peça de roupa finalizada com os padrões desejados de manutenção, encolhimento e lavabilidade. Por outro lado, entretelas mal selecionadas podem danificar o tecido. Por exemplo, uma entretela 100% poliamida distorce o brim com elastano, e uma entretela com combinação de poliamida/poliéster funciona com 100% viscose, 100% algodão e 100% chalis.

Tecelagem

A entretela pode ser produzida por cinco processos de tecelagem:

1. **Tecida** – As entretelas tecidas têm uma construção com fios da trama e do urdume. Incluem vários tipos de tecido, como lawn, batista, cretone, morim, organdi e canvas. Uma seleção ampla de gramaturas e cores está disponível.

2. **Malha por urdume** – A entretela de malha por urdume é uma combinação entre o processo de tecidos planos e a malha, porém não possui o fio da trama. A trama da malha (tricô) é tecida frouxamente na direção do urdume. As entretelas de malha por urdume são utilizadas na indústria da moda há muitos anos e estão sendo introduzidas no mercado de costura doméstica. A versão com estrutura aberta é utilizada principalmente para reforçar casacos e frentes de ternos. As mais fechadas e leves são utilizadas principalmente em tecidos de sedas e de fibras sintéticas. As entretelas de malha por urdume estão substituindo rapidamente as canvas de linho.

3. **Com inserção de urdume** – A entretela com inserção de urdume é uma entretela não tecida com inserção de urdume no contrafio. As fibras não tecidas são colocadas no sentido do fio e uma malha de tricô é tecida frouxamente na direção do urdume. Uma desvantagem da entretela com inserção de urdume é o fato de que ela rasga com facilidade. *Nota: A indústria da moda não utiliza essa entretela, pois ela não atende aos padrões de uso.*

4. **Malha por trama** – A entretela de malha por trama geralmente é feita com fios 100% poliamida, tem boa resistência mecânica e maior maleabilidade do que as de algodão. É leve e macia ao toque. Este tipo de entretela, como as entretelas colantes, é utilizado em malhas, pois estica em todas as direções e é mais flexível que outros tipos. As entretelas colantes de malha por trama têm adesivo PSA ou Hot Melt.

> **DICA PRÁTICA**
>
> **A indústria da moda não pré-encolhe a entretela. Algumas entretelas utilizadas incluem poliéster ou poliamida no conteúdo da fibra para impedir que a peça encolha.**

5. **Não tecido** – Entretelas não tecidas são consideradas tecidos aglutinados entrepostos. São criadas a partir da junção térmica ou da pressão por calor das fibras, proporcionando elasticidade e recuperação transversal. As entretelas não tecidas variam desde finas/transparentes até firmes, estão disponíveis em diversas cores e são projetadas para combinar com tecidos leves e médios.

Todos os processos estão disponíveis em forma colante ou costurável. As propriedades da entretela se alteram no momento em que a entretela e o tecido são unidos ou fundidos. A Tabela 2.2 é um guia de referência útil para a seleção de entretelas.

Gramatura

A gramatura é um grande fator na seleção de uma entretela. Ela se refere à textura, à estrutura e ao caimento da entretela. O tipo e a combinação de fibras e a quantidade e o tipo de cola utilizados criam diferenças significativas de gramatura entre as entretelas.

> **DICA PRÁTICA**
>
> No corte de entretelas não tecidas, todas as peças do molde devem ser distribuídas com um posicionamento uniforme, para que o tecido e a entretela reajam da mesma forma em relação ao sentido do fio, contrafio e viés.

TABELA 2.2 Cinco entretelas comuns para a costura de moda

TIPO DE ENTRETELA	COR	ACABAMENTO	DESCRIÇÃO
De malha por urdume – combinação de poliéster/viscose	Branca e preta	Colante	Utilizada para aplicações na parte frontal de jaquetas femininas e com tecidos para vestidos. Proporciona um toque macio e flexível.
De não tecido – poliéster/poliamida	Branca e chumbo	Colante	Possui as mesmas propriedades que um tecido plano, como sentido do fio, contrafio e viés. Trabalha bem com quase todos os tecidos, especialmente 100% viscose, algodão para camisa e combinações. Proporciona um toque mais suave de alfaiataria. Possui uma cola especial projetada para viscose e outros tecidos difíceis de colar.
De malha por trama 100% poliamida	Branca e preta	Colante	Possui uma suavidade e um caimento único para uma variedade ampla de malhas. É fácil de fundir e possui uma boa performance na malha. NOTA: A maioria das peças de roupa em malhas não exige entretela, pois as peças não possuem golas e os decotes são finalizados com ribanas ou limpezas.
100% malha por trama de poliéster	Branca e preta	Colante	Feita com fibras muito finas em uma estrutura de tricô sem elasticidade e é suave, estável e transparente. Projetada para tecidos transparentes, georgette e muito leves. Uma boa escolha também para linhos e sedas.
100% algodão	Branca e preta	Colante	Excelente entretela tecida e colante que pode ser utilizada em uma variedade de tecidos planos, desde leves até médios, incluindo lã penteada e combinações. Não é adequada para tecidos finos ou de filamentos 100% sintéticos, como o acetato e a poliamida. Deve ser pré-encolhida.

Colante e não colante

A entretela não colante, ou costurável, é um tecido sem qualquer tipo de cola. Está disponível em uma variedade de cores e gramaturas. É aplicada sobre o tecido por ponto alinhavo ou overloque.

A entretela colante possui um adesivo sensível ao calor em um dos lados, o qual é colado contra o tecido pelo uso de calor. Tem uma reação diferente dependendo da quantidade e do tipo de cola distribuída sobre a superfície. Por exemplo, o número de pontos de cola e o tamanho dos pontos variam. Um ponto menor pode ser chamado de escala 30 e um ponto maior, escala 17. A escala 30 contém pontos menores e em maior quantidade, geralmente utilizados em tecidos leves e finos. A escala 17 contém pontos maiores e em menor quantidade e é utilizada em tecidos médios e pesados. Pontos de cola maiores e mais espaçados podem endurecer e manchar o tecido. Outras colas reagem bem ao tecido, mantendo qualidade e adicionando a estrutura desejada à peça de roupa finalizada.

Teste a entretela colante em um pequeno pedaço de tecido. Certifique-se de que ela não é muito dura ou rígida. Também confira se a cola não aparece através da superfície do tecido.

Pré-encolhimento de entretelas

A indústria da moda não pré-encolhe a entretela. Todas as entretelas utilizadas na indústria incluem poliéster ou poliamida no conteúdo da fibra, para que a entretela não encolha na peça de roupa final. Para consulta rápida, as primeiras quatro entretelas listadas na Tabela 2.2 são da indústria da moda e não precisam ser pré-encolhidas. Portanto, não será necessário pré-encolher a entretela se as diretrizes recomendadas forem seguidas.

O pré-encolhimento é recomendado para todas as entretelas sem fibras de poliéster ou poliamida. Para pré-encolher a entretela, dobre-a pela metade, lado avesso com lado avesso, e coloque-a em água quente por cerca de 20 minutos. Retire a entretela da água e coloque-a em uma toalha. Enxugue gentilmente todo o excesso de água e coloque a entretela em uma superfície seca e arejada até que esteja totalmente seca. Para roupas que serão lavadas a seco, você pode passar a entretela no vapor com um ferro. Não toque a entretela com o ferro, pois pode causar distorção.

DICAS PRÁTICAS

- Entretelar antes do corte é o processo de seleção de todos os pedaços do molde que exigem entretela. Calcule a quantidade de tecido que será necessária para os pedaços de entretela. Pré-corte essa quantidade de tecido. Utilizando a mesma quantidade de entretela, aqueça e passe a ferro a entretela no lado avesso do tecido. Corte o tecido e a entretela juntos. Os pedaços não vão distorcer.
- Junte a entretela com o lado avesso do tecido e corte as peças do molde que exigem entretela.

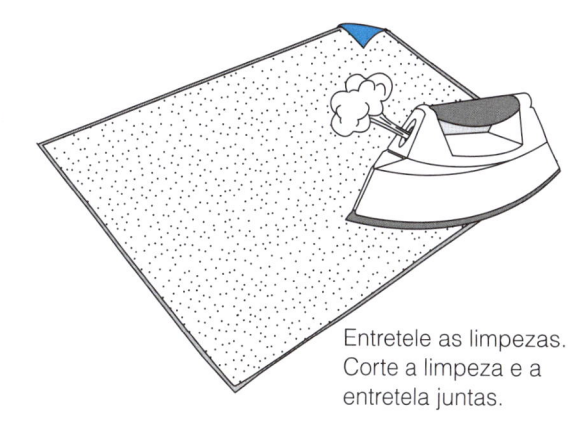

Entretele as limpezas. Corte a limpeza e a entretela juntas.

Aplicação de entretela colante

A entretela colante é aplicada por processo de fusão. A maioria dos ferros de passar tem uma variação de temperatura do morno ao quente. Se o ferro estiver muito frio, pode não conseguir colar a entretela. Teste a temperatura do ferro em um pedaço pequeno do tecido e da entretela escolhidos.

1 Corte a entretela. Coloque o lado com cola da entretela sobre o lado avesso da área da peça de roupa.

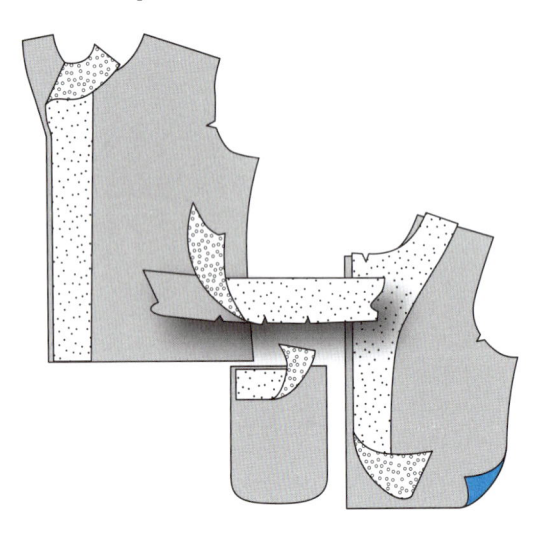

2 Com um ferro a vapor, cole a entretela no tecido levantando o ferro e vaporizando uma parte de cada vez. Se a entretela não aderir ao tecido, coloque um tecido úmido para proteção entre o ferro e a entretela, para criar mais vapor. Continue a usar a configuração de vapor no ferro e pressione.

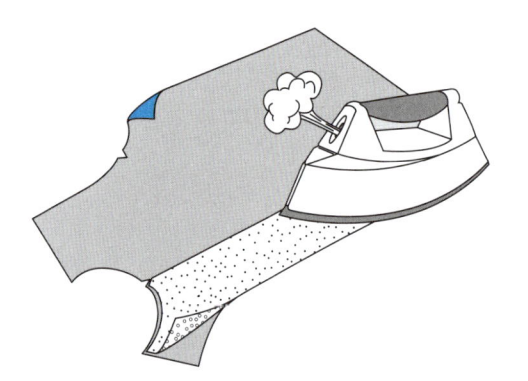

3 Finalize a borda externa da limpeza. Utilize uma overloque, uma máquina com ponto zigue-zague, ou dobre 6 mm da borda externa da limpeza sobre a entretela.

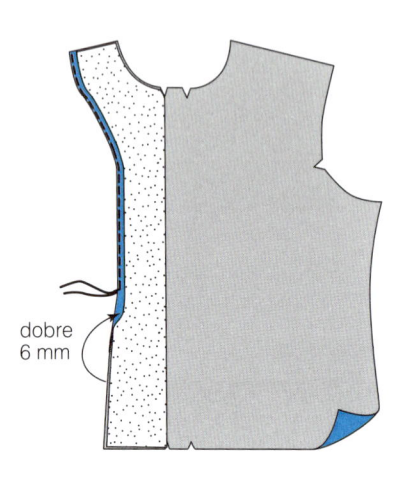

dobre 6 mm

DICAS PRÁTICAS

- Se a entretela endureceu o acabamento das roupas, a quantidade de cola não serve para o tecido. Deve-se escolher outra entretela com uma quantidade de cola menor.
- Se a entretela não aderir ao tecido, isso significa que não foi aplicado vapor ou pressão suficientes ao juntar a entretela ao tecido. Utilize um tecido úmido para proteção entre o ferro e a entretela para criar mais vapor. Ou melhor ainda, utilize um ferro a vapor. Continue a usar a configuração de vapor no ferro e pressione. O calor e o vapor derreterão a cola sobre o tecido. Se a cola não derreter, a entretela não aderirá ao tecido da peça de roupa.

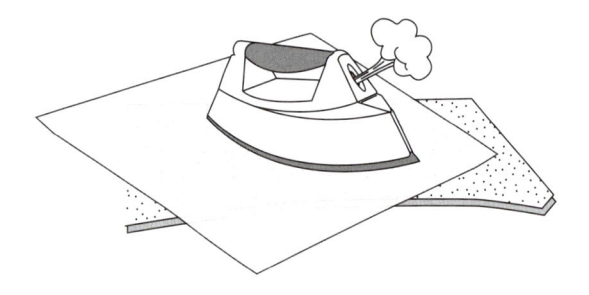

Aplicação de entretela não colante

A entretela não colante, ou costurável, não tem qualquer tipo de cola. É aplicada sobre a peça de roupa por ponto alinhavo ou overloque.

1. Corte a entretela. Alfinete a entretela do lado avesso da peça ou da limpeza, colocando a borda da entretela sobre a borda externa da peça de roupa.

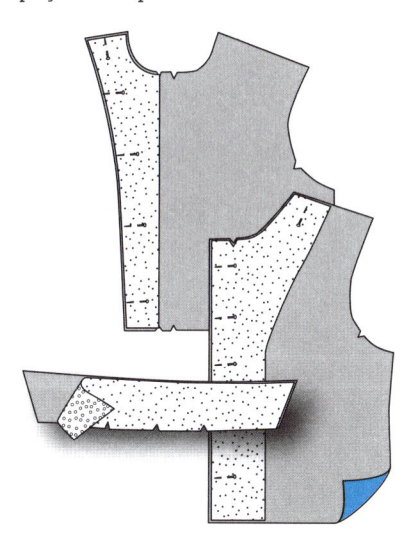

2. Costure à máquina 6 mm para dentro da borda externa.

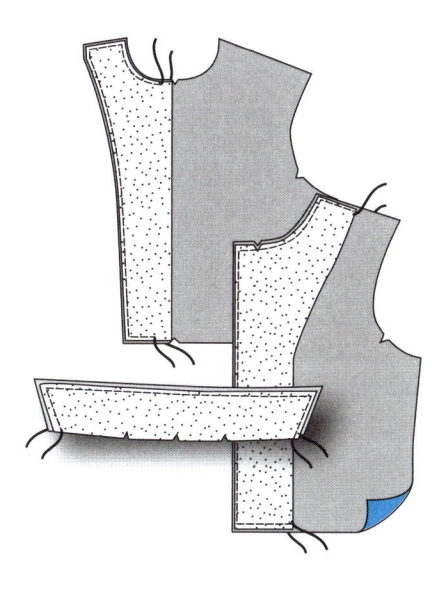

3. Se necessário, costure a borda solta da entretela do avesso do tecido.

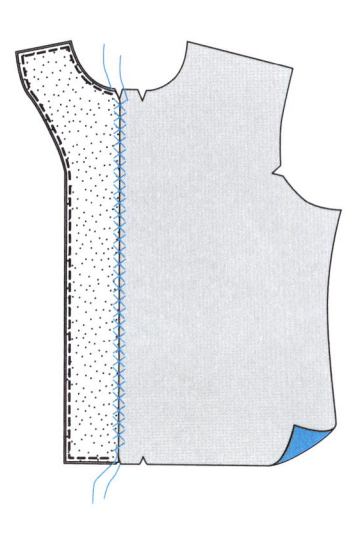

4. Finalize a borda externa da limpeza. Utilize uma overloque, uma máquina com ponto zigue-zague, ou dobre 6 mm da borda externa da limpeza sobre a entretela.
   - Dobre a borda do detalhe da peça de roupa sobre a entretela.
   - Em seguida, utilize pontos pequenos de costura para bainha, ponto overloque ou zigue-zague para reduzir volume.

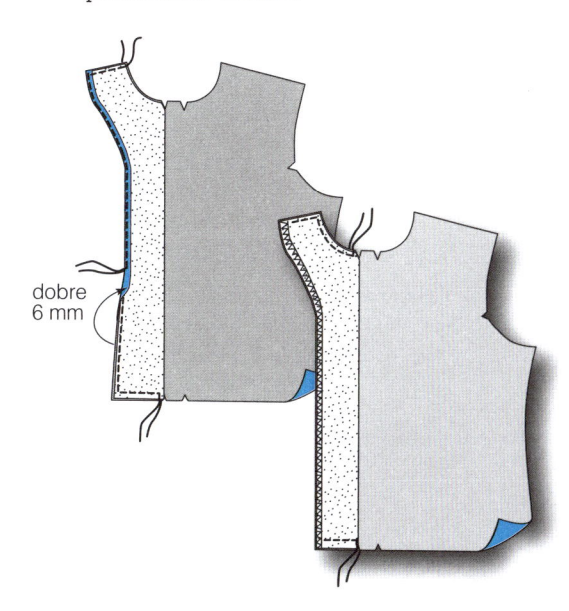

dobre 6 mm

CAPÍTULO
3

BIÓTIPOS
e TABELAS
DE MEDIDAS

- Entendendo os biótipos
- Mulheres
- Crianças
- Adolescentes
- Homens

ENTENDENDO OS BIÓTIPOS

É preciso entender os biótipos, os tipos de corpo, antes de selecionar o tamanho do molde. O biótipo descreve a altura e a silhueta de uma pessoa. As ilustrações e as tabelas a seguir representam os diversos biótipos de mulheres, crianças e homens.* Todas as medidas estão em centímetros.

Após a identificação do biótipo, tire medidas precisas para determinar o tamanho do molde necessário. Para ter suas medidas avaliadas, a pessoa deve usar somente roupas de baixo ou um colant, ela não deve usar sapatos. Para criar um ponto de referência, amarre um pedaço de fita de sarja ao redor da cintura. Meça e anote a circunferência do busto, da cintura e do quadril (parte mais ampla). Meça também o comprimento das costas do corpo, do pescoço à cintura e da manga.

MULHERES
Jovens, de 1,63 m a 1,65 m
Geralmente jovens adultas, com estrutura e proporções pequenas e baixas.

(MEDIDAS EM CM)						
Molde e varejo	3-4	5-6	7-8	9-10	11-12	13-14
Busto	71	73,5	77,5	81	85	89
Cintura	56	58,5	61	63,5	66	68,5
Quadril	78,5	81	85	89	92,5	96,5
Comprimento das costas do corpo	34	35,5	37	38	39,5	40

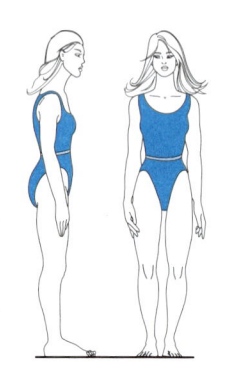

Adultas, de 1,65 m a 1,68 m
Corpo totalmente desenvolvido e bem proporcionado, com maior comprimento das costas do corpo, busto e quadril mais amplos, mas geralmente magro.

(MEDIDAS EM CM)						
Molde e varejo	6	8	10	12	14	16
Busto	78	80	83	87	92	97
Cintura	58	61	64	67	71	76
Quadril	83	85	88	92	97	102
Comprimento das costas do corpo	39,5	40	40,5	41,5	42	42,5

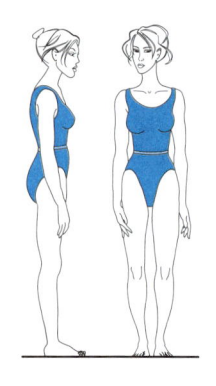

---

* N. de R.T.: As tabelas apresentadas neste capítulo referem-se a padrões corporais e sistemas de tamanhos norte-americanos. No Brasil, não existe uma padronização de tamanhos, e a adoção de normas como a NBR 13377, da ABNT, é facultativa ao empresariado. Por esse motivo, optou-se por não converter as medidas aqui apresentadas para um modelo de numeração nacional.

De proporções generosas, de 1,65 m a 1,68 m

Mulheres com o mesmo tamanho das mulheres adultas, mas de proporções mais generosas. Geralmente, a cintura e o busto são mais largos e volumosos.

	(MEDIDAS EM CM)						
Molde e varejo	38	40	42	44	46	48	50
Busto	107	112	117	122	127	132	137
Cintura	89	94	99	105	112	118	124
Quadril	112	117	122	127	132	137	142
Comprimento das costas do corpo	44	44	44,5	45	45	45,5	46

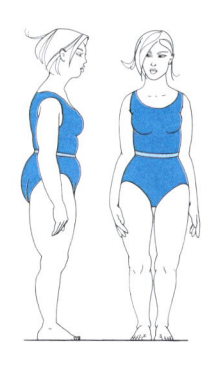

Maduras, de 1,52 m a 1,68 m

Mulheres mais maduras, com comprimento das costas mais curto, com um formato de corpo menor e mais volumoso. Geralmente, é um formato do corpo de mulheres que já passaram pela menopausa.

	(MEDIDAS EM CM)					
Molde e varejo	38	40	42	44	46	48
Busto	107	112	117	122	127	132
Cintura	89	94	99	105	112	118
Quadril	112	117	122	127	132	137
Comprimento das costas do corpo	41	42	42	42,5	42,5	43

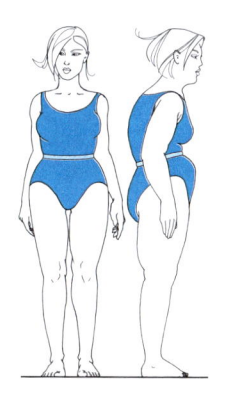

CRIANÇAS

O tamanho de roupas infantis geralmente é determinado de acordo com a idade da criança. No entanto, as crianças não crescem no mesmo ritmo e algumas podem alcançar certo tamanho mais cedo ou mais tarde, dependendo do crescimento e do desenvolvimento. Portanto, a criança deve ser medida com frequência, e essas medidas devem ser comparadas com o molde. Todas as medidas estão em centímetros.

Bebês

Bebês com até 18 meses. Os tamanhos são determinados de acordo com o peso e a altura do bebê. Geralmente, os estilos para meninos e meninas são semelhantes.

Molde e varejo	RECÉM-NASCIDO 3 MESES - PP	3-6 MESES P	6-12 MESES M	12-18 MESES G
Peso (kg)	5,4	6-7	7-8	8,5-9,5
Altura (cm)	61	64-66	69-74	74-76

bebês

Crianças de 1-2 anos

Os tamanhos para meninos e meninas são os mesmos, mas os modelos variam.

Molde e varejo	1	2	3	4
Altura	79	87	94	102
Tórax	51	53	56	58
Cintura	50	51	52	53

crianças de 1-2 anos

Meninas pequenas

Moldes feitos para crianças que já caminham e não usam mais fraldas.

Molde e varejo	4	5	6	6X
Altura	104	112	119	122
Tórax	58	61	64	65
Cintura	53	55	56	57
Quadril	61	64	66	67

meninas pequenas

Meninos pequenos

Moldes feitos para crianças que já caminham e não usam mais fraldas.

Molde e varejo	4	5	6	6X
Altura	104	112	119	122
Tórax	58	61	64	65
Cintura	53	55	56	57
Quadril	61	64	66	67

meninos pequenos

Meninas mais velhas

Meninas menores que adolescentes, com corpos menos desenvolvidos. Este tamanho serve para meninas no início da puberdade, o que às vezes representa proporções estranhas.

Molde e varejo	7	8	10	12	14
Altura	127	132	142	149	155
Tórax	66	69	73	76	81
Cintura	58	60	62	65	67
Quadril	69	71	76	81	87

meninas mais velhas

Meninos mais velhos

Os modelos dos meninos são padronizados de acordo com a roupa masculina.
No entanto, alguns modelos de calças para meninos incluem variações mais justas e folgadas.

Molde e varejo	8	10	12	14	16
Altura	132	142	149	155	156
Tórax	69	73	76	81	87
Cintura	60	62	65	67	70
Quadril	71	76	81	87	92

meninos mais velhos

ADOLESCENTES

Meninos adolescentes, de 1,55 m a 1,73 m

Os meninos adolescentes geralmente estão entre os tamanhos de meninos e homens. O estilo *preppy* é a escolha mais comum entre esse grupo.

Molde e varejo	10	12	14	16	18	20
Pescoço	32	33	34,5	35.5	37	38
Tórax	71	76	81	85	89	93
Cintura	64	66	69	71	74	76
Quadril	75	79	83	87	90	94

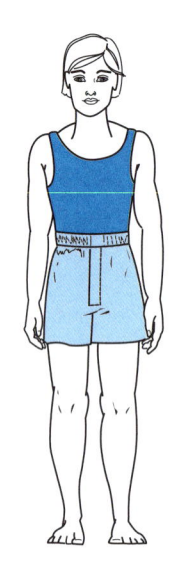

Meninas adolescentes, de 1,32 m a 1,61 m

Meninas adolescentes têm bustos pequenos, cintura larga e quadril estreito.

Molde e varejo	8½	10½	12½	14½	16½
Busto	76	80	84	88	92
Cintura	71	74	76	79	81
Quadril	84	88	92	96	96
Comprimento das costas do corpo	32	34	35,5	37,5	39,5

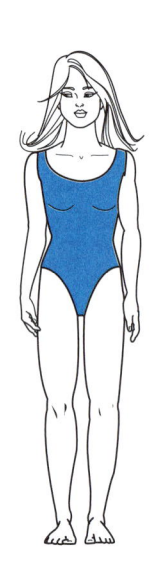

HOMENS
Homens, de 1,73 m a 1,83 m

A maioria dos moldes masculinos é criada para homens de constituição padrão de cerca de 1,78 m de altura, sem sapatos. Os tamanhos para ternos, jaquetas e camisetas esportivas são baseados na medida do tórax. As camisas são baseadas nas medidas do pescoço e da manga. Os tamanhos das calças são determinados de acordo com a medida da cintura. Todas as medidas estão em centímetros.

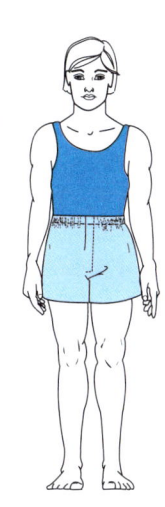

Calças, camisetas esportivas e camisas

Molde e varejo	34	36	38	40	42	44	46	48
Pescoço	35,5	37	38	39,5	40,5	42	43	44,5
Tórax	87	92	97	102	107	112	117	122
Cintura	71	76	81	87	92	99	107	112
Comprimento da manga	81	81	84	84	87	87	89	89

CAPÍTULO 4

PLANEJAMENTO DO DESIGN *e* SELEÇÃO DO TECIDO

- Planejamento do design
- Seleção do molde
- Ajuste do molde
- Planejamento do corte do molde e do tecido
- Transferência das marcações do molde

PLANEJAMENTO DO DESIGN

Como selecionar o tecido

O primeiro passo na criação de um modelo é examinar as proporções do corpo e a paleta de cor e de tecido. Crie modelos que mostrem suas inclinações artísticas e sociais. As roupas transmitem informações sobre o usuário; além de serem atraentes, elas devem transmitir confiança. Para atingir esses objetivos, é preciso produzir roupas que complementem e valorizem o formato do corpo. Identifique o que agrada e funciona. Existem muitos aspectos do corpo com os quais se pode criar a ilusão perfeita utilizando estilo e cor.

CARACTERÍSTICAS DO DESIGN: Na seleção do design de uma peça de roupa, uma boa orientação é enfatizar as melhores características do corpo. Se o busto for a melhor característica de um corpo, crie corpetes com efeitos drapeados e/ou tecidos com brilho. Se o bojo for menor, pode-se usar modelos com mais volume acima da cintura. Para cintura pequena e quadril largo, não destaque a cintura com cintos brilhantes ou chamativos; quando necessário, utilize cintos mais finos e simples. Mulheres altas podem usar cintos de qualquer largura. Para um quadril largo, saias de cores escuras farão o quadril parecer menor.

LINHAS DE DESIGN: As linhas contínuas são utilizadas para criar ilusões. Por exemplo, recortes princesa, golas alongadas, tomas e pregas verticais, acabamentos em renda verticais ou aberturas frontais alongadas fazem a pessoa parecer mais alta ou magra. Para blazers, a bainha finalizada deve estar na altura do punho, a não ser que seja um blazer curto. Saias volumosas podem ser utilizadas por quem tem um corpo magro ou para quem precisa diminuir as linhas do quadril. As saias em gomos valorizam qualquer corpo, com os seus comprimentos variando de acordo com a altura de quem as usa. Modelos com corte império criam uma linha mais alongada de pernas e altura. Para evitar um visual com a parte superior mais carregada, a curvatura da bainha deve ser igual à largura da linha do quadril e do ombro a ombro.

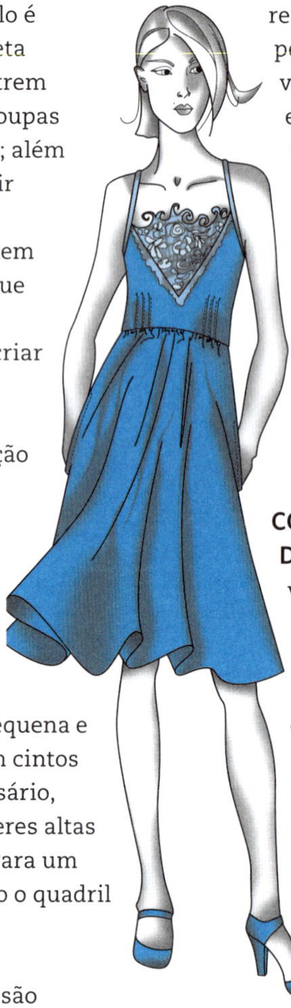

COMO SELECIONAR O TECIDO: É importante selecionar o tecido com as características certas para o design de sua peça de roupa. As fibras naturais, como algodão, linho, seda e lã, respiram com o corpo, tornando as peças de roupa mais agradáveis de vestir. Tecidos mais macios diminuem e suavizam a aparência do corpo. Esses tecidos também podem ser drapeados com pregas verticais, deixando o corpo mais esguio e alongado. Tecidos mais pesados, brilhantes e firmes, se utilizados em roupas inteiras, acentuarão o corpo e valorizarão mais a silhueta. A combinação de tecidos pesados, brilhantes e firmes com tecidos macios cria estilos interessantes.

COMO SELECIONAR A GRAMATURA DO TECIDO: Para criar modelos que valorizem o corpo, existem algumas regras que devem ser seguidas. Por exemplo, tecidos finos diminuem alguns centímetros do corpo e tecidos mais pesados, adicionam. Além disso, cores sólidas realçam os detalhes do modelo, enquanto xadrezes e estampas deixam os detalhes menos perceptíveis. Cores escuras diminuem a silhueta do corpo. Tecidos com linhas verticais ajudam a criar a ilusão de um corpo mais magro, enquanto listras horizontais podem dar a impressão de o corpo ser mais largo.

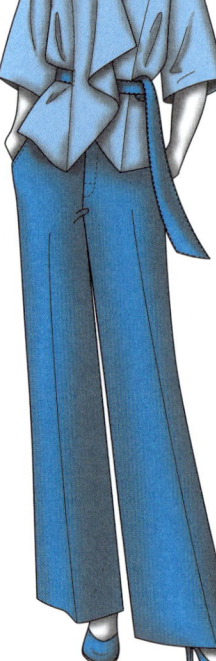

COMO SELECIONAR A ESTAMPA DO TECIDO:
Estampas em toda a área do tecido, com formas suaves e embaçadas, são as que melhor complementam o corpo; esse estilo de estampa pode ser dramático ou simples. Estampas bastantes usadas incluem as geométricas, gráficas, da natureza, florais, poás ou listras. Brincar com diferentes tecidos e estampas acrescenta estilo ao seu guarda-roupa e cria uma silhueta mais fina.

PREFERÊNCIA DE CORES: O desenvolvimento e a personalização do design de uma peça de roupa exige um uso cuidadoso de cores. A cor representa a proposta e desperta emoção. Uma combinação agradável de cor, tecido e design pode produzir uma peça de roupa que apresente as características positivas do corpo.

Cores neutras (preto, marrom, cinza, bege) diminuem visualmente uma área, enquanto cores mais claras chamam mais atenção. Peças feitas a partir de uma cor (ou mistura monocromática) criam uma aparência mais longa e esguia. Roupas na cor preta exigem linhas simples, cortes perfeitos e um toque de criatividade. O vestido preto básico não somente é um item indispensável ao guarda-roupa como também é uma escolha adequada para qualquer ocasião.

As cores devem fluir da cabeça aos pés para criar o máximo de ilusão de altura. Se utilizado de maneira adequada, o contraste de cor pode equilibrar as proporções do corpo e disfarçar os seus pontos fracos. Coloque cores neutras e escuras em áreas a serem diminuídas e alongadas. Destaque as áreas perto do rosto e as melhores características do corpo utilizando cores claras e chamativas.

Pré-encolhimento do tecido

Quando se aplica calor ou vapor ao tecido, os fios relaxam e encolhem. Muitos tecidos encolhem quando são lavados com água ou a seco. Tecidos comuns com alto índice de encolhimento incluem 100% algodão, linho e lã sem tratamento. Muitos tecidos precisam ser pré-encolhidos para que o tamanho de uma peça de roupa não se altere após lavagem com água ou a seco.

TABELA 4.1 Tabela de pré-encolhimento de tecido

TECIDO	MÉTODO
100% algodão cru	Coloque o tecido na máquina de lavar no ciclo de centrifugação, o qual adiciona uma quantidade mínima de água sem ensopar o tecido. Retire o tecido da máquina e coloque-o em uma secadora. O calor encolhe o tecido úmido. Retire-o da secadora quando estiver completamente seco.
100% lã, sem tratamento	Coloque o tecido em uma máquina de lavagem a seco e configure-a para que o tecido receba somente vapor e pressão. Não é necessário lavá-lo. O calor do processo de vaporização relaxa os fios e encolhe o tecido.
100% linho, sem tratamento	Utilize os métodos máquina de lavar/secadora ou lavagem a seco descritos acima. O método de lavagem a seco é mais simples, pois o tecido 100% linho, sem tratamento, amassa.
Seda, viscose, poliéster e outros tecidos mistos sintéticos	Não é necessário pré-encolher.

Como moldar

O método de moldar garante que o fio reto e o contrafio estejam em ângulos retos entre si. Uma peça de roupa finalizada deve pender corretamente. Portanto, é importante conferir o tecido antes de cortá-lo para determinar se o contrafio está distorcido. Para moldar um tecido distorcido, dobre o tecido de ourela a ourela, junte com alfinete todas as bordas do tecido (menos o lado dobrado), prenda o sentido do fio a uma tábua ou uma mesa e puxe com delicadeza o contrafio até que todos os fios estejam em um ângulo de 90°.

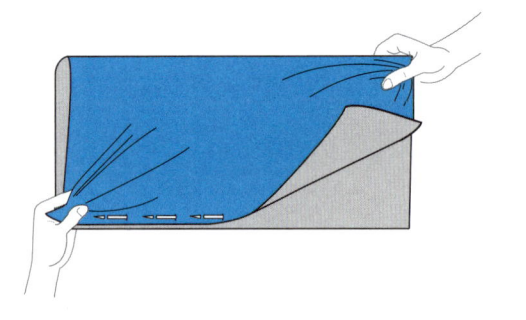

DICAS PRÁTICAS

- **Quando o tecido é produzido na fábrica, para manter o fio reto e o contrafio perfeitos, os rolos prontos são colocados em *pallets* para transporte e guardados deitados. Quando o tecido é estendido para corte, os rolos são colocados em um suporte com barras de tensão para manter a linearidade do sentido do fio e o contrafio. Como o sentido do fio e o contrafio não foram distorcidos, não há necessidade de moldar o tecido.**
- **O sentido do fio fica distorcido quando o tecido é dobrado ao meio e colocado em um rolo. O rolo do tecido é, então, exibido em pé em algumas lojas de tecido. A distorção do tecido dependerá de quanto tempo o rolo ficou exibido dessa maneira. Muitas lãs de qualidade são vendidas "prontas para costurar", o que indica que o tecido foi tratado e está pronto para cortes e costuras. As novas lãs laváveis podem não exigir um pré-tratamento com calor e vapor.**

Como selecionar o tecido para o modelo da roupa

Para conseguir uma peça de roupa final bem feita, é preciso selecionar um tecido que combine com o nível de habilidade exigido na costura. Tecidos xadrezes, unidirecionais, pesados ou muito leves, com paetês, felpudos e com elastano exigem maior habilidade de costura. Em compensação, klot, combinações de poliéster e algodão, algodão, linho e lã média são adequados àqueles com habilidades básicas de costura.

A tabela a seguir lista as categorias das peças de roupa, os tecidos mais utilizados para essas categorias e os respectivos cuidados necessários. As informações estão dispostas de acordo com a dificuldade. Os modelos mais simples e os tecidos mais fáceis de trabalhar estão listados primeiro, evoluindo para designs mais complexos e tecidos mais difíceis de lidar.

TABELA 4.2 Guia para a seleção de tecidos

CATEGORIAS	TECIDOS COMUNS	CUIDADOS NECESSÁRIOS
Sportswear, roupas de inverno, vestidos casuais, saias, calças, camisas masculinas, roupas de ginástica.	Tecido plano ou malha média. 100% algodão, veludo cotelê, brim, popelina, anarruga, klot, piqué, flanela, camurça, oxford.	Lavar à máquina. Algodão encolhe a não ser que seja pré-encolhido ou tratado. Muito durável. Permite boa transpiração. Passe enquanto estiver úmido ou com um ferro quente.
	Tecido plano de gramatura média ou malha de algodão/poliéster. Lã de gramatura média ou flanela de lã.	Lavar à máquina. Não encolhe. Pode usar alvejante. Passe com um ferro quente a vapor. Tecidos de lã devem ser lavados a seco a não ser que a etiqueta indique que se deve lavar à máquina.
	Linho de gramatura média ou challis.	Amassa, tende a encolher quando lavado à máquina. Lavar a seco. Se não for pré-encolhido, alonga quando molhado.
	Algodão com estrutura aberta. Algodão monge, homespun e gaze.	Lavar à máquina. Encolhe se não for pré-encolhido.
Sportswear, roupa de praia, fantasias ou roupas especiais, como calças e malhas de Lycra.	Malhas com elastano.	Lavar à máquina. Secar em temperaturas baixas. Não usar alvejante. Passar com ferro frio.
	Tecido de algodão/poliéster.	Lavar à máquina. Não encolhe. Seca rapidamente. Não exige que seja passado.
Casacos de alfaiataria, casacos médios a pesados, ternos e casacos esportivos.	Combinações de pelos de gramatura pesada. Lã, cashmere, pelo de camelo, alpaca, tweed, cheviote.	Lavar somente a seco, a não ser que seja instruído o contrário. Algumas lãs podem ser laváveis.
	Algodão pesado. Brim e brim de linho.	Lavar à máquina. Encolhe a não ser que seja pré-encolhido ou tratado.
	Linho médio a pesado, tecidos mistos, sedas, viscoses, tecidos penteados.	Lavar somente a seco, a não ser que seja instruído o contrário.
	Couro médio a pesado e pele falsa.	Lavagem a seco. Também exige uma costura especial.
	Poliamida ou poliamida com matelassê, com uma camada interna de pena ou enchimento de fibra de poliéster.	Lavar à máquina ou a seco. Não exige que seja passado.

TABELA 4.2 Guia para a seleção de tecidos

Roupas de dormir, roupa íntima, blusas e vestidos.	Algodão transparente. Batista, ponto suíço, lawn, voile e gaze.	Lavar à máquina. Encolhe a não ser que seja pré-encolhido ou tratado. Amassa facilmente. Passe enquanto estiver úmido ou com um ferro a vapor.
	Tecidos transparentes a leves. 100% poliéster ou combinações de poliéster, georgette, chiffon, organza, poli/seda.	Lavar à máquina. Não exige que seja passado.
	Tecidos leves a médios. Fleece, flanela, seda, cetim, shantung, viscose, crepe da China e malha.	Lavar somente a seco, a não ser que seja instruído o contrário. Muitos tecidos novos, fleece, flanela e combinações são laváveis à máquina.
Vestidos e blazers de festa.	Tecidos transparentes a leves. Organza, chiffon, algodão transparente, seda, viscose, tecidos mistos, lamê, rendas transparentes.	Lavar somente a seco, a não ser que seja instruído o contrário.
	Tecidos leves a médios. Seda pura, cetim, tafetá, brocado, veludo, lãs leves (challis, flanela, jersey), tecidos metalizados, rendas pesadas, tecidos bordados.	

SELEÇÃO DO MOLDE

Como selecionar o tamanho certo

É possível tanto primeiro selecionar o molde e depois comprar o tecido sugerido para o molde quanto comprar primeiro o tecido e depois selecionar o molde adequado para ele. Quem consegue visualizar a roupa final tende a utilizar o último método. O envelope do molde fornece uma lista com sugestões de tecidos para as peças incluídas no molde.

Antes de comprar um molde, tire as medidas da pessoa para quem a roupa será feita e determine o seu biótipo. (Consulte o Capítulo 3 para biótipos e tabelas de medida.)

MULHERES
- Para blusas, camisetas, jaquetas ou vestidos, utilize a medida do busto na seleção do tamanho certo do molde.
- Para calças ou saias, utilize a medida do quadril (parte mais ampla) na seleção do tamanho certo do molde.

CRIANÇAS
- Para blusas ou camisetas, utilize a medida do tórax na seleção do tamanho certo do molde.
- Para calça ou saia, utilize a medida da cintura na seleção do tamanho certo do molde.

HOMENS
- Para ternos, blazers ou camisetas, utilize a medida do tórax na seleção do tamanho certo do molde.
- Para camisas, utilize as medidas da circunferência do pescoço e do comprimento da manga na seleção do tamanho certo do molde.
- Para calças, utilize a medida da cintura na seleção do tamanho certo do molde.

BUSTO ALTO E BUSTO NO LUGAR (PARTE MAIS AMPLA DO BUSTO)

Os moldes são desenvolvidos a partir da medida completa do busto (parte mais ampla) da modelo. Se a medida do busto alto for utilizada para determinar o tamanho do molde, ele será muito pequeno para a cliente e a costura lateral/cava precisará ser retrabalhada. Isso resulta em uma cava desproporcional, deixando a manga com um caimento incorreto e/ou distendida. Personalize o caimento do ombro/pescoço para comprimento, inclinação e largura. (Ver ajustes nas páginas 70-74.)

Como entender um envelope de molde*

Os envelopes de molde variam de acordo com a empresa. O exemplo a seguir ilustra as diversas características e informações incluídas nos envelopes.

Variação de tamanhos
A variação de tamanhos informa os tamanhos incluídos no envelope.

Ilustrações ou fotografias da roupa
Em geral, são incluídos moldes para todos os modelos ilustrados. Se uma peça não estiver incluída, será indicado.

Nível de dificuldade
Alguns envelopes indicam as habilidades de costura necessárias para finalizar a peça de roupa. Iniciantes devem escolher moldes classificados como muito fáceis e fáceis, e pessoas mais experientes podem escolher os moldes mais difíceis.

---

* N. de R.T.: No Brasil, o mais comum é que os moldes prontos sejam vendidos em revistas especializadas, que apresentam fotografias do modelo, desenho técnico, planejamento de corte, materiais necessários, instruções de montagem e modelagem em uma folha de papel.

Descrição do molde

Essa área descreve todos os detalhes de cada modelo. Também pode descrever o caimento final da roupa (solta, semiajustada, ajustada, etc.). Lembre-se de que é possível alterar detalhes simples, como o estilo do bolso ou da borda externa da gola.

Tecidos sugeridos

Exibem características de caimento ou toque mais adequados para o modelo em questão. O envelope de molde indicará se o molde é adequado para malhas.

Especificações de tamanho

Descrevem o tamanho do corpo e o biótipo para o qual o molde foi projetado. Se as suas medidas variam das medidas padrão, procure por uma seção de medidas finais no envelope ou nas próprias peças do molde. É provável que seja preciso fazer algumas alterações. Consulte a seção "Ajuste do molde" neste capítulo.

Quantidade de tecido necessária

A quantidade necessária de tecido é indicada para cada modelo do molde. A quantidade de tecido é indicada com base em tecidos com largura de 115 cm e 150 cm.

NOTA: A seção em inglês exibe as medidas em escala imperial; a seção em francês exibe as medidas em escala métrica.

Aviamentos necessários

Aviamentos de costura necessários, como botões, zíperes, ganchos, elástico, linhas e etc., estão listados para cada peça de roupa.

Medidas da peça final

Comprimentos e circunferências finais de bainhas para calças, saias e vestidos são especialmente úteis para estimar o volume de um modelo e verificar se será necessário fazer alterações no comprimento. Medidas finais, quando inclusas, são úteis para estimar o caimento de cada peça de roupa. Geralmente, essas medidas são encontradas nas peças do molde para busto/tórax da frente, cintura e quadril.

Desenhos técnicos

São desenhos com os detalhes do modelo do molde. São úteis quando os detalhes do molde não estão claramente visíveis nas ilustrações ou nas fotografias do envelope. Alguns fabricantes de moldes exibem somente desenho das costas do modelo; outros, exibem tanto a frente quanto as costas.

DENTRO DO ENVELOPE DE MOLDE

Dentro do envelope estão incluídos peças do molde impressas em papel de seda e um guia para o molde. O tamanho, o número do modelo e/ou a letra estão em cada peça do molde.

O guia ilustra sugestões de planejamento de corte do molde em uma variedade de larguras de tecido, modelos e tamanhos (ver "Planejamento do corte do molde e do tecido", nas páginas 75–80). Podem ter planejamentos de corte extras para tecidos aveludados ou unidirecionais, incluindo veludo, cetim cotelê, xadrez, listras irregulares ou estampas unidirecionais.

O guia também fornece instruções passo a passo para costurar o modelo escolhido.

NOTA: Veja a seção "Ajuste do molde", nas páginas 70–74, para personalizar o ajuste das peças do molde antes de cortar o modelo.

Como identificar as marcações

Com as marcações do molde, o fabricante dá informações ao usuário sobre a construção da peça de roupa. Algumas marcações estão acompanhadas de instruções por escrito.

Como identificar os piques do molde

Um pique é uma marcação ou um conjunto de marcações (marcações em cruz) no molde para indicar a posição onde o molde/peça de roupa correspondente deve ser posicionado para costurar ou franzir. Você sempre deve conseguir identificar os seguintes piques e marcações no molde:
- Sentido do fio
- Centro da frente (CF)
- Centro das costas (CC)
- Pences, tomas e pregas
- Marcações do ombro
- Todas as linhas de dobra
- Pique único na cava da frente
- Pique duplo na cava das costas
- Posições do bolso
- Linhas de alteração

Margens de costura

As margens de costura são adicionadas a qualquer borda que será unida com outra. Algumas empresas de molde adicionam as margens de costuras, outras não. Se o molde é personalizado ou um molde é utilizado sem margens de costura, será necessário adicioná-las para permitir que as peças de roupa sejam costuradas. Para simplificar a definição de quanto de margem é preciso utilizar, adicione 10 mm a todas as bordas. Para moldes personalizados, é recomendado adicionar uma margem de 5 mm a todas as costuras fechadas, como decotes, golas e bordas da limpeza.

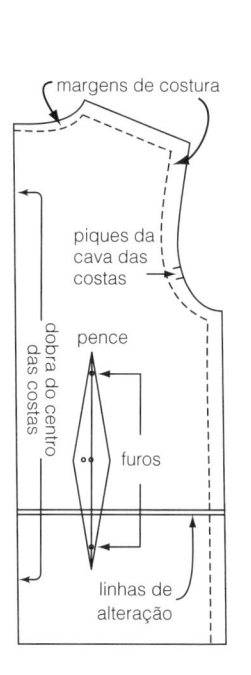

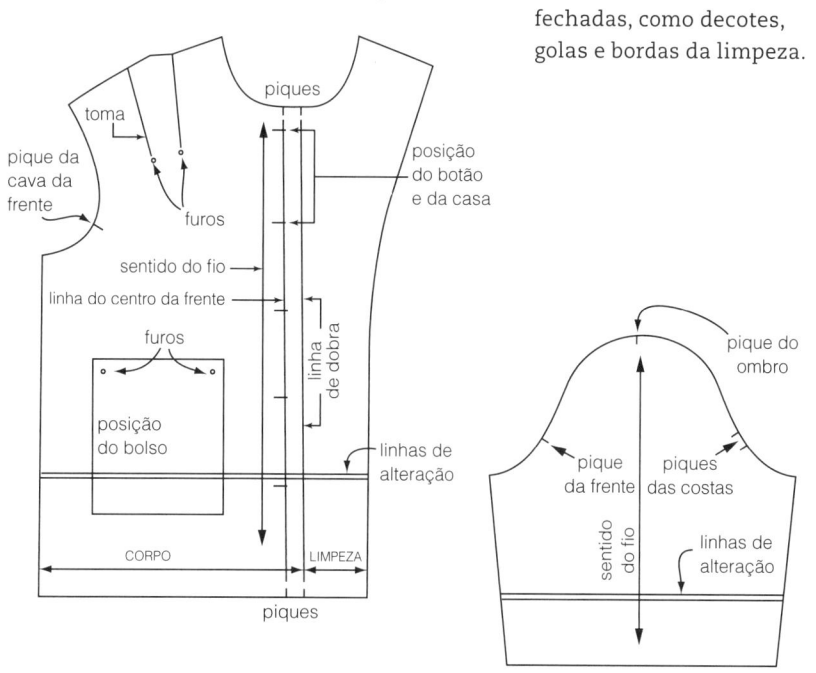

AJUSTE DO MOLDE

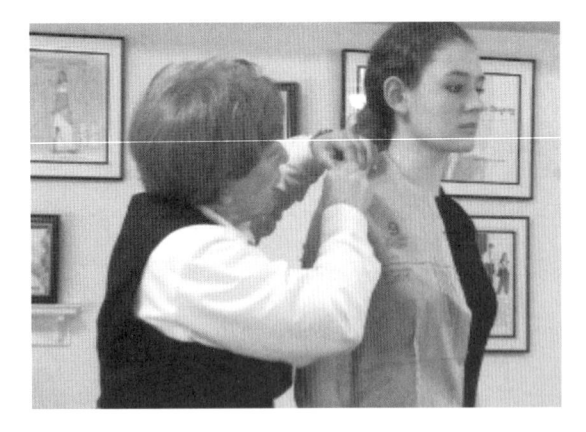

Após a seleção do design e do tamanho do molde, é preciso realizar um ajuste preliminar para conferir o tamanho e o caimento do molde e fazer qualquer alteração necessária.

Diretrizes de ajustes adquiridas em 35 anos de trabalho na indústria da moda estão ilustradas a seguir. Estas técnicas simples de moulage podem ser aplicadas a quase todos os moldes com resultados excelentes. Fazer ajustes utilizando a moulage permite alterações customizadas e serve de exemplo visual da maneira como o modelo se ajusta ao corpo.

É importante ter uma roupa ajustada adequadamente. Todas as áreas do molde têm uma relação definida com o corpo, que possibilita que a roupa seja utilizada e ajustada corretamente. Essas áreas incluem:

- O centro da frente e o centro das costas de uma peça de roupa devem sempre ficar verticais e retos ao chão.
- O sentido do fio deve ficar paralelo ao centro da frente e das costas. Se não, a peça de roupa ficará retorcida ou repuxada.
- O contrafio do molde deve sempre ficar paralelo ao chão. De modo contrário, a peça de roupa ficará caída em direção ao chão.
- As roupas pendem dos ombros e do busto/tórax. Essas áreas do molde devem ser idênticas ao formato do corpo. Se a inclinação do molde do ombro estiver distante da inclinação do ombro do corpo em apenas 5°, a roupa ficará com um caimento incorreto.
- As cavas devem estar ajustadas de acordo com o design (cavas de camisetas são mais largas do que cavas justas) e o decote deve ficar assentado no corpo.

Preparação do molde

Para conferir o caimento e fazer alterações no molde, siga estes passos simples. Como a maioria dos moldes é feita até os centros (C.F. e C.C.) e posteriormente espelhada, somente metade do corpo será ajustada. Ajuste o molde sobre roupas extremamente justas, como um collant, ou em um manequim.

1 **SELECIONE AS PEÇAS DO MOLDE:** Retire a frente, as costas e as peças da manga do envelope do molde. Para maior estabilidade e ajuste fácil, una o lado de trás das peças do molde a uma entretela colante e não tecida. Encaixe o sentido do fio das peças do molde com o fio da entretela. Corte as peças do molde de acordo com o tamanho escolhido. Não remova as margens de costura. Corte o decote e as cavas sobre a linha do pesponto.

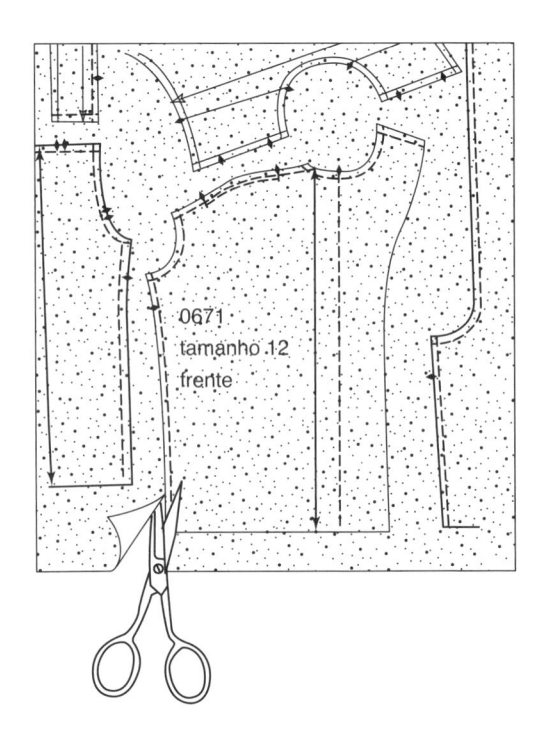

DICA PRÁTICA — Para proporcionar maior estabilidade ao molde, una o lado de trás das peças do molde a uma entretela colante e não tecida. Essa técnica proporciona maior estrutura ao molde para que ele possa ser moldado adequadamente e ajustado às peças do molde sem precisar produzir um toile.

2 DESENHE AS LINHAS DO SENTIDO DO FIO E DO CONTRAFIO:

- Nas peças da frente e das costas, desenhe a linha do centro da frente e do centro das costas.
- No molde da frente, desenhe um contrafio perfeito na altura do busto.
- No molde das costas, desenhe um contrafio perfeito na altura da escápula – 13 mm abaixo do decote.

3 CONFIRA O EQUILÍBRIO DAS COSTURAS LATERAIS DO MOLDE:
Com alfinete, junte as costuras laterais debaixo do braço/no canto da costura lateral (antes de alfinetar as costuras do ombro). Nesse local, posicione o molde até que o centro da frente e o centro das costas estejam paralelos. As costuras laterais devem estar parelhas e ter o mesmo desenho e comprimento. Se não, divida a diferença para deixá-las iguais (ver ilustração).

4 VERIFIQUE O EQUILÍBRIO DO MOLDE DA FRENTE ÀS COSTAS:
O molde da frente deve ser 13 mm mais largo do que o molde das costas. Quando as costuras laterais são alfinetadas (antes de alfinetar as costuras do ombro), o centro da frente e o centro das costas devem estar paralelos. Ao mesmo tempo, as costuras laterais devem ter o mesmo formato e comprimento (consulte o Passo 3).

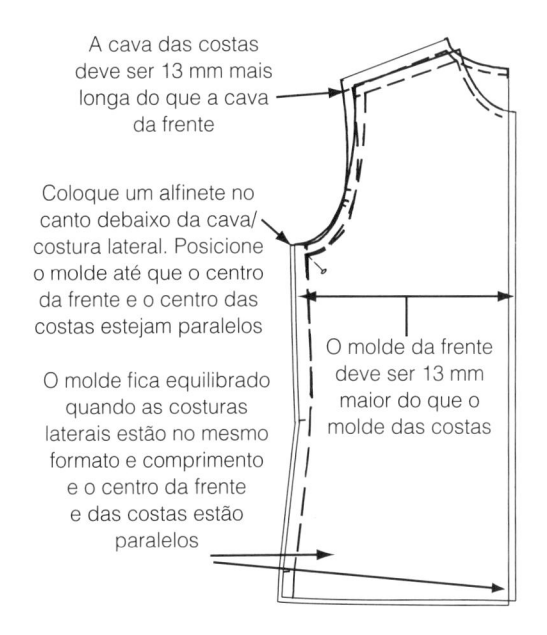

5 CONFIRA O EQUILÍBRIO DA CAVA:
Para garantir que a manga tenha um bom caimento, as cavas precisam estar equilibradas e com o formato certo. A medida da cava das costas deve ser 13 mm mais longa do que a medida da cava da frente. Se a diferença for grande – mais de 19 mm – será necessário ajustar, especialmente na área do ombro das costas.

- Meça a cava da frente.
- Meça a cava das costas.

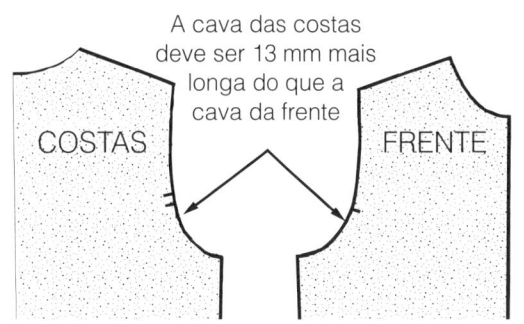

A cava das costas deve ser 13 mm mais longa do que a cava da frente

COSTAS   FRENTE

confira o equilíbrio da cava

6 JUNTE AS PEÇAS DO MOLDE COM ALFINETE:
Junte com alfinete as costuras laterais, todas as linhas de estilo e as pences. Como a maioria dos moldes é feita até os centros (C.F. e C.C.) e posteriormente espelhada, somente metade do corpo será ajustada com o molde. Junte com alfinete a frente e as costas da blusa, unindo perfeitamente as costuras do ombro e as costuras laterais. Não inclua limpezas, golas ou mangas (a não ser que seja um modelo raglan ou quimono) no ajuste. Não alfinete os ombros ainda.

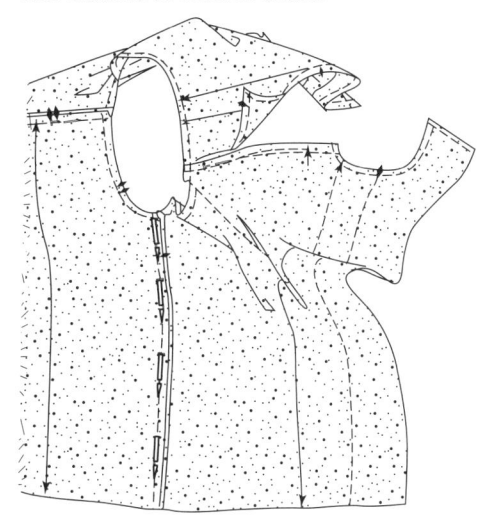

A cava das costas deve ser 13 mm mais longa do que a cava da frente

Coloque um alfinete no canto debaixo da cava/costura lateral. Posicione o molde até que o centro da frente e o centro das costas estejam paralelos

O molde fica equilibrado quando as costuras laterais estão no mesmo formato e comprimento e o centro da frente e das costas estão paralelos

O molde da frente deve ser 13 mm maior do que o molde das costas

7 AJUSTE DO MOLDE COM MOULAGE:

Como a maioria dos moldes é feita até os centros (C.F. e C.C.) e posteriormente espelhada, somente metade do corpo será ajustada. Ajuste o molde sobre roupas extremamente justas ou um collant. Coloque o molde preparado sobre o corpo ou um manequim. Ajuste as seguintes áreas:

ALINHE O CENTRO DA FRENTE COM O DAS COSTAS: Alinhe o centro da frente, o centro das costas e a costura lateral até que o molde esteja perfeitamente na vertical e reto. Confira se o molde não está torcido ou inclinado em direção à frente ou às costas. Como ponto de referência para as costas, utilize a espinha dorsal; para a frente, utilize o umbigo. As costuras do ombro ainda não devem estar alfinetadas.

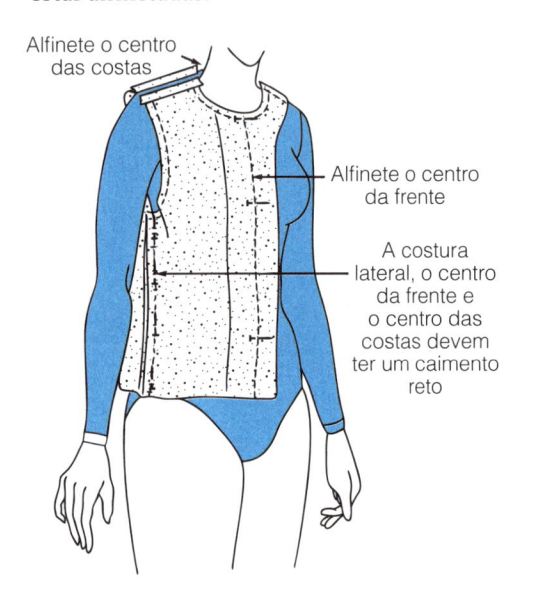

Alfinete o centro das costas

Alfinete o centro da frente

A costura lateral, o centro da frente e o centro das costas devem ter um caimento reto

AJUSTE DA COSTURA LATERAL: Confira o desenho e a quantidade de folga da costura lateral. Todas as peças de roupa devem ter um pouco de folga para a movimentação do corpo. A quantidade dependerá do estilo da peça de roupa. Reajuste a folga da costura lateral ao adicionar ou retirar tecido acima do quadril, da cintura e das áreas debaixo do braço.

AJUSTE DO OMBRO: Alise o molde desde a área da meia-cava até o ombro, até que as áreas do ombro e do decote estejam planas. Se as costuras do ombro não se encontrarem, adicione extensões de papel às costuras do ombro até que elas se juntem. A largura desejada do ombro deve ser marcada.

PENCES DO BUSTO: As pences do busto devem apontar para a parte mais ampla do busto. Faça uma marcação em cruz e redesenhe uma nova pence a partir da parte mais ampla da pence até a nova marcação em cruz.

RECORTES PRINCESA: Para um bojo menor, remova qualquer excesso de tecido do painel lateral da frente, como ilustrado abaixo. Se for necessário um bojo maior, adicione mais volume entre os piques do painel lateral da frente.

Ajuste o busto nos recortes princesa

Adicione ou remova volume da costura lateral e do recorte princesa para seguir as curvas do corpo

Ajuste a área da cintura para seguir as curvas do corpo

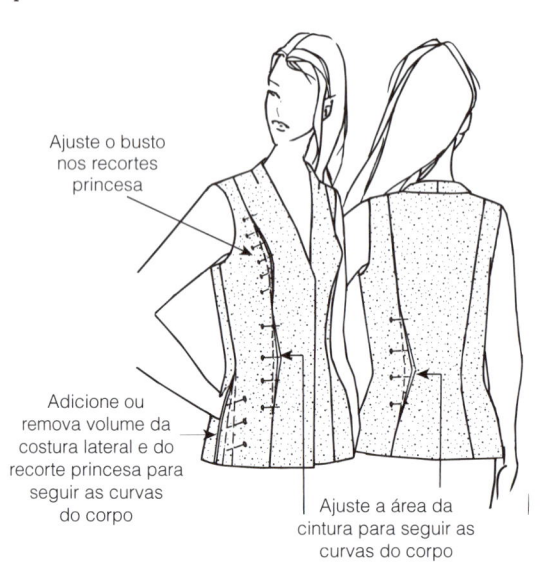

LEMBRETE: As roupas pendem a partir dos ombros. Essas áreas devem estar idênticas ao corpo para um ajuste e caimento correto. Se a inclinação do molde do ombro estiver distante da inclinação do seu ombro em apenas 5°, a roupa ficará com um caimento incorreto.

Suavize desde a área do ombro das costas até a costura do ombro. Alfinete o novo ajuste do ombro. Desenhe um novo decote e uma nova cava das costas

A peça de roupa deve pender de forma reta a partir da altura da escápula

AJUSTE DA CAVA: A maioria dos moldes é feita para um tamanho padrão de bíceps. Pode ser necessário uma cava menor ou maior. Para uma cava menor, levante o canto da costura lateral/cava e junte com os piques. Para uma cava maior, abaixe o ponto da costura lateral/cava e junte com os piques. Depois da alteração da cava, escolha uma manga menor ou maior que encaixe na nova cava. Veja a ilustração.

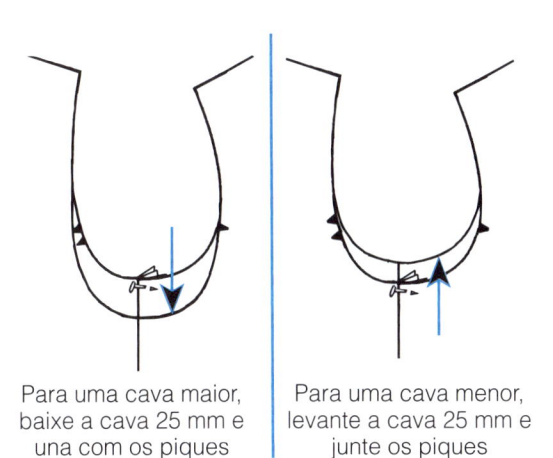

Para uma cava maior, baixe a cava 25 mm e una com os piques

Para uma cava menor, levante a cava 25 mm e junte os piques

8 **MARQUE O MOLDE AJUSTADO:** Marque todos os ajustes com um lápis macio ou uma canetinha. Retire os alfinetes do molde e faça ele ficar plano novamente. Com uma régua, redesenhe todas as novas linhas marcadas e adicione as novas margens de costura às áreas ajustadas. Corte e costure o molde em um tecido barato para conferir o ajuste da manga.

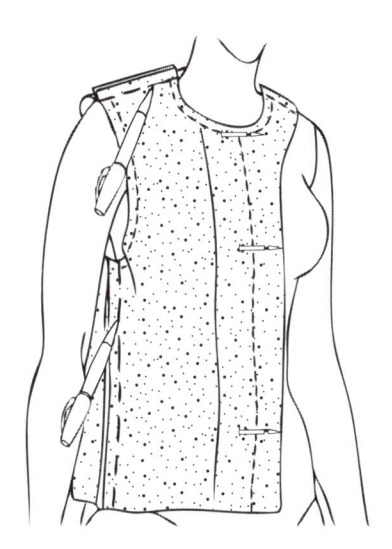

AJUSTE FINAL DA MANGA: Depois que o tamanho certo da cava foi decidido, a manga pode ser ajustada. Recorte a manga em morim ou em um tecido barato. Alinhave ou costure à mão a manga na cava, juntando todos os piques. Certifique-se de juntar a marcação da posição do ombro à costura do ombro. Essa marcação controla o caimento da manga. Faça as seguintes alterações no caso de problemas:

- Cabeça da manga muito curta: adicione comprimento à cabeça da manga ao desenhar a partir dos piques até a quantidade necessária para a cabeça.
- Manga retorcida: adicione 12–25 mm na cabeça da manga das costas. Junte a cabeça da manga das costas – dos piques da manga das costas até a marca da costura do ombro.
- Movimento restrito da manga: ajuste a parte debaixo do braço ao levantar debaixo do braço/costura lateral para cima por 25 mm e para fora por 13 mm. Junte novamente à cabeça da manga 25 mm acima dos piques.

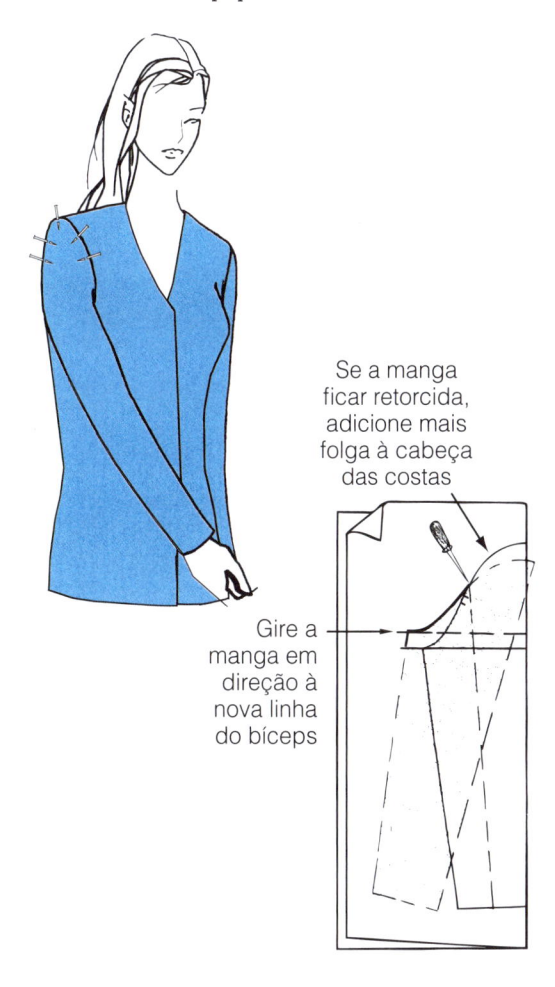

Se a manga ficar retorcida, adicione mais folga à cabeça das costas

Gire a manga em direção à nova linha do bíceps

AJUSTE DA CINTURA DA SAIA: À medida que as mulheres amadurecem, sua cintura se inclina para cima ou para baixo na parte da frente. Para garantir que as bainhas da saia fiquem paralelas ao chão, é preciso moldar a cintura para corresponder à inclinação do corpo.

- Utilizando o tamanho de molde que corresponde à medida do quadril, adicione 25 mm ao longo da costura da área superior da cintura. Corte e costure as peças principais do molde para construir uma saia completa. Não finalize a cintura.
- Coloque a saia no corpo com o lado direito do tecido para fora. Amarre uma fita de sarja ou um elástico de 6 mm de largura ao redor da cintura. Ajuste a área da cintura (puxando para cima ou para baixo acima da fita) até que a bainha e a altura do quadril estejam paralelas ao chão.
- Aumente ou diminua o tamanho de todas as pences ou pregas para ajustar a cintura.
- Desenhe a nova cintura. Transfira essas marcações para o molde.

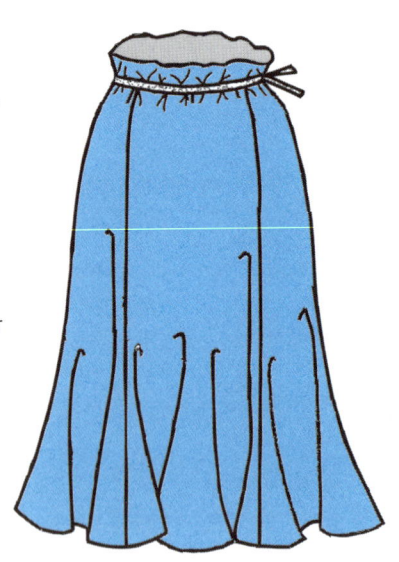

ÁREAS DE AJUSTE EM CALÇAS: Como existe uma variedade de biótipos e profundidades de gancho, recomenda-se que a calça seja ajustada em tecidos baratos antes de ser produzida nos tecidos finais.

- Utilize o tamanho do molde que corresponde à medida do quadril. No molde, adicione 25 mm ao longo da costura da área superior da cintura. Recorte o molde no tecido de teste. Costure as costuras do gancho, as costuras laterais e a entrepernas. Alfinete todas as pences ou pregas. Passe a calça fazendo um vinco no meio de cada perna. Coloque a calça no corpo com o lado direito do tecido para fora.
- Amarre uma fita de sarja ou um elástico de 6 mm de largura ao redor da cintura. Posicione a área da cintura da calça para cima ou para baixo até que o gancho esteja em uma posição confortável e a altura do quadril esteja paralela ao chão. A calça deve poder ser moldada sem ficar retorcida. (Este método ajusta a profundidade do gancho e a forma da cintura.)
- Aumente ou diminua o tamanho de todas as pences ou pregas, com alfinetes, para ajustar a cintura. Se a cintura for alterada, ajuste o cós para corresponder à nova cintura.
- Desenhe a nova cintura com a fita. Transfira essas marcações para o molde.
- Se o gancho das costas estiver muito volumoso ou frouxo, costure uma curva maior na área do gancho das costas.
- Determine o comprimento da calça. No molde, ajuste essa medida na altura do joelho.

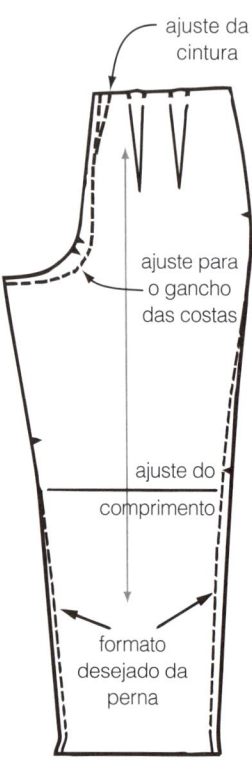

PLANEJAMENTO DO CORTE DO MOLDE *e do* TECIDO

Como cortar tecidos com precisão

O tecido foi selecionado e o molde foi ajustado. Agora é o momento de posicionar as peças do molde sobre o tecido. Dedicar um tempo para cortar com cuidado e precisão economizará tempo e incomodações futuras e resultará em uma peça de roupa com uma aparência melhor. É importante criar um planejamento de corte que funcione bem com o tecido.
(Veja diretrizes para planejamento de corte nas páginas a seguir.)

COMO CORTAR COM PRECISÃO

Para garantir que o tecido não escorregue, fique distorcido ou se mexa durante o corte, estabilize todo o tecido com papel pardo, papel contact ou papel jornal. Isso é extremamente importante quando se corta tecidos leves, como viscose, forros, chiffon, seda, crepe, malha ou veludo. Cortar com um suporte de papel também ajuda a realizar um corte limpo e mais preciso, e não enfraquecerá tesouras de tecido ou cortadores rotativos mais do que o uso regular.

NOTA: A indústria da moda exige o corte com papel, pois é necessário um corte com precisão absoluta.

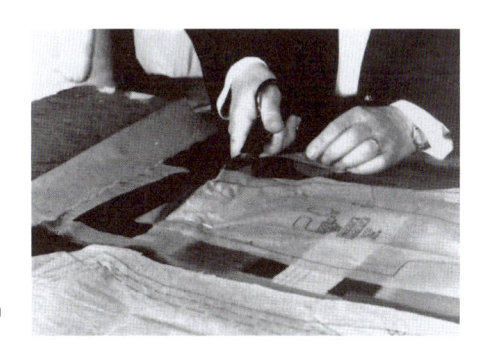

1. Coloque uma folha de papel (papel pardo, contact ou jornal) sobre uma superfície de corte. No papel, desenhe uma linha do fio do urdume perpendicularmente à borda da ourela/papel. Com o tecido plano e alisado, alinhe e alfinete o tecido (camada única ou dobrada) à borda do papel e ao fio do urdume. Isso garante um alinhamento perfeito entre o contrafio e o fio reto. Todo o comprimento do tecido pode ser alfinetado. Se acabar o espaço da mesa, dobre com cuidado as seções com alfinetes até que toda a peça esteja alfinetada.

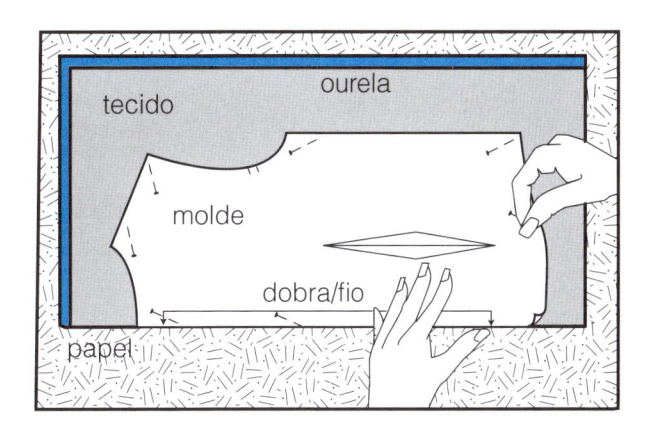

2. Passe as peças do molde com um ferro a seco para remover qualquer vinco. Alfinete primeiro todas as peças com dobras. Posicione as outras peças, alinhando primeiro o sentido do fio, até que todo o encaixe esteja completo. Alfinete as peças restantes no tecido e no suporte de papel.

3. Corte o papel, o tecido e o molde ao mesmo tempo. Faça movimentos longos e contínuos para evitar bordas irregulares. Não faça cortes pequenos e desnivelados. Cuide para que o tecido não se mexa à medida que a tesoura corta. Os pedaços de tecidos alfinetados também podem ser movidos ou ajustados para mais perto do cortador sem distorcer o tecido.

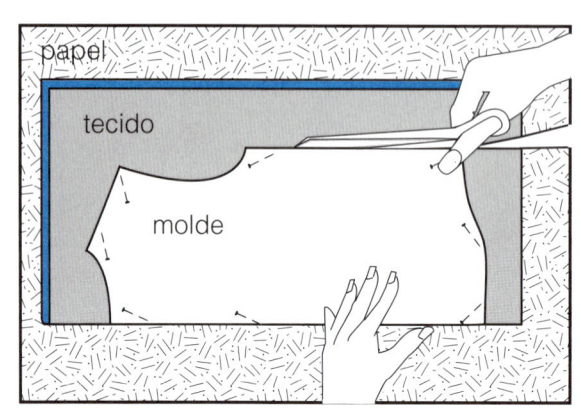

corte o papel, o tecido e o molde ao mesmo tempo

Como selecionar o planejamento de corte do molde

Como discutido anteriormente, todas as empresas de molde fornecem um guia para ilustrar os planejamentos de corte do molde para diversos modelos, tamanhos e larguras de tecido. Também pode haver versões de planejamento de corte para tecidos felpudos, com superfícies aveludadas ou penteadas, como veludo, veludo cotelê e estampas unidirecionais. Esses planejamentos de corte devem ser seguidos corretamente. Considerações especiais também são fornecidas para tecidos xadrezes e listrados. Leia os próximos passos antes de continuar.

Como identificar o sentido do fio

O sentido do fio é desenhado em cada peça do molde para indicar a direção na qual o molde deve ser posicionado no tecido.

O sentido do fio do molde é posicionado em paralelo às ourelas do tecido. Outra linha geralmente marcada em moldes comerciais é a linha de dobra, que também é o fio reto do tecido.

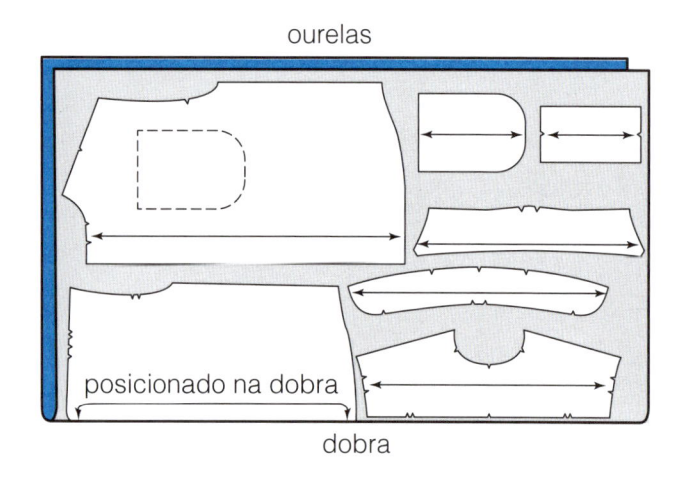

ourelas

posicionado na dobra

dobra

Planejamento de corte para moldes bidirecionais

A parte superior ou inferior das peças do molde podem ser posicionadas em duas direções (mas seguindo o sentido do fio do tecido) quando usa-se um tecido com estampas sólidas ou multidirecionais. Se não tem certeza se uma estampa é multidirecional, pergunte ao vendedor da loja.

Planejamento de corte para moldes unidirecionais

Este é para modelos unidirecionais, como tecidos aveludados, felpudos, listrados ou xadrezes e malhas. Neste caso, todas as peças do molde são posicionadas na mesma direção, ou seja, a parte superior de cada peça será posicionada para a direita e a parte inferior, para a esquerda. Certifique-se de utilizar um planejamento de corte unidirecional para malhas e tecidos com design unidirecional, listrado ou xadrez. Assim, todas as listras e xadrezes se encaixarão, todo o sombreado (para tecidos aveludados ou felpudos) e todas as características do modelo ficarão na mesma direção.

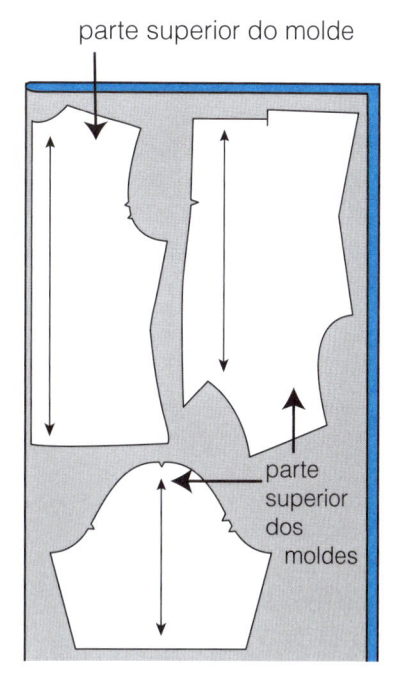

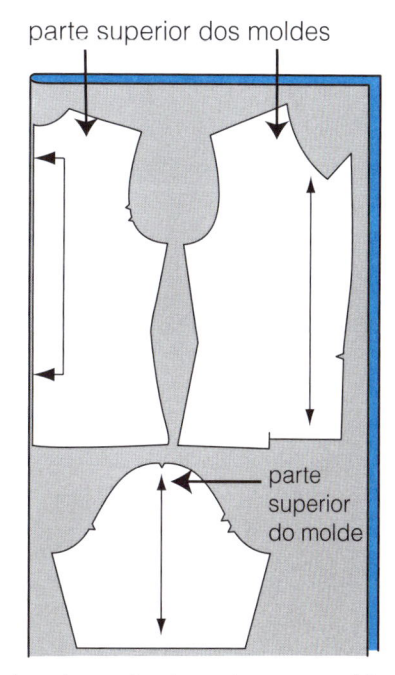

DICAS PRÁTICAS

- Sempre planeje o corte no lado avesso do tecido, com os lados direitos dobrados juntos. Isso facilita as marcações e evita que o tecido seja danificado no manuseio. Dobre o tecido na linha do urdume e alinhe as ourelas.
- Para muitos tecidos, o lado direito é fácil de ser identificado por causa de estampas ou superfícies aveludadas. No entanto, pode ser difícil determinar o lado direito do tecido. Nesse caso, dobre um canto do tecido e compare as duas superfícies. O lado direito pode ter uma estampa ou uma superfície mais brilhosa que o lado avesso. Se você não conseguir determinar o lado direito, selecione o lado que você mais gosta e se certifique de utilizar o mesmo lado em todo o projeto. Marque o lado avesso com giz para ajudar a identificar as camadas.

planejamento de corte para moldes bidirecionais

planejamento de corte para moldes unidirecionais

- Ao estender tecidos aveludados ou felpudos, coloque lado direito com lado direito ao alisar e colocar delicadamente as camadas uma em cima da outra. Não alise a superfície com a palma da mão, pois isso estica o tecido e entrelaça os fios; após o corte eles não ficarão mais entrelaçados ou esticados.

Tecidos listrados ou xadrezes

COMO PREPARAR TECIDOS LISTRADOS

Ao estender tecidos listrados na mesa de corte, certifique-se de que todas as listras se encaixam em todas as camadas do tecido.

COMO PREPARAR TECIDOS XADREZES

O tecido xadrez deve ser estendido de modo que todas as listras longitudinais e transversais se encaixem nas duas camadas do tecido. Primeiro, coloque um pedaço de papel (como papel jornal) sobre a mesa. Em seguida, coloque o tecido sobre o papel e alfinete todas as ourelas do tecido em um lado do papel. Depois, dobre o tecido por cima da primeira camada (ourela a ourela), alfinetando e encaixando todas as listras (ou listras do xadrez) nas duas camadas. Se as listras não se encaixarem automaticamente, o tecido pode precisar ser moldado (veja "Como moldar", na página 64).

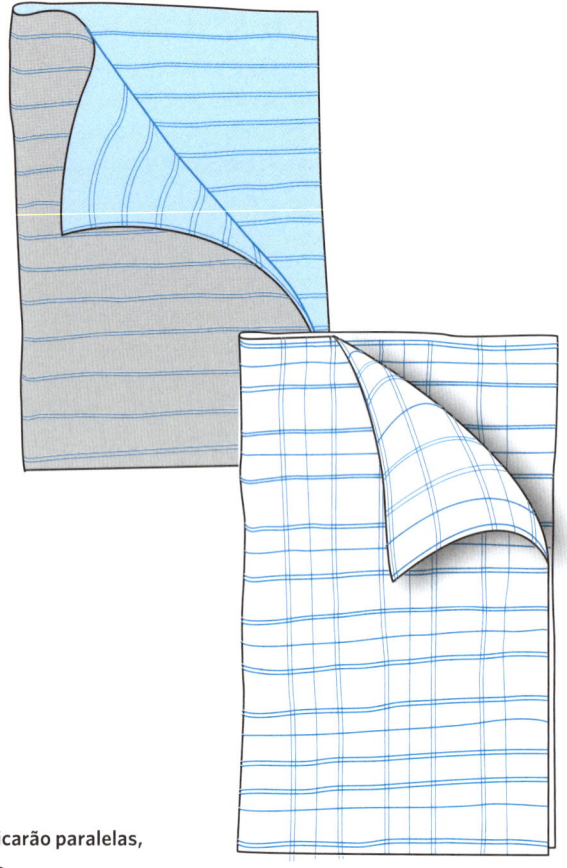

> **DICA PRÁTICA** Ao encaixar as listras longitudinais, as ourelas ficarão paralelas, mas não necessariamente uma em cima da outra.

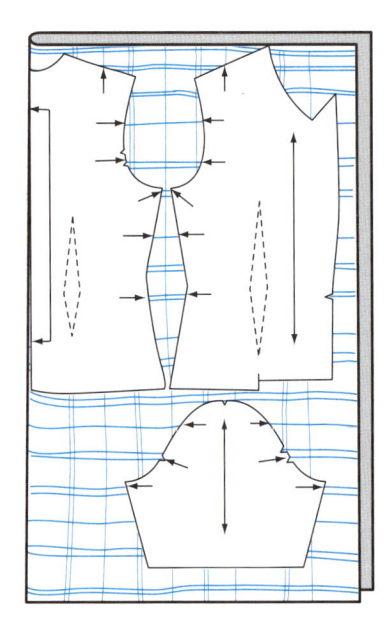

PLANEJAMENTO DE CORTE DE MOLDE PARA TECIDOS LISTRADOS OU XADREZES

Primeiro, trabalhe com as peças do molde que devem ser posicionadas na dobra do tecido (isso varia de acordo com o modelo). Anote e transfira o local das listras (longitudinais e transversais) do tecido para as peças do molde. Com um lápis, marque as peças do molde no ombro, nas costuras laterais e nos piques da cava. Transfira as mesmas marcações de listras às peças do molde que serão costuradas à costura da primeira peça do molde. Essas marcações ajudarão a encaixar costuras do ombro com costuras do ombro, costuras laterais com costuras laterais e assim por diante. Os piques da cabeça da manga encaixarão com os piques da cava. Coloque essas peças marcadas sobre o tecido, certificando-se de que todas as listras do tecido (longitudinais e transversais) se encaixam com as marcações das peças do molde.

Planejamento de corte do molde para entretela

Coloque as peças do molde que precisam de entretela sobre o tecido da entretela. Coloque todas as peças do molde, seguindo o fio reto do molde no fio reto do tecido. Coloque as peças do molde que precisam de duas camadas em uma camada dupla de entretela. Coloque as peças que precisam de uma camada de entretela em uma única camada de entretela. Alfinete as peças do molde no lugar.

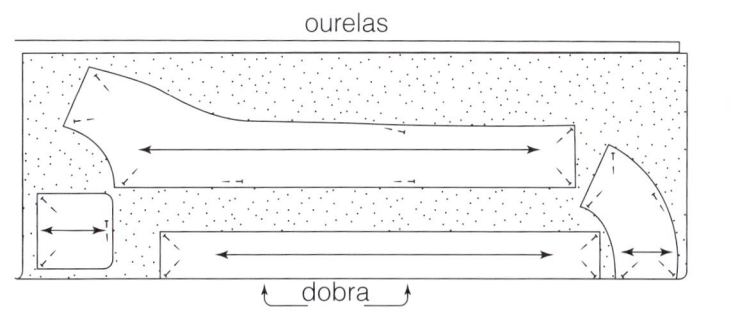

Planejamento de corte do molde para forro

O planejamento de corte das peças do molde do forro também segue o fio reto do tecido. Coloque o molde em uma camada dupla do tecido para o forro, na dobra se necessário. Alfinete as peças do molde no lugar.

> **DICA PRÁTICA**
>
> **ENTRETELAR COM ENTRETELA COLANTE** é o processo de seleção de todos os pedaços do molde que exigem entretela. Calcule a quantidade de tecido que será necessária para os pedaços de entretela. Pré-corte essa quantidade do tecido. Utilizando a mesma quantidade de entretela, aqueça e pressione a entretela no lado avesso do tecido. Corte o tecido e a entretela juntos. Os pedaços não vão distorcer.

Como alfinetar o molde ao tecido

Depois que todas as peças do molde forem alfinetadas no sentido do fio ou na dobra, termine de alfinetar. Mantendo os alfinetes distanciados das linhas de corte, coloque um alfinete em cada canto do molde e a cada alguns centímetros. Cuide para não utilizar muitos alfinetes no molde, pois isso pode distorcer o tecido. À medida que você insere os alfinetes, mantenha o molde plano. Aproxime as peças o mais perto possível. Finalize o posicionamento dos moldes.

SENTIDO DO FIO E LINHAS DE DOBRA

1. Comece com as peças do molde que serão posicionadas sobre a dobra. Alfinete a linha de dobra do molde exatamente na dobra do tecido. Essas peças devem ser alfinetadas antes de todas as outras.

2. Alfinete seguindo o fio reto do tecido. Mova a peça até que a outra extremidade do sentido do fio tenha a mesma distância da ourela ou dobra do tecido que a primeira extremidade alfinetada.

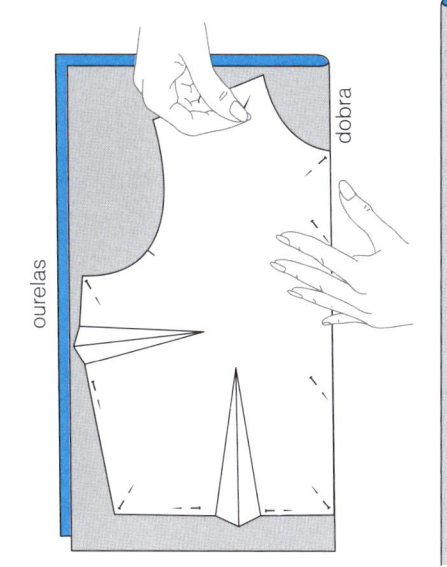

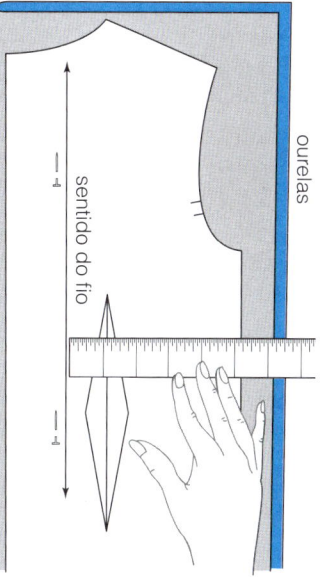

Como cortar o molde e o tecido

Mantenha o tecido plano na mesa. Corte a maior parte do molde à esquerda da tesoura (inverso se você for canhoto(a)). Mantenha uma mão sobre o molde, perto da linha de corte, e manipule a tesoura com a outra.

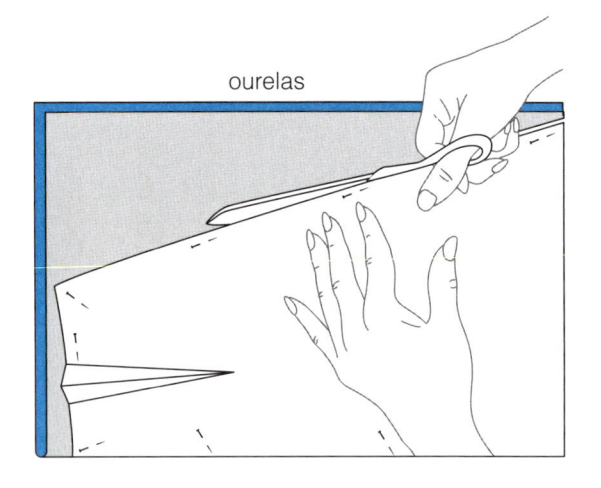

DICA PRÁTICA — Utilize toda a lâmina e feche completamente a tesoura – não faça movimentos curtos de corte.

TRANSFERÊNCIA DAS MARCAÇÕES DO MOLDE

Uma transferência correta das marcações do molde para o tecido é importante para costurar todos os detalhes do modelo com precisão. As marcações incluem piques, pences, tomas, pregas, linhas de dobra, posições do centro da frente, posições do centro das costas e localização do bolso.

Método de marcação rápido e fácil

1. Faça um pequeno corte com a ponta da tesoura para piques, pences, tomas, pregas, dobras de linha e posições do centro da frente e do centro das costas.

2. Coloque uma sovela ou um alfinete no molde e nas duas camadas de tecido 13 mm antes do final da ponta da pence.

3. Com um lápis ou uma sovela, marque a posição da pence no tecido.

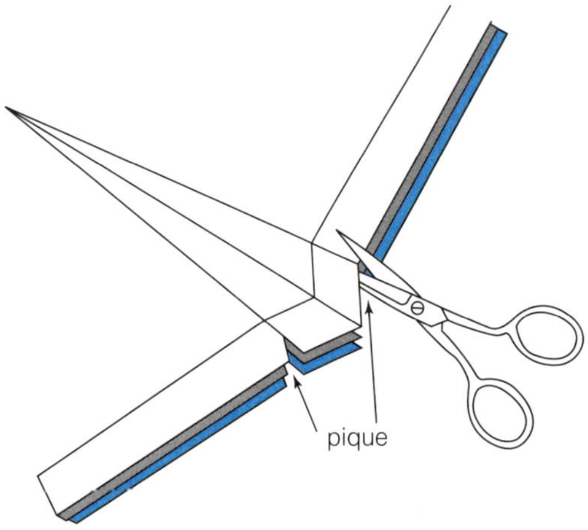

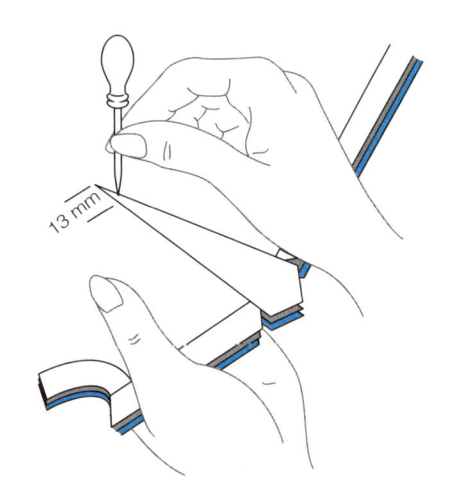

Método de marcação com lápis

1. Insira um alfinete em cada ponto da pence, em cada botão e localização de bolso e qualquer outro símbolo do molde no qual não se possa colocar uma sovela.

2. No lado avesso do tecido, com um lápis ou um giz, marque a posição do alfinete com um ponto.

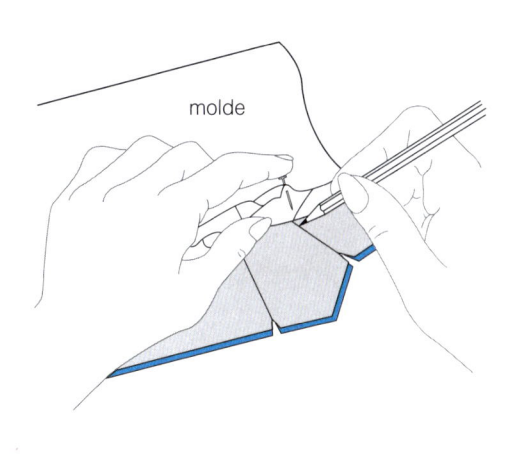

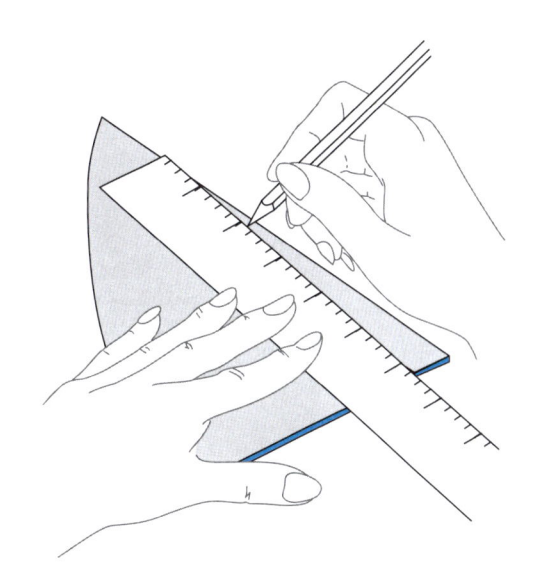

Método de marcação com carretilha

Coloque um papel carbono no lado avesso do tecido e utilize uma carretilha para traçar as marcações do molde.

Entretanto, lembre-se de que o método da carretilha pode não ser preciso. Quando o molde for levantado para inserir o papel carbono, o tecido e/ou o molde podem sair da posição. Além disso, às vezes, as marcações deixadas pela carretilha podem aparecer através do tecido.

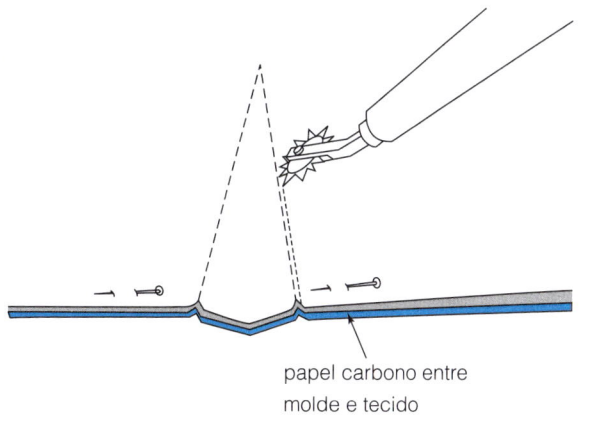

papel carbono entre molde e tecido

CAPÍTULO 5

PONTOS

- Termos e conceitos essenciais
- Embebimento
- Franzidos
- Como costurar elásticos
- Pontos de costura para bainhas

TERMOS e CONCEITOS ESSENCIAIS

Pontos de costura são criados durante a costura com uma agulha com linha. Podem ser produzidos à mão ou à máquina. Os pontos podem ser de construção ou decorativos e podem ficar escondidos ou visíveis na superfície da roupa.

Pontos permanentes são utilizados para costuras, pences e tomas. O comprimento e a tensão do ponto variam de acordo com o tecido utilizado. Na maioria dos tecidos médios, é preciso cerca de 10 a 12 pontos a cada 2,5 cm; tecidos transparentes exigem um comprimento de ponto menor, cerca de 14 pontos a cada 2,5 cm; tecidos pesados costumam ser costurados com 8 a 10 pontos a cada 2,5 cm

Ponto reto é um ponto consistente e de comprimento uniforme utilizado como um ponto permanente.

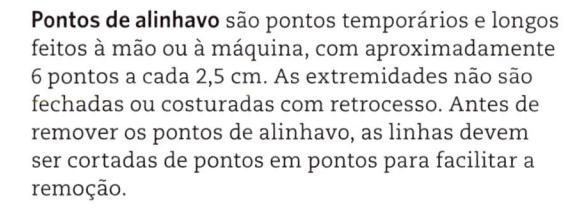

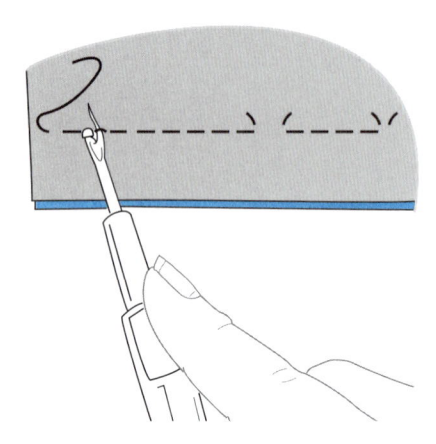

Pontos de alinhavo são pontos temporários e longos feitos à mão ou à máquina, com aproximadamente 6 pontos a cada 2,5 cm. As extremidades não são fechadas ou costuradas com retrocesso. Antes de remover os pontos de alinhavo, as linhas devem ser cortadas de pontos em pontos para facilitar a remoção.

O alinhavo com alfinete é utilizado quando os alfinetes mantêm as peças do tecido juntas, assim, são facilmente retirados à medida que as peças são costuradas. Utilize quantos alfinetes forem necessários para que as camadas de tecido não escorreguem.

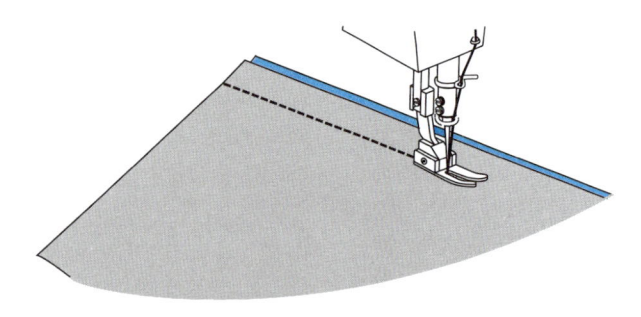

DICAS PRÁTICAS

- **Coloque uma** folha de papel sob tecidos transparentes, macios ou escorregadios, **para que eles não deslizem. Depois de costurar, rasgue o papel.**
- Ao costurar veludos ou tecidos felpudos, **alinhave à mão na margem de costura para que o tecido não deslize. Costure na direção da lanugem.**
- Áreas onde existe tensão ou uma necessidade de reforço, **como pontas de golas, punhos e aberturas pontudas de decotes, precisam de costura com pontos menores e firmes, geralmente com 16 a 18 pontos a cada 2,5 cm.**

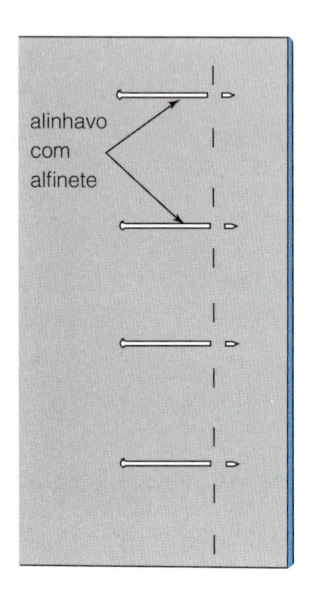

alinhavo com alfinete

Pontos de reforço são pontos feitos à máquina 3 mm para dentro da margem de costura, antes da peça de roupa ser montada. São utilizados para manter a forma original das peças de roupa e impedir que elas se estiquem, especialmente em decotes.

DICA PRÁTICA Coloque seu dedo indicador atrás do pé-calcador enquanto você costura, para que a costura não estique o formato original do tecido.

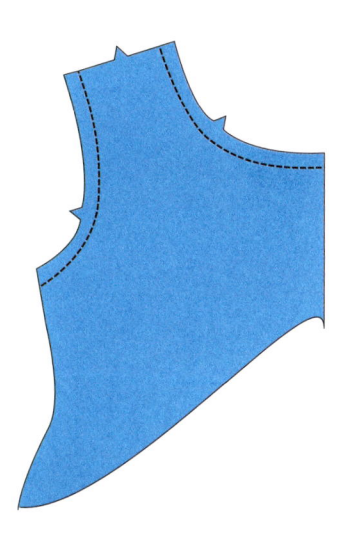

Pesponto é uma ou várias fileiras de pontos de máquina costurados no lado de fora da peça de roupa, em todas as camadas da peça. O pesponto é utilizado para delinear costuras, anexar bolsos, aberturas ou palas e adicionar estabilidade a uma peça de roupa. É utilizado sobretudo como ponto decorativo. A maioria dos pespontos é costurada 6 mm de distância da borda.

Geralmente, é feito com um ponto reto mais longo do que o normal. O comprimento do ponto deve ser de 6 e 8 pontos a cada 2,5 cm.

O pesponto é uma maneira prática e inteligente de acentuar as costuras de uma peça de roupa. Embora seja comum usar uma linha que combine com o tecido, pode-se obter um efeito decorativo ao utilizar linhas de cores contrastantes ou linhas para casa de botão como a linha superior. Como o pesponto fica visível em uma peça de roupa, é preciso reproduzi-lo e posicioná-lo com exatidão.

Sempre siga um guia quando estiver posicionando o pesponto. A borda do pé-calcador é o guia mais utilizado na aplicação de pespontos retos e precisos. Outras opções são uma tira de fita adesiva, linhas marcadas na máquina e um guia anexado à placa da agulha ou ao pé-calcador da máquina, como um guia para quilt.

Pontos zigue-zague são pontos feitos à máquina que têm um formato de dentes de serra. São utilizados na junção de peças de tecidos para criar um design decorativo, além de impedir que a borda do tecido desfie. O comprimento e a largura do ponto podem variar dependendo do efeito desejado. Pontos em zigue-zague também podem ser utilizados em malhas.

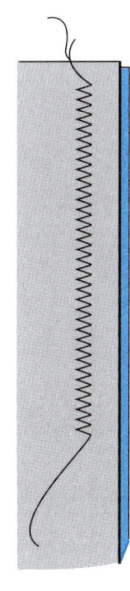

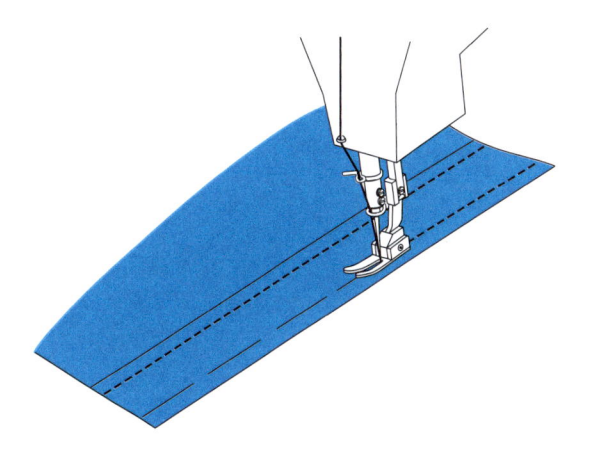

Pespontos rentes são pontos feitos próximos à costura. Devem estar a 1,5 mm da borda; se estiverem a mais de 1,5 mm, são considerados pespontos normais.

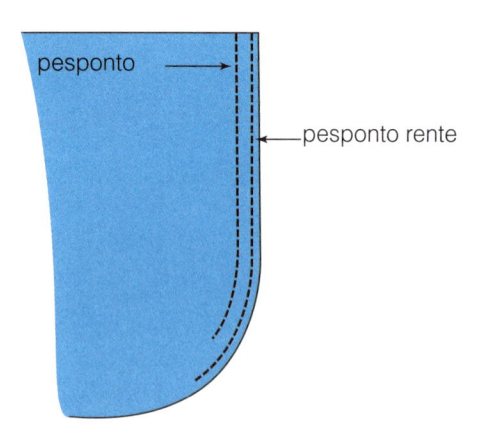

Rebater a costura é o processo no qual uma fileira de pontos é feita na limpeza ou na camada interna para impedir que a limpeza, a camada interna ou a borda de costura virem para o lado de fora da roupa.

Ao costurar os pontos, afaste a limpeza da peça de roupa e posicione as camadas da margem de costura no lado de dentro. No lado direito da limpeza, costure à máquina perto da borda de costura. Enquanto estiver costurando, puxe delicadamente a limpeza e as partes da roupa nos dois lados da costura para deixar as peças planas.

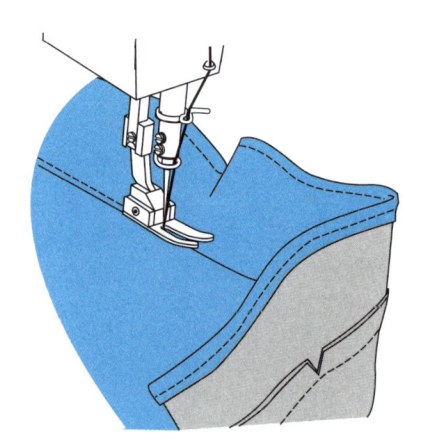

Pesponto invisível é o método de costurar na linha de junção de uma costura prévia, no lado direito da peça de roupa. Por serem costurados na junção de uma costura, os pontos são discretos. É utilizado para finalizar cós, punhos, golas e limpeza francesa quando o ponto deve ficar invisível. Utilize comprimento de ponto reto e combine a linha com o tecido.

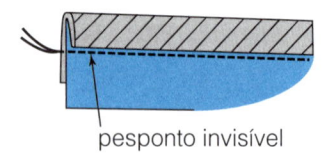

Costura de segurança impede que a costura se estique. No geral, as costuras do ombro são costuradas do decote à cava; as costuras laterais, de debaixo do braço à cintura; as costuras da manga, de debaixo do braço ao punho; e as costuras de saia/calça da bainha à cintura.

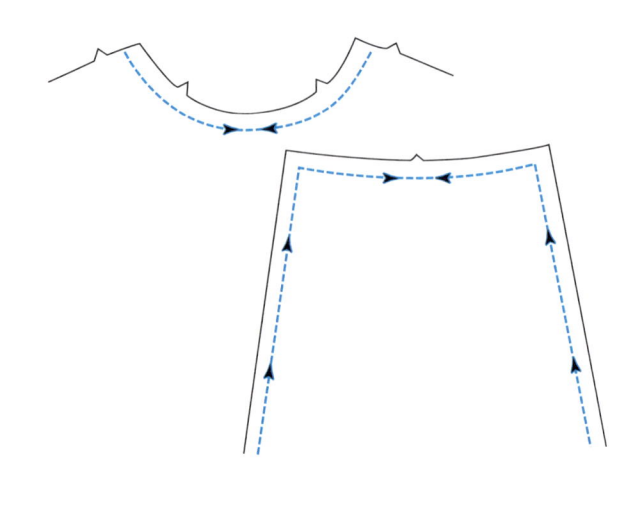

EMBEBIMENTO

Existem dois métodos para realizar o embebimento, processo de costura empregado quando a borda de uma peça está um pouco mais longa do que a borda da peça na qual deverá ser costurada. Para que a costura tenha uma aparência lisa e não enrugada ou com pregas, a peça mais longa deve ser costurada com maior folga na peça mais curta.

O embebimento é mais utilizado em cabeças da manga, bordas de decotes que foram esticadas, curvas de recorte princesa sobre o busto e bainhas dobradas em saias com um leve evasê.

Costura de embebimento – método 1

1. Coloque o dedo indicador esquerdo atrás do pé-calcador e costure uma fileira única de pontos sobre a margem de costura. Deixe o tecido se mover livremente sob o pé-calcador e costure uma fileira única de pontos sobre a linha de costura. O tecido acumulará entre o dedo indicador e o pé-calcador. Isso enruga e produz um efeito franzido no tecido.

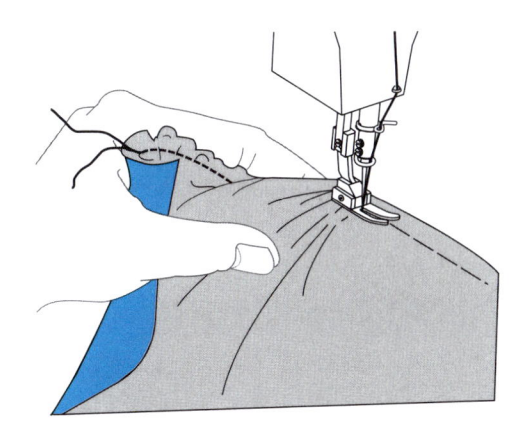

2. Distribua de maneira uniforme o franzido. Com os lados direitos do tecido colocados juntos, alfinete a costura mais curta com a costura embebida, inserindo um alfinete a cada 13 mm, aproximadamente.

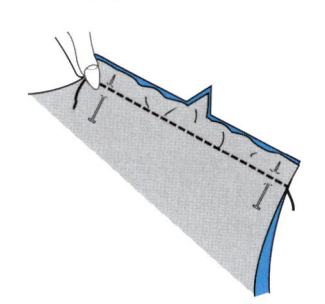

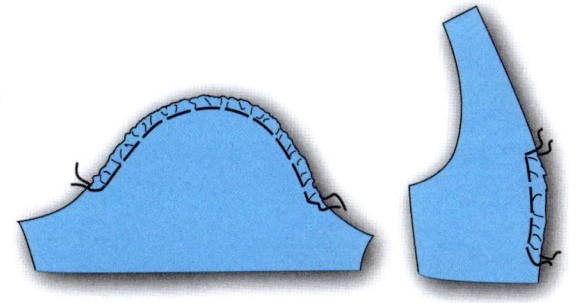

3. Com a costura embebida na parte superior, alfinete ao longo da linha de costura. Costure as duas costuras juntas com uma máquina normal. Certifique-se de não costurar dobras ou franzidos.

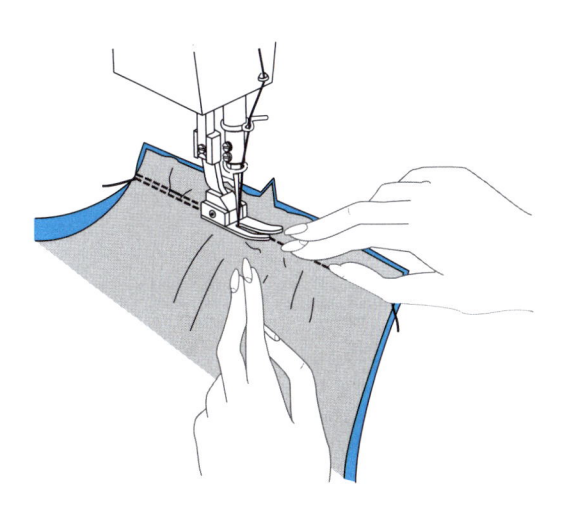

Costura de embebimento – método 2

Costure à máquina uma fileira dupla de pontos de alinhavo próxima à margem de costura e puxe as linhas até criar o volume desejado (deve ser uma quantidade mínima de volume). (Consulte "Como utilizar um ponto de alinhavo", nas páginas 98–99.)

FRANZIDOS

Franzir é o processo de criar volume de tecido ao longo da costura e distribuí-lo no local desejado. Muitas roupas exigem que as peças sejam franzidas antes de serem costuradas. Os franzidos podem ser utilizados em partes da peça de roupa ou em detalhes, como babados e pregueados, mangas cheias ou bufantes e linhas de estilo em vestidos ou blusas.

Pé-calcador para franzido

A maioria das máquinas de costura incluem um pé-calcador para franzido, que costurará automaticamente uma fileira única ou várias fileiras de franzidos com rapidez e uniformidade. Como o pé-calcador é projetado para entrelaçar o volume em cada ponto, ele garante franzidos com um espaçamento dividido de maneira uniforme. O formato desse pé-calcador varia de acordo com a máquina, mas geralmente possui uma "corcunda" na parte de baixo.

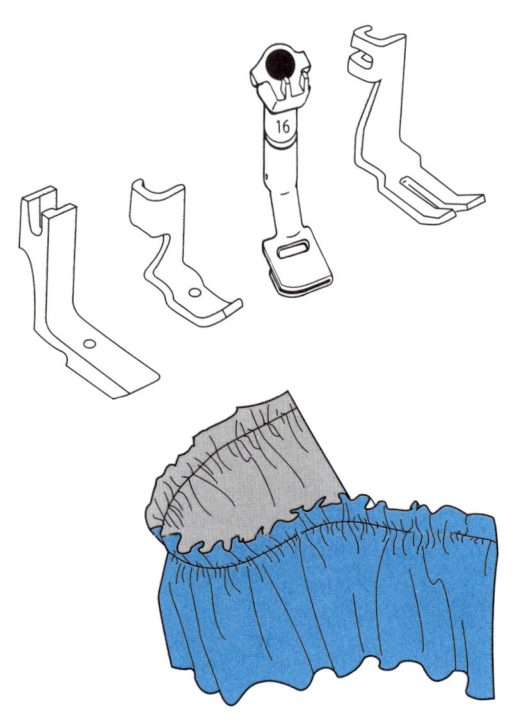

1 Para franzir, coloque seu dedo indicador esquerdo atrás do **pé-calcador para franzido** e costure uma fileira única de franzidos sobre a linha de costura - do início ao fim da área que precisa ser franzida. Deixe o tecido se mover livremente sob o pé-calcador. O tecido acumulará entre o seu dedo indicador e o pé-calcador. Levante seu dedo para soltar um pouco de tecido. Coloque seu dedo perto da parte de trás do pé-calcador e repita o processo até que toda a área esteja franzida.

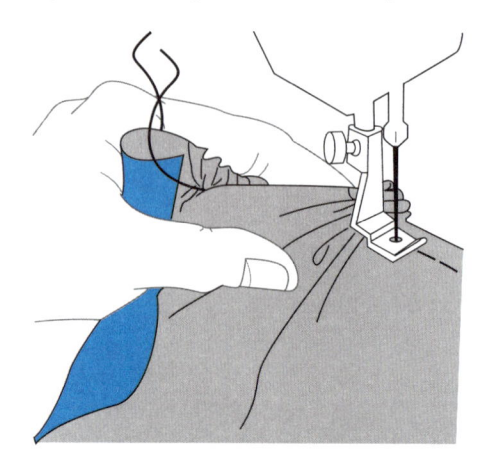

DICA PRÁTICA
O comprimento do ponto na máquina de costura controla a quantidade de volume. Um ponto mais comprido cria mais volume e um ponto mais curto cria menos volume. Para muito volume em tecidos pesados, pode ser necessário apertar a tensão.

2   Distribua os franzidos de maneira uniforme. Junte os lados direitos do tecido e alfinete. Coloque a parte franzida em cima. Alfinete a cada 13 mm, aproximadamente.

3   Com a parte franzida em cima, alfinete ao longo da linha de costura. Costure as duas peças juntas com uma máquina de ponto reto. Cuide para não fazer pregas.

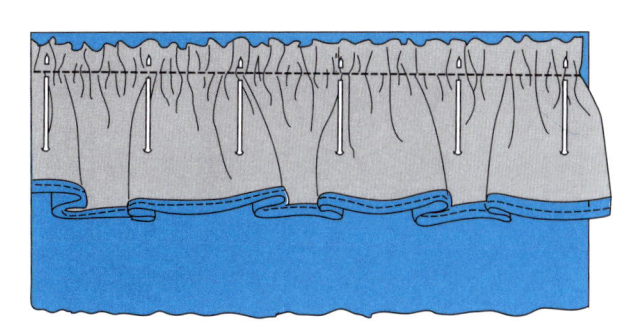

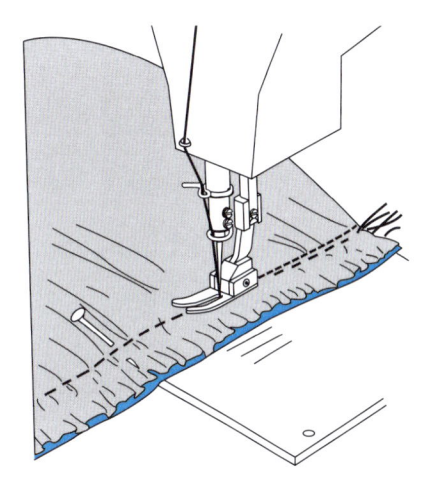

VARIAÇÃO DE FRANZIDOS: Outra maneira de produzir franzidos é costurar uma fileira dupla de pontos de alinhavo e puxar os fios até obter o volume desejado.

COMO COSTURAR ELÁSTICOS

Elásticos são utilizados para franzir um babado ou a extremidade de uma manga ou introduzir volume a uma área ajustada em uma peça de roupa (como a cintura).

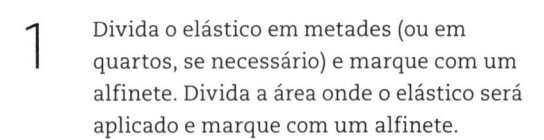

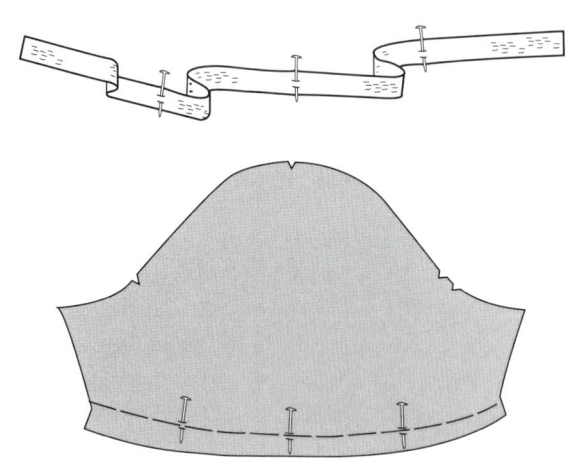

1. Divida o elástico em metades (ou em quartos, se necessário) e marque com um alfinete. Divida a área onde o elástico será aplicado e marque com um alfinete.

2. Coloque o elástico sobre o lado avesso do tecido, observando as posições divididas. Começando pela borda da peça de roupa, prenda o final do elástico na borda da área onde o elástico será aplicado.

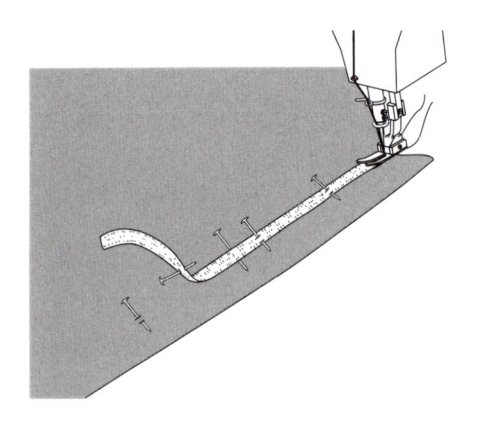

3. Com a agulha da máquina para baixo, estique a primeira parte do elástico até a primeira posição dividida. Costure o elástico à peça de roupa até chegar na primeira posição dividida. Repita essa técnica de esticar e costurar até que o elástico esteja completamente costurado.

NOTA: A peça de roupa ficará franzida, mas esticará quando for vestida.

NOTA: O ponto zigue-zague também pode ser utilizado com linhas normais na agulha e na bobina.

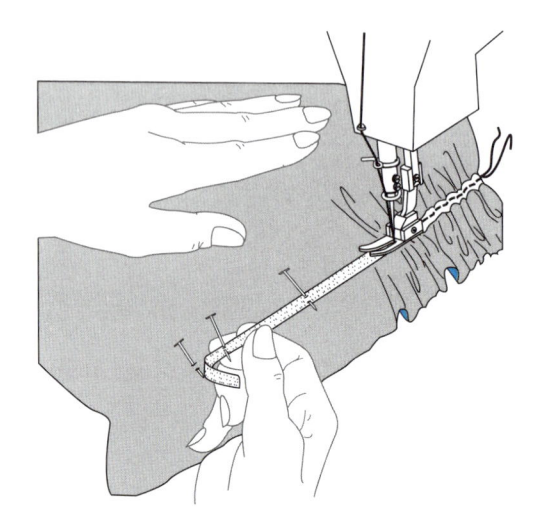

DICA PRÁTICA

Utilize linhas de lastex na bobina para criar efeitos. Enrole manualmente a linha de lastex ao redor da bobina. Não estique o elástico. Utilize linhas normais para a linha superior.

PONTOS DE COSTURA PARA BAINHAS

Muitos pontos podem ser utilizados para fazer a bainha de uma roupa. Selecione a linha que combine com a peça de roupa. O volume deve ser embutido e distribuído de maneira uniforme para um acabamento liso e plano.

Os pontos para bainhas devem ser espaçados e costurados imperceptivelmente no tecido. Selecione um dos pontos a seguir de acordo com a adequação para a peça de roupa e o tecido.

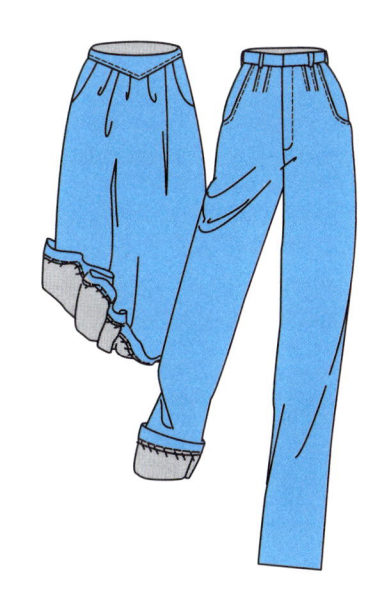

Ponto picado
O **ponto picado** é pequeno e resistente, utilizado para finalizar manualmente uma bainha ou uma aplicação de zíper. Também é chamado de ponto picado à mão.

1. Com uma agulha, faça um ponto pequeno na peça de roupa.
2. Cerca de 6 mm da borda da bainha, faça outro ponto.
3. Continue a costurar, fazendo primeiro um ponto na peça de roupa e, depois, na borda da bainha até que ela esteja finalizada.

Ponto espinho
O **ponto espinho** é um ponto curto e manual, feito da esquerda para a direita, de fio a fio, para formar um ponto em cruz mais fechado. É utilizado especialmente em bainhas.

1. Faça um ponto pequeno e horizontal na peça de roupa, da direita para a esquerda, perto da borda da bainha.
2. Faça um ponto na diagonal, abaixo e à direita do primeiro ponto.
3. Continue a costurar em zigue-zague até que a bainha esteja finalizada.

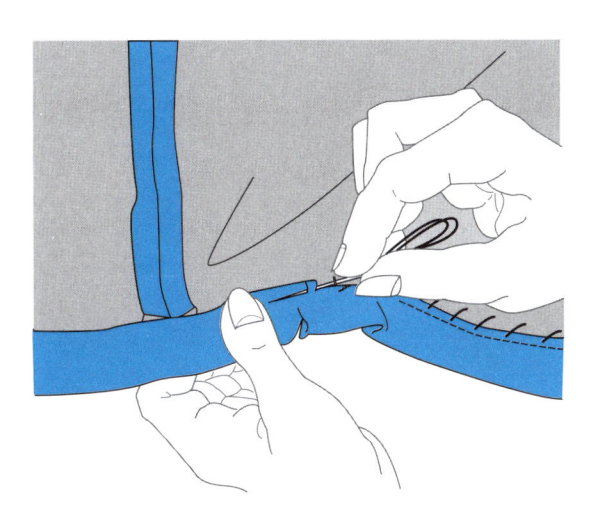

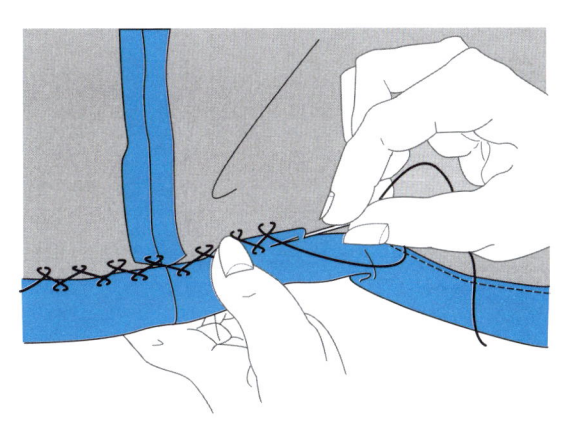

Ponto casamento ou invisível

O **ponto casamento** ou **ponto invisível** é pequeno e quase invisível, feito à mão e utilizado para bainhas. O fio é escondido passando-se a agulha pela dobra do tecido a cada ponto.

1. Com uma agulha, faça um ponto discreto na peça de roupa.

2. Na diagonal, faça outro ponto pequeno na borda da bainha.

3. Continue a costurar, fazendo primeiro um ponto pequeno na peça de roupa e, depois, na borda da bainha até que ela esteja finalizada.

ponto invisível

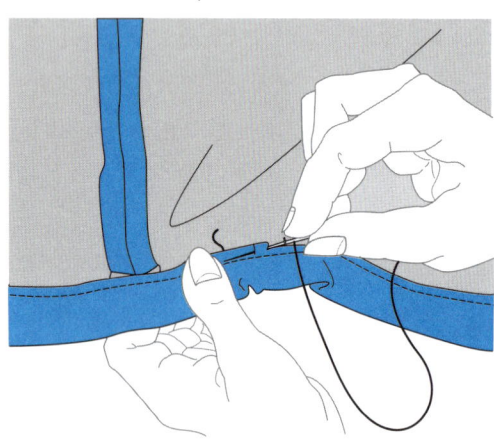

ponto casamento

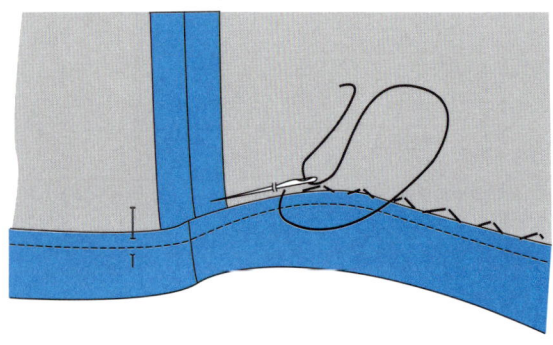

Ponto rente da bainha dupla

O **ponto rente da bainha dupla** é um ponto feito à máquina, utilizado em barras de camisas, blusas e algumas saias.

1. Dobre a borda da peça de roupa em 6 mm e dobre a margem da bainha (geralmente 13 mm) para cima sobre a linha de costura.

2. Costure a borda dobrada com a máquina.

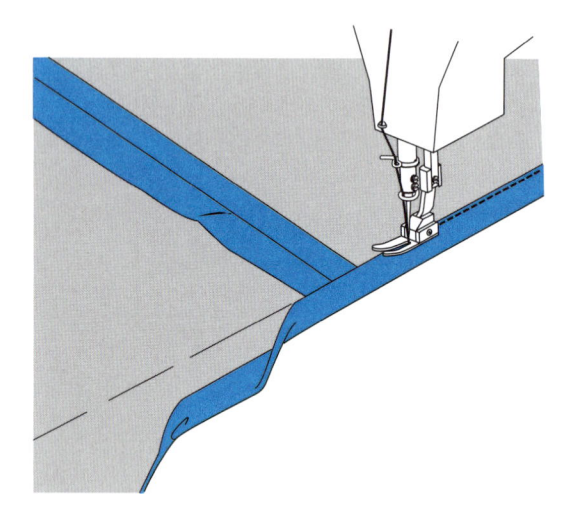

Ponto picot

O **ponto picot** é um ponto diferente. Usa-se a máquina overloque para cortar e dar acabamento nas bordas de lenços, saias, guardanapos e vestidos, dando-lhes um acabamento fino e delicado. As overloques domésticas e industriais exigem uma configuração especial para a realização desse tipo de ponto. Essa bainha não precisa de dobras ou pespontos adicionais.

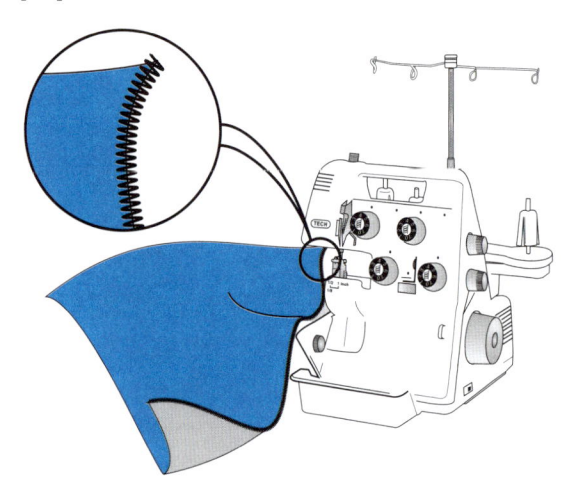

CAPÍTULO 6

COSTURAS *e* ESTRUTURAS

- Costuras
- Acabamentos de costura
- Pences
- Como costurar pences
- Pregas
- Tomas

COSTURAS

As costuras são criadas no processo de unir e costurar duas ou mais camadas de tecido para formar uma borda finalizada. O tipo de costura selecionado deve ser apropriado para o tecido, o modelo da peça de roupa e a localização da costura na peça.

As costuras aparecem nas seguintes direções:
- Costuras do ombro – do decote até a cava.
- Costuras laterais do corpo – de debaixo do braço até a cintura ou a bainha.
- Costuras da manga – de debaixo do braço até o punho.
- Costuras da saia – da bainha até a cintura.

Margem de costura é o excesso de tecido necessário para a costura e varia de 5 a 25 mm. A quantidade padrão na costura doméstica é de 10 mm.

Retrocesso é o ponto inverso na máquina. Você pode fazer o retrocesso ao costurar para frente e para trás para reforçar o início e o fim da costura.

Linha de costura é a linha que representa a costura em um molde.

O **comprimento de um ponto em uma costura** depende do tipo de ponto necessário para a área da peça de roupa:
- Uma **costura permanente costurada à máquina** tem de 10 a 12 pontos a cada 2,5 cm. As extremidades são costuradas com retrocesso para que as costuras não se desfaçam.
- Um **ponto reforçado** utiliza pontos muito pequenos, de 16 a 18 pontos a cada 2,5 cm, e reforça uma área sujeita a tensão, como os cantos.

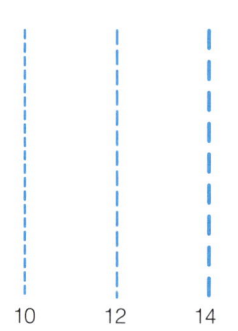

As **linhas de orientação** de costura auxiliam a manter os pontos retos e paralelos à borda da costura. Geralmente, as linhas de orientação são marcadas na chapa da agulha da máquina de costura. As linhas, numeradas em graduações de 3 mm, indicam a largura da margem de costura desejada para as peças de roupa.

O pé-calcador é um anexo na máquina de costura que mantém o tecido firme enquanto a agulha está costurando. O pé-calcador comum é utilizado na maioria das costuras.

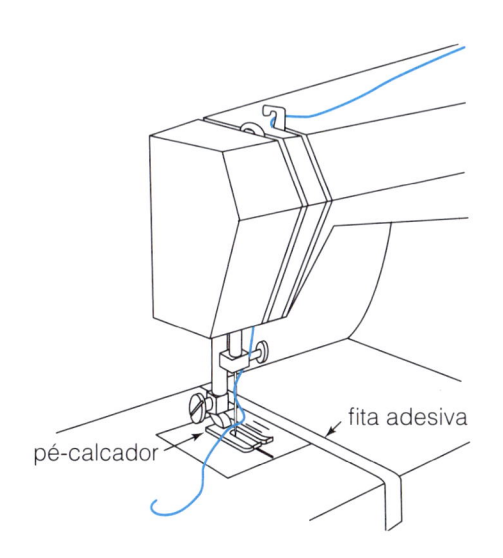

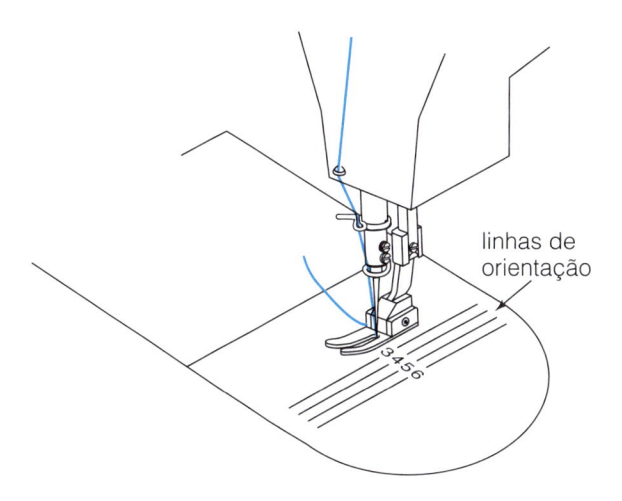

Diretrizes para costura

Sempre comece e finalize uma costura com a agulha e o pé-calcador para cima. Deve haver 12,7 cm de linha atrás do pé-calcador.

Coloque o tecido sob o pé-calcador com as bordas à direita da agulha e alinhe-o com a linha de orientação da margem de costura na chapa da agulha. Isso posicionará a linha de costura diretamente sob a agulha.

Abaixe o pé-calcador e segure levemente o tecido à medida que ele passa sob a agulha. Ao mesmo tempo, guie o tecido em paralelo às linhas de orientação da costura na chapa da agulha. Acompanhe a borda da peça de roupa – e não a agulha – à medida que o tecido passa pela máquina de costura. Costure 6 mm para frente, volte para a borda do tecido e vá para frente de novo ao longo da linha da costura para finalizar a costura simples. Ao fim da linha de costura, faça um retrocesso de 6 mm e costure em direção à borda do tecido.

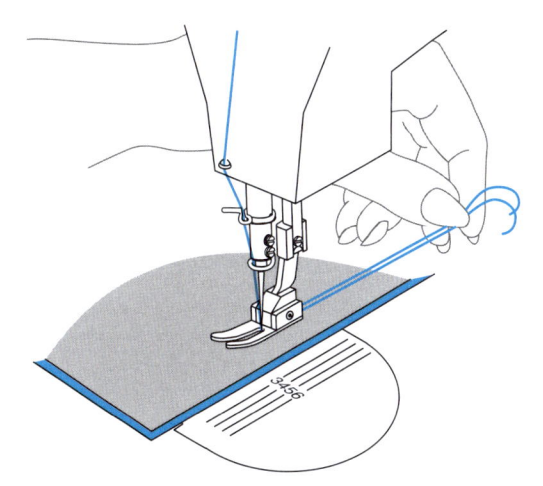

DICA PRÁTICA

Na chapa da agulha, coloque uma tira de fita adesiva sobre a linha de orientação escolhida para criar uma linha por todo o comprimento da área de costura da máquina.

Costura simples

A **costura simples*** é a mais utilizada para unir duas peças. É aplicada em costuras laterais, costuras do ombro e linhas de estilo. Pode ser empregada na maioria dos tecidos, com exceção das malhas. O comprimento do ponto varia entre 10 e 12 pontos a cada 2,5 cm. A largura da margem de costura varia muito, mas o padrão normalmente é 10mm.

1. Coloque um pedaço do tecido na mesa da máquina, com o lado direito para cima.

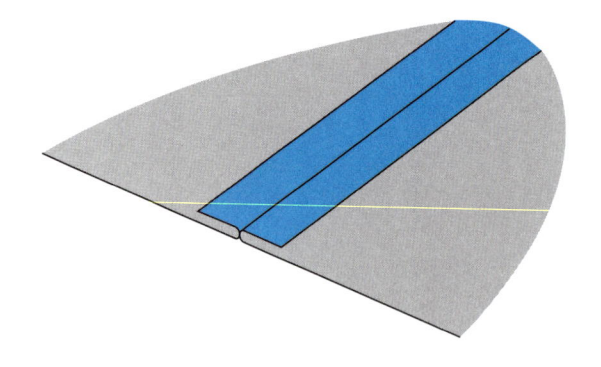

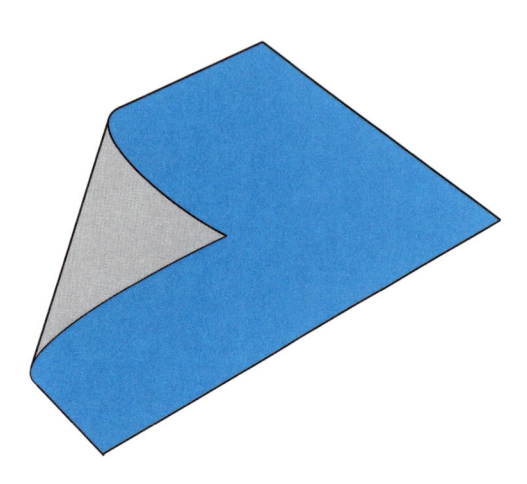

2. Coloque o segundo pedaço do tecido sobre o primeiro, com os lados direitos juntos.

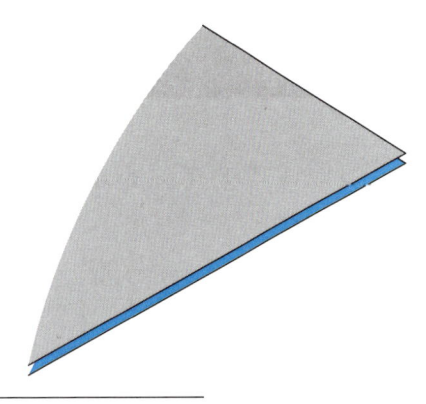

3. Puxe as linhas da agulha e da bobina sob e atrás do pé-calcador.

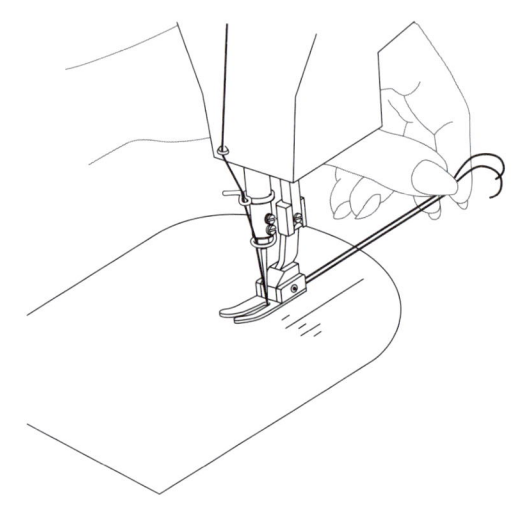

4. Coloque os dois pedaços de tecido sob o pé-calcador no início da linha de costura, com a borda do tecido sobre as linhas de orientação da costura, na chapa da agulha da máquina.

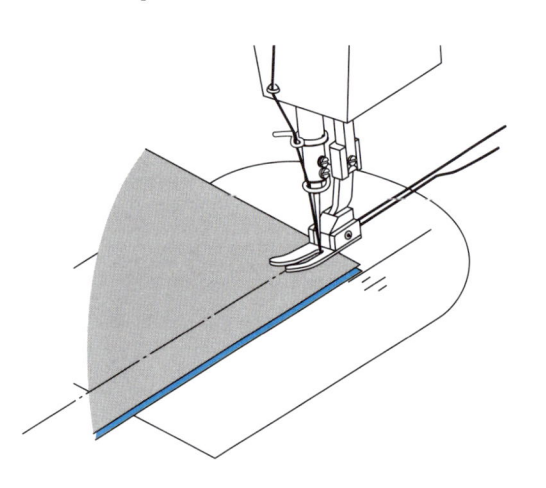

---

* N. de R. T.: Há dois tipos de costura simples: fechada/plana, em que o acabamento é feito com as bordas unidas e tombadas para um lado só; e aberta, em que as bordas são costuradas tombadas uma para cada lado e o acabamento é feito separadamente.

5   Costure 6 mm para frente, volte para a borda do tecido e para frente de novo ao longo da linha da costura para finalizar a costura reta. Siga as linhas de orientação da costura na chapa da agulha da máquina.

retrocesso

margem de costura

7   Retire o tecido e as linhas anexadas por trás do pé-calcador e corte as linhas perto do tecido.

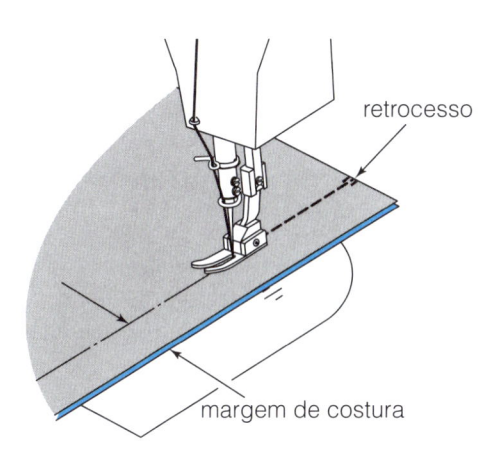

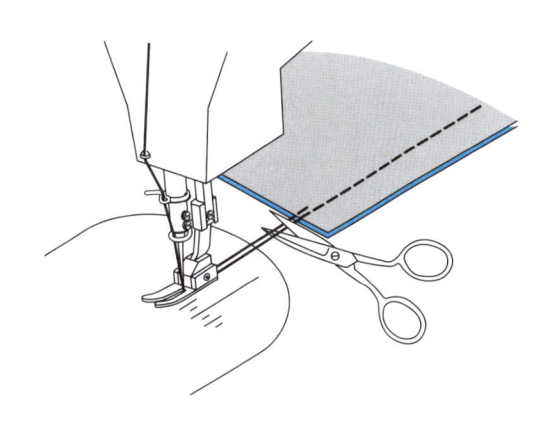

6   No fim da linha de costura, faça um retrocesso de 6 mm e costure em direção à borda do tecido.

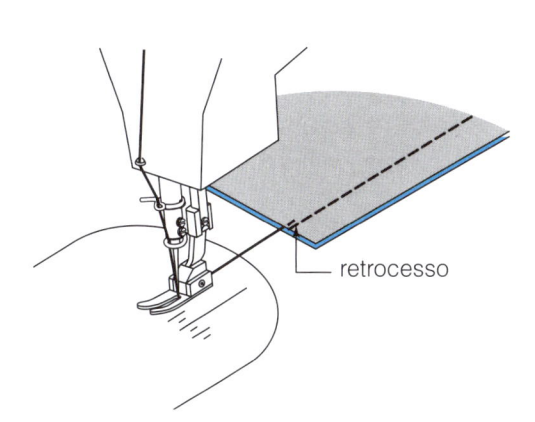

retrocesso

8   Passe a costura aberta.

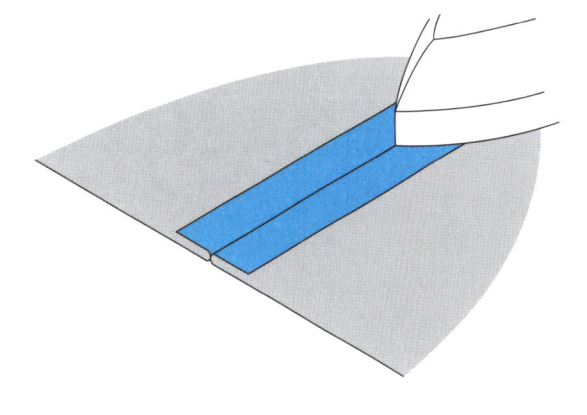

« Pontos • **Costuras e estruturas** • Bainhas » 97

Como utilizar o ponto de alinhavo

O **ponto de alinhavo** é utilizado para unir duas peças de tecido com uma costura temporária. Pode ser utilizado na costura chanel, na costura welt aberta ou na costura preliminar para zíper. Também pode ser utilizado nas áreas de costura da peça de roupa para ajustes preliminares. O comprimento do ponto é cerca de 6 pontos a cada 2,5 cm; em geral, este é o ponto mais longo da máquina. A largura da margem de costura é a mesma da costura simples.

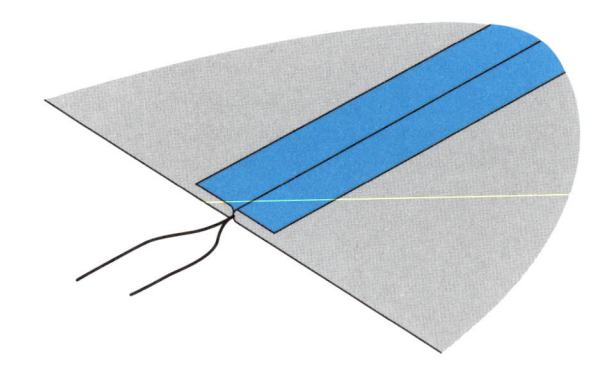

1. Coloque um pedaço do tecido na mesa da máquina, com o lado direito para cima.

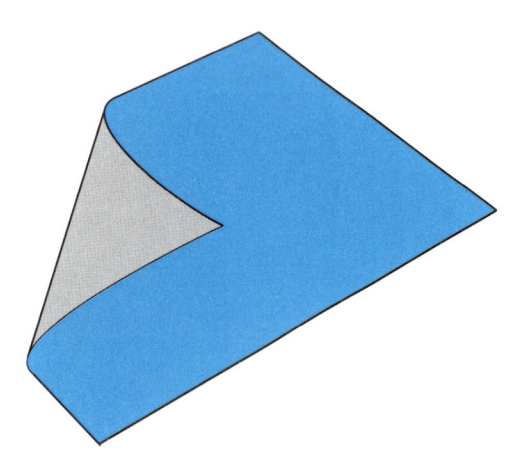

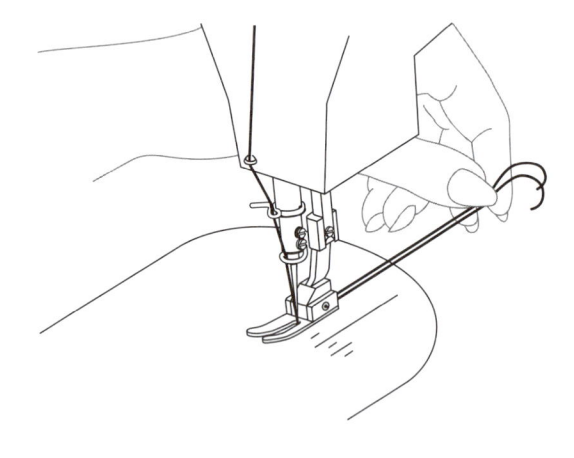

2. Coloque o segundo pedaço do tecido sobre o primeiro, com os lados direitos juntos.

3. Puxe as linhas da agulha e da bobina sob e atrás do pé-calcador.

4. Coloque os dois pedaços de tecido sob o pé-calcador no início da linha de costura, com as bordas do tecido sobre as linhas de orientação da costura.

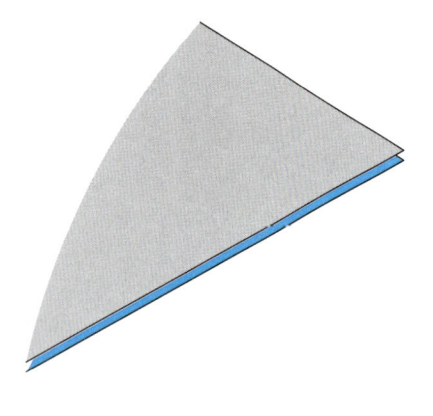

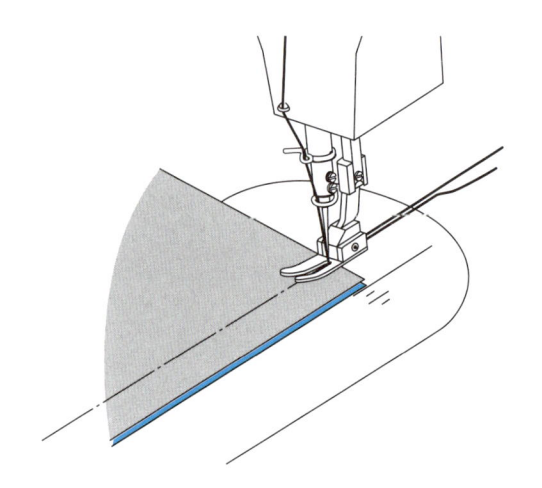

5   Seguindo as linhas de orientação da costura, utilize os pontos mais longos. Não faça retrocesso. Para finalizar, continue a costurar ao longo da linha.

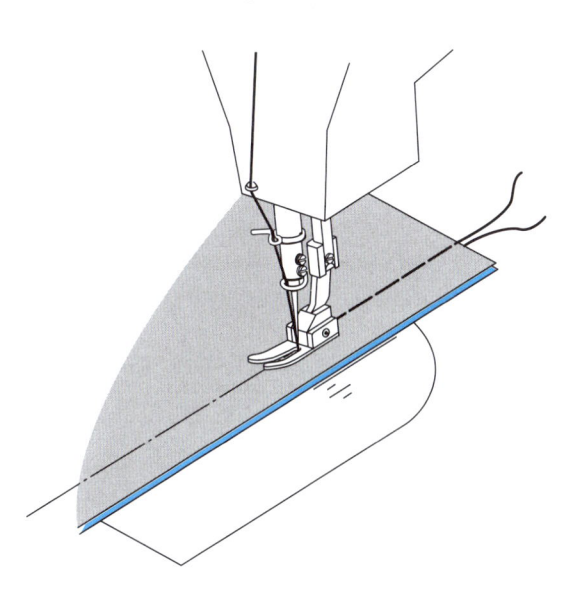

7   Passe a costura aberta.

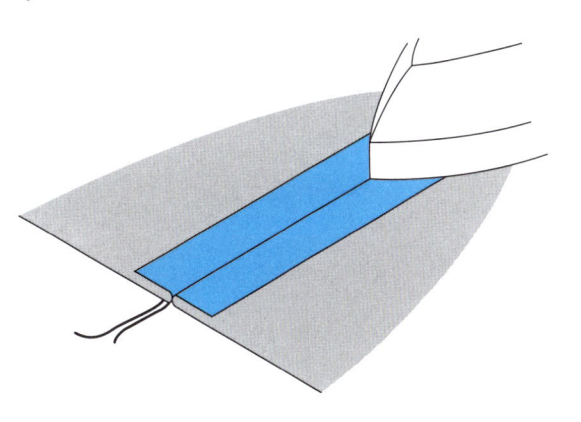

6   Retire o tecido e as linhas anexadas atrás do pé-calcador e corte as linhas na metade entre o tecido e a agulha.

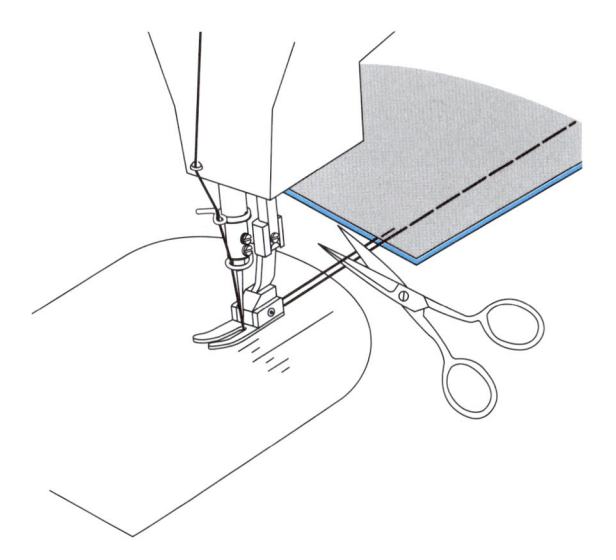

Costura chanel

Utiliza-se a **costura chanel** quando uma tira de renda ou uma tira de tecido correspondente ou contrastante é adicionada à área inferior da costura. Após a remoção do ponto de alinhavo da costura, a tira fica visível entre as bordas da costura finalizada. Isso também pode deixar uma costura simples mais interessante, utilizada principalmente em costuras do pala.

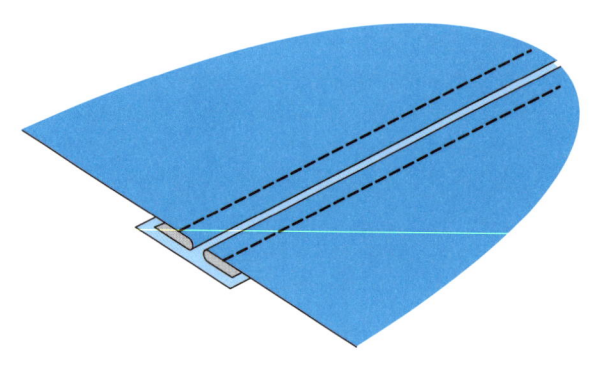

1. Faça uma costura simples com ponto de alinhavo. Consulte "Como utilizar um ponto de alinhavo", nas páginas 98–99.

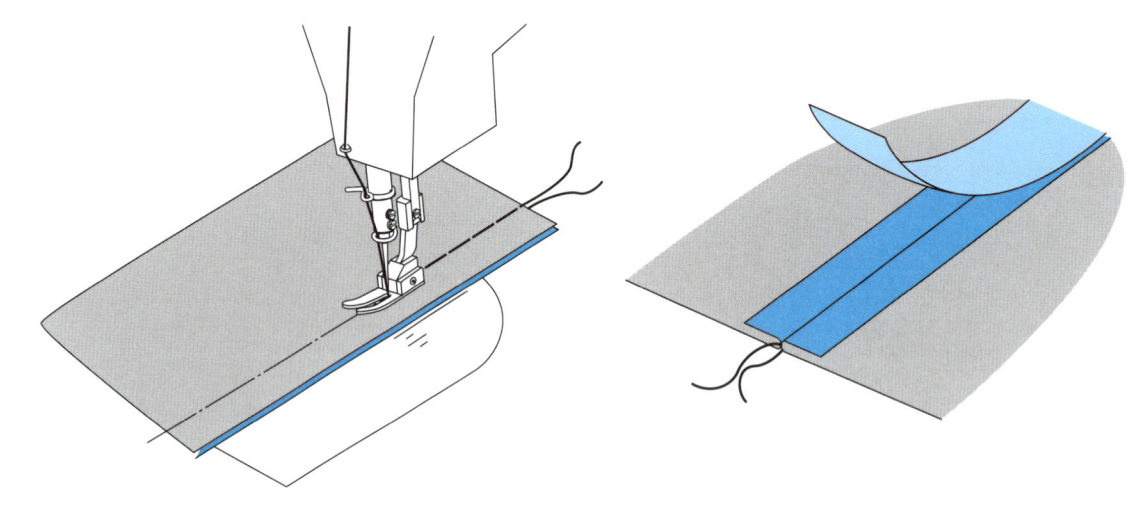

2. Passe a costura aberta.

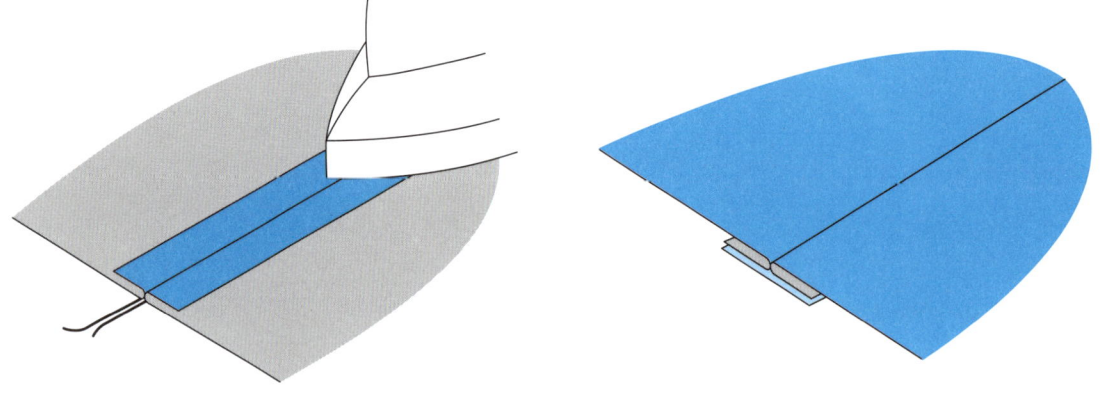

3. Corte uma fita de tecido correspondente ou contrastante com a mesma largura das duas margens de costura. Coloque a fita no lugar, como ilustrado. Alfinete, se necessário.

4. Vire a peça de roupa, com o lado direito do tecido para cima e a fita ainda na posição.

5 Utilizando o pé-calcador como guia, costure com um ponto reto 6 mm para longe da linha de costura.

7 Remova os pontos de alinhavo.

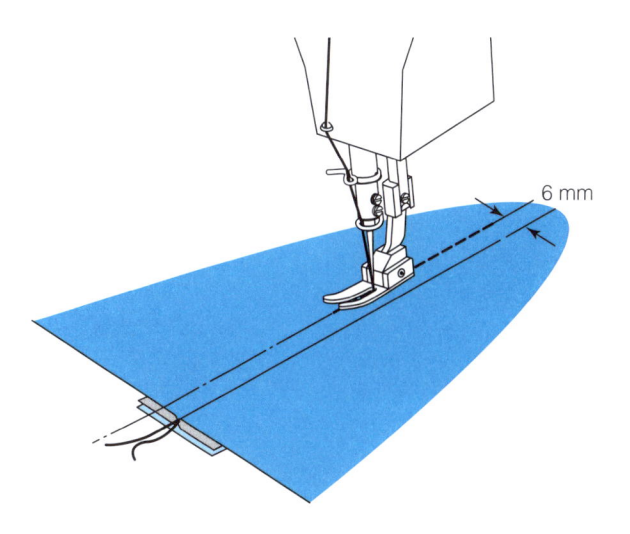

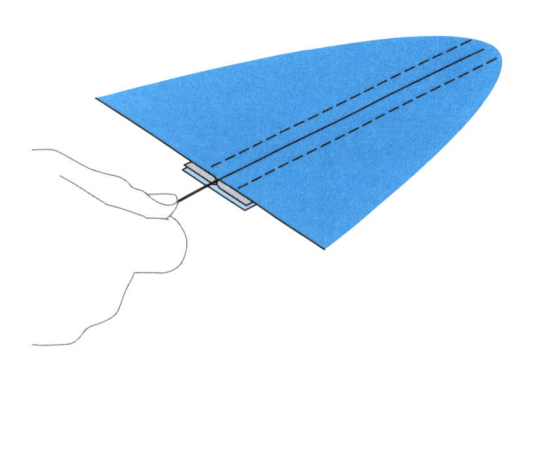

6 Repita o processo na linha de costura oposta e passe a ferro.

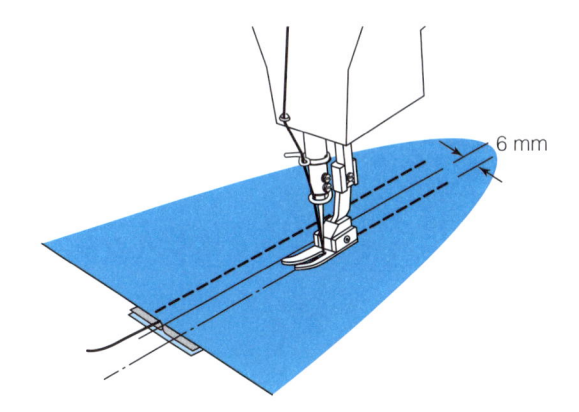

Costura francesa

A **costura francesa** é uma costura estreita dentro de outra costura, que fecha as bordas não acabadas do tecido para que elas não desfiem. Essa costura é utilizada em tecidos transparentes e em lingeries para ocultar as bordas não acabadas. Ela proporciona à costura um visual limpo do lado de fora da peça de roupa, assim como do lado de dentro. Não é recomendada para costuras curvas, pois ela costuma causar deformações.

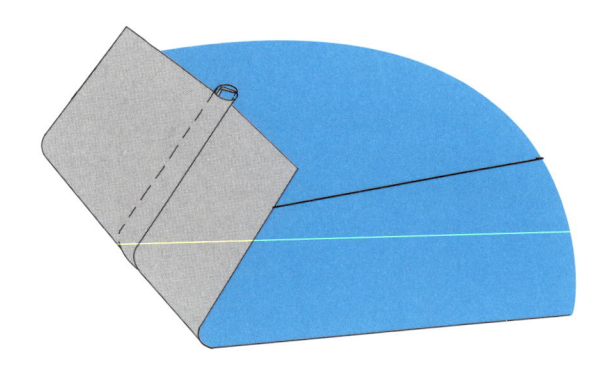

1. Coloque as peças de roupa na mesa da máquina de costura, com os lados avessos juntos. Siga as linhas de orientação da costura, na chapa da agulha, e costure com uma margem de costura de 6 mm. Faça retrocesso conforme ilustrado na costura simples (veja página 97).

2. Apare 3 mm das margens de costura.

3. Passe a margem de costura aberta.

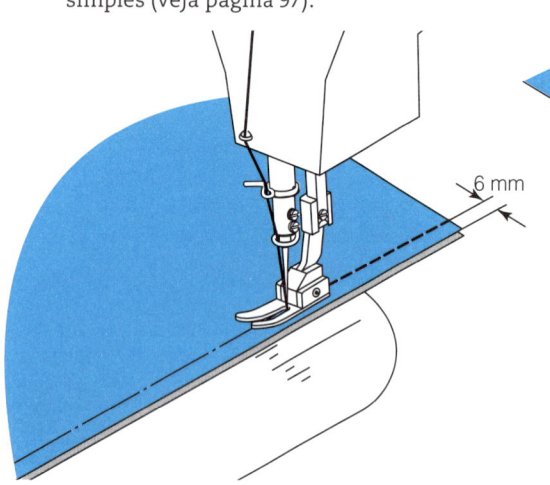

4. Dobre o tecido para que os lados direitos fiquem juntos.

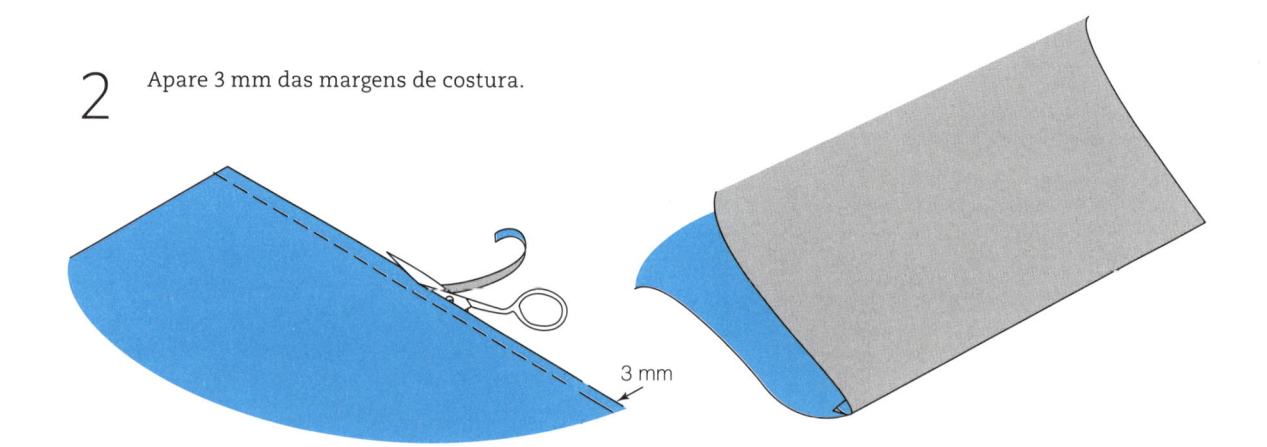

5   Costure uma nova margem de costura de 6 mm. Faça retrocesso conforme ilustrado na costura simples (veja página 97).

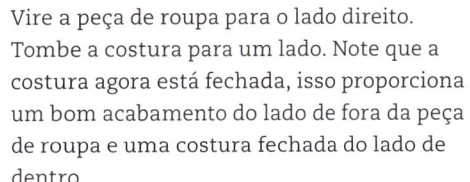

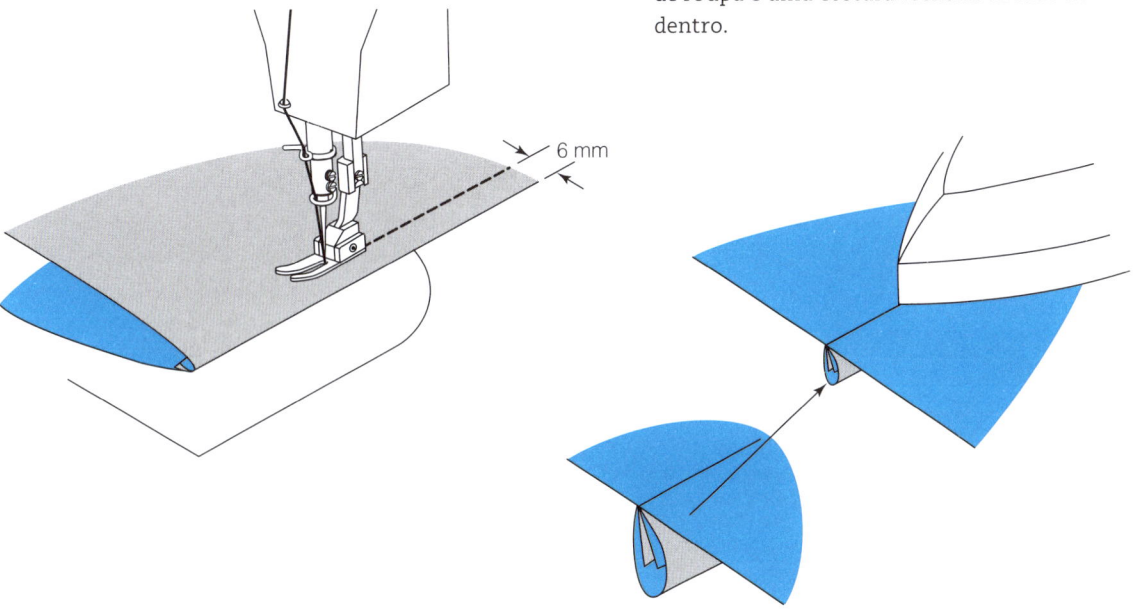

6   Vire a peça de roupa para o lado direito. Tombe a costura para um lado. Note que a costura agora está fechada, isso proporciona um bom acabamento do lado de fora da peça de roupa e uma costura fechada do lado de dentro.

DICA PRÁTICA

A costura francesa fechada pode ser colocada na parte externa da peça de roupa para um visual decorativo ou moderno.

Costura inglesa

A **costura inglesa** proporciona um acabamento limpo nos dois lados da peça de roupa. Duas fileiras de linha ficam visíveis na parte externa da costura. Geralmente, esse tipo de costura é utilizado para uma montagem forte, durável e que não desfie em *sportswear* e roupas reversíveis.

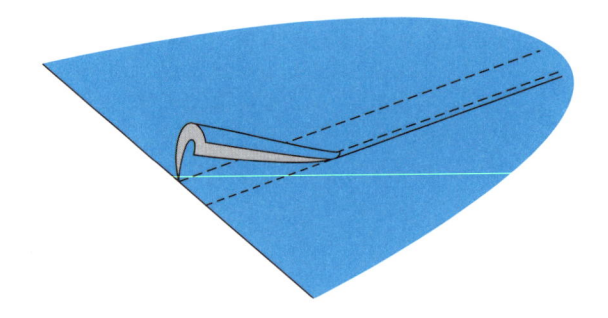

1. Coloque as peças de roupa na mesa da máquina de costura, com os lados avessos juntos.

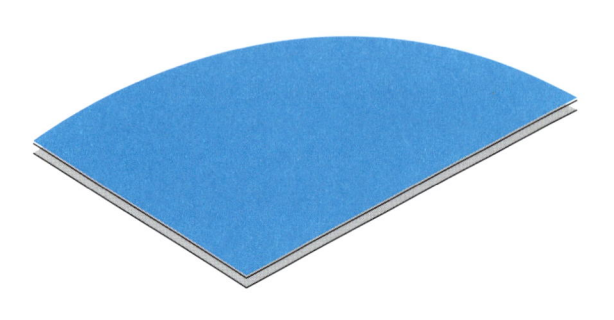

2. Faça uma costura simples (consulte "Costura simples", nas páginas 96–97). Passe para um lado.

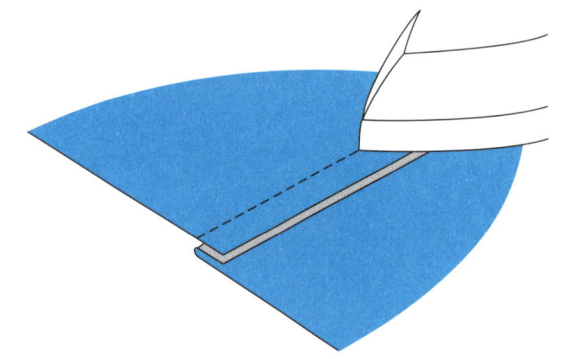

3. Dobre 6 mm sobre as duas bordas da costura.

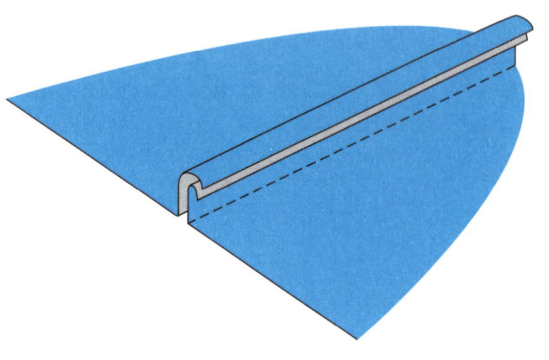

4. Assente a margem de costura, de acordo com a ilustração.

5. Utilizando a agulha como orientação, costure a borda da dobra por todas as camadas do tecido.

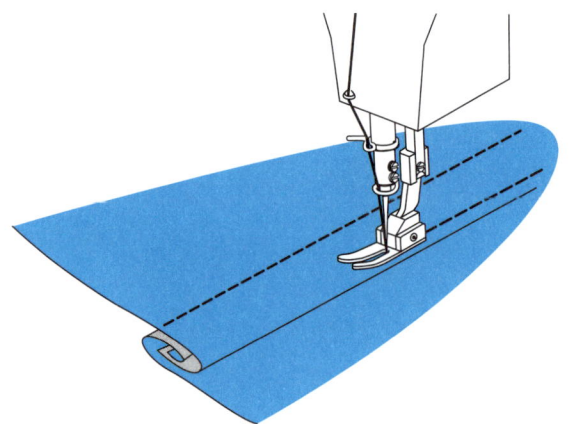

Costura com vivo e cordão

A **costura com vivo e cordão** é uma costura ou borda decorativa que pode ser utilizada como um detalhe no design de peças de roupas ou acessórios para casa, como almofadas. Essa costura é utilizada em decotes, bordas de golas e bolsos para acentuar as bordas externas dessas peças. Ela proporciona um acabamento firme e deve ser utilizada em tecidos médios.

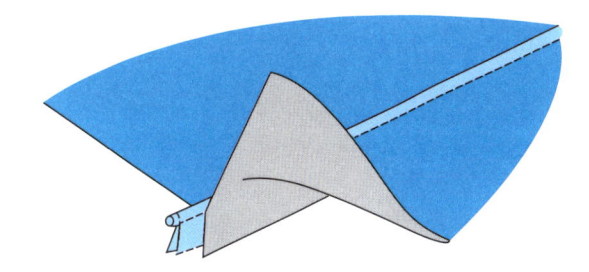

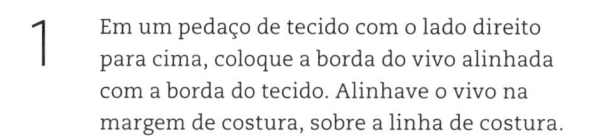

1. Em um pedaço de tecido com o lado direito para cima, coloque a borda do vivo alinhada com a borda do tecido. Alinhave o vivo na margem de costura, sobre a linha de costura.

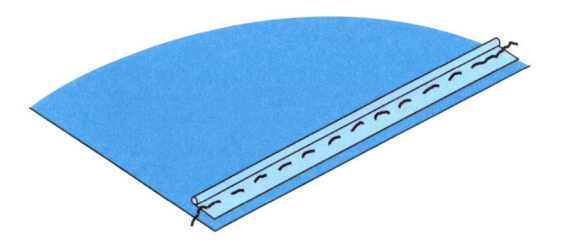

2. Coloque o segundo pedaço de tecido, com o lado direito virado para baixo, sobre o vivo. Certifique-se de que todas as bordas estão alinhadas.

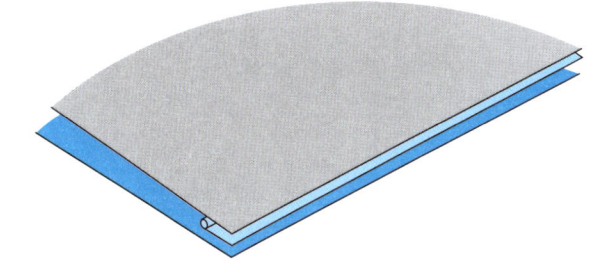

3. Com um pé-calcador para zíper, costure ao longo da borda do vivo sobre a linha de costura. Algumas marcas de máquina de costura oferecem uma sapata específica para a aplicação do vivo com cordão.

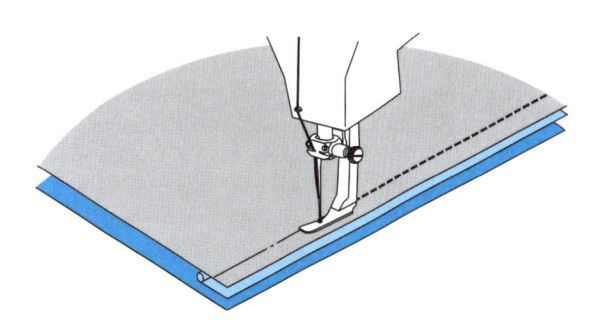

DICA PRÁTICA

Para uma costura curva externa com vivo, estique a margem de costura ao redor da curva externa e afrouxe o vivo. Para uma costura curva interna com vivo, estique o vivo e afrouxe um pouco a margem de costura.

Costura curva

A **costura curva** é utilizada para criar formas, geralmente, em uma linha de estilo de uma peça de roupa, como no recorte princesa e na pala do corpo ou da saia.

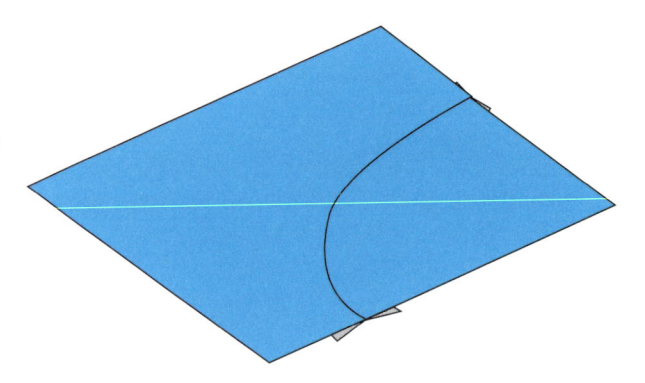

1. Coloque uma peça de roupa com uma curva côncava na mesa da máquina de costura, com o lado direito para cima.

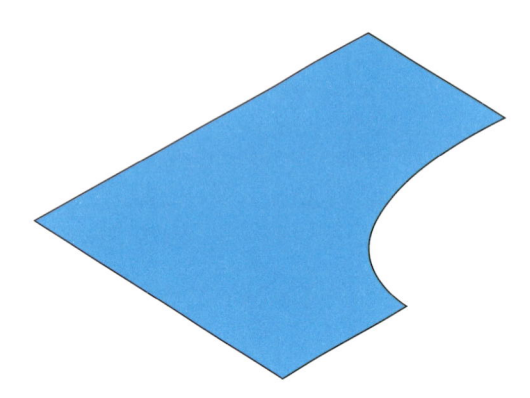

2. Coloque uma peça de roupa com uma curva convexa na mesa da máquina de costura, com o lado avesso para cima, como ilustrado.

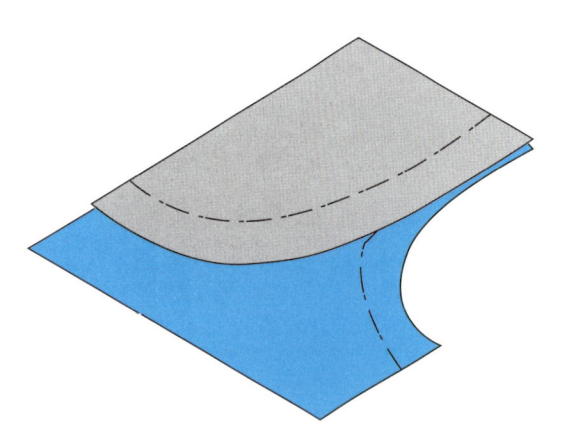

3. Comece a costura como se fosse uma costura simples (páginas 96–97).

4. Continue a costurar até o ponto em que a linha da costura (ou as bordas do tecido) comece a divergir.

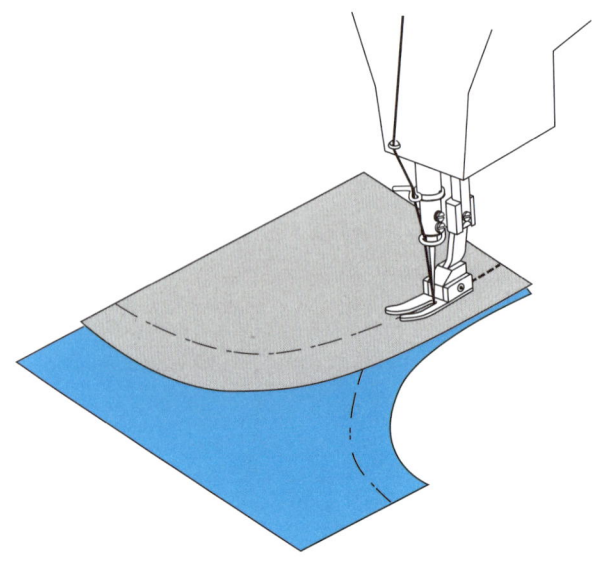

5   Gire a agulha para baixo no tecido e levante o pé-calcador.

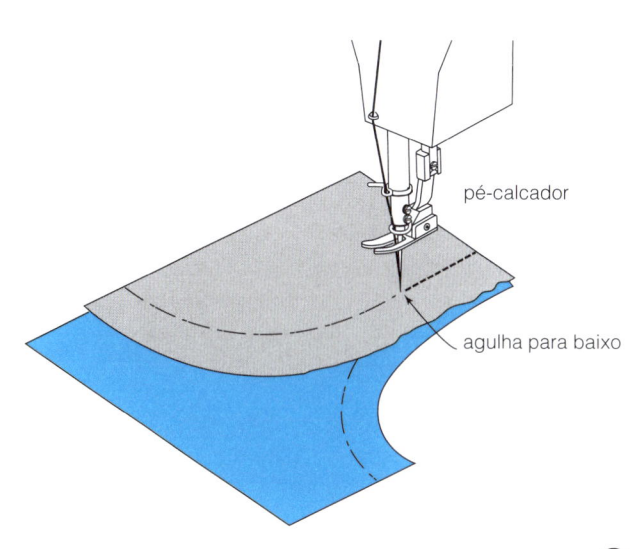

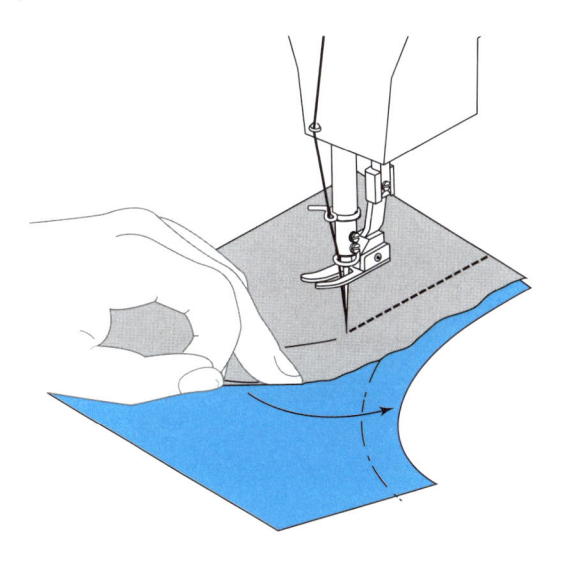

8   Repita esse passo até que a costura esteja completa.

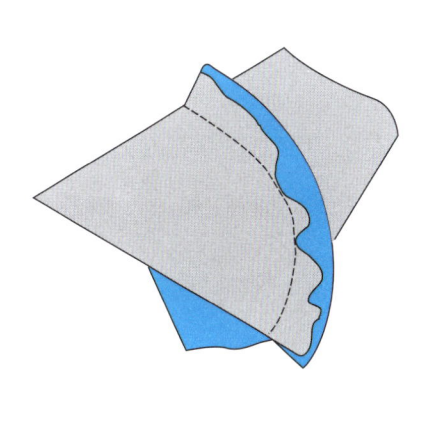

pé-calcador

agulha para baixo

9   Passe toda a costura para um lado.

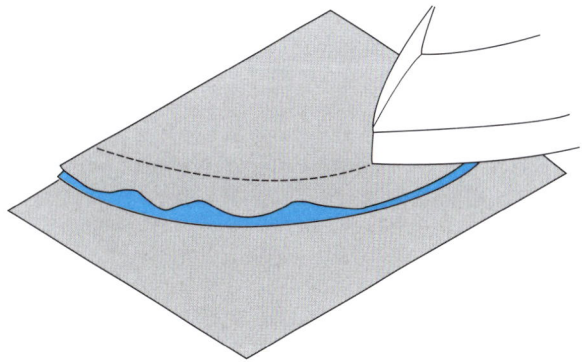

6   Gire o tecido superior ao redor da agulha até que a linha de costura ou as bordas estejam unidas.

7   Continue a costurar.

« Pontos • **Costuras e estruturas** • Bainhas » **107**

Costura com canto

A **costura com canto** é uma costura característica de palas quadrados e decotes em V ou quadrados. O método de costura utilizado para virar o canto dessas áreas é um pouco complicado, pois o canto deve ser girado exatamente na linha de costura do canto ou da forma em V. O método utilizado para virar o canto pode ser aplicado a outras costuras angulares, como as de godês e palas com pontas.

1. Coloque a primeira peça da roupa (geralmente a peça maior) na mesa da máquina de costura, com o lado direito para cima.

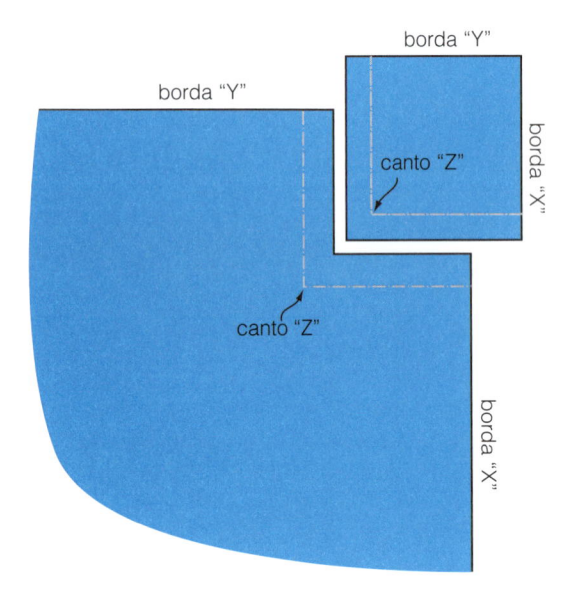

NOTA: Para esta atividade, nomeie as bordas como X e Y e o canto da costura como Z.

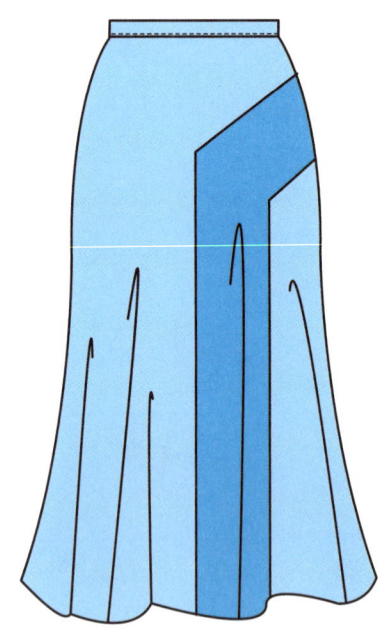

2. Coloque a segunda peça da roupa sobre a primeira, com os lados direitos juntos, alinhando as linhas de costura (neste exemplo, alinhando as bordas Y e as linhas de costura).

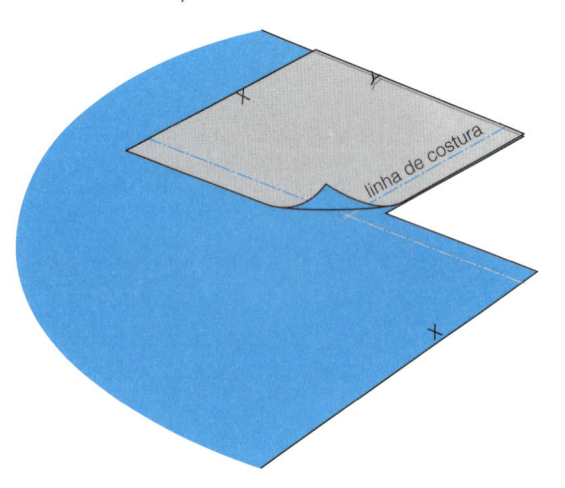

3. Costure, na linha de costura, até o canto Z.

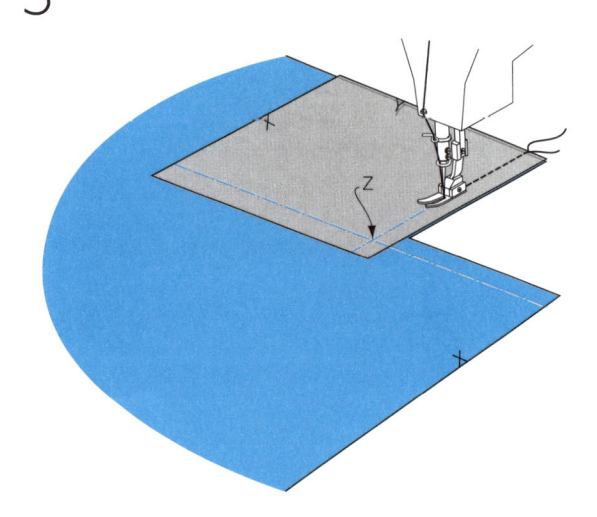

4 Com a agulha para baixo, levante o pé-calcador. Mantenha a peça de roupa na máquina com a agulha mantendo-a no lugar no canto Z.

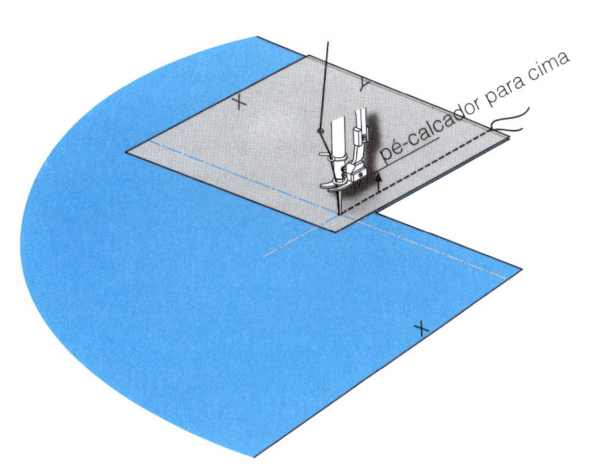

6 Com a agulha para baixo e o pé-calcador para cima, gire a camada superior de tecido no canto Z da linha de costura. Continue a girar a camada superior até que ela encontre a linha na camada inferior (neste exemplo, juntando as bordas X e as linhas de costura).

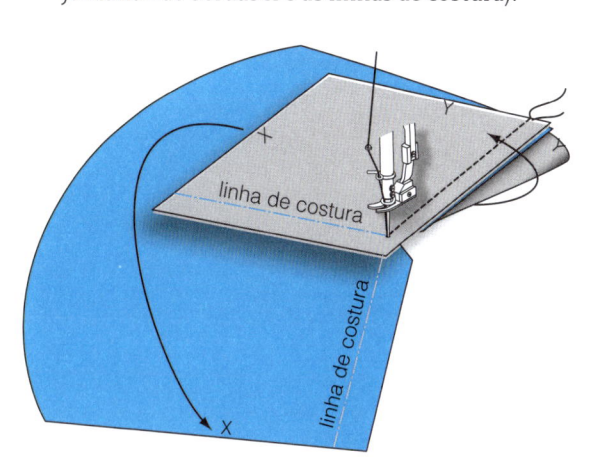

5 No canto Z, corte cuidadosamente a camada inferior de tecido (certifique-se de não cortar a linha de costura ao parar 1,5 mm longe do canto).

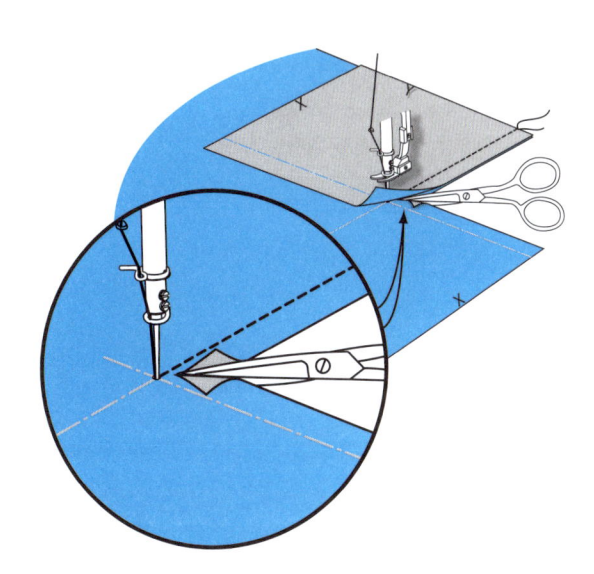

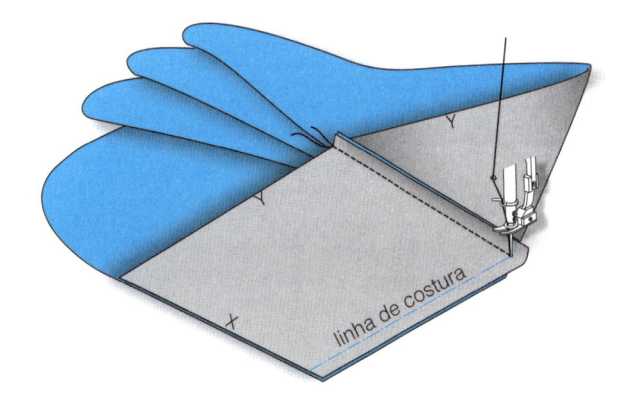

7 Continue a costurar na linha de costura até que a costura esteja finalizada.

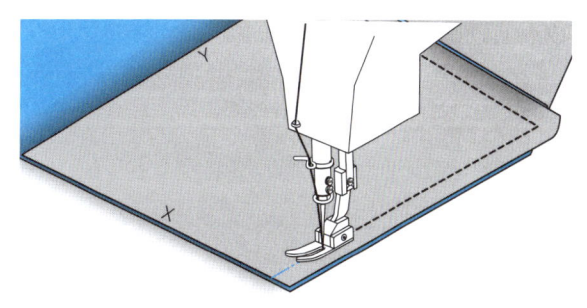

Costura de pala de camisa

A tradicional **costura de pala de camisa** pode ser projetada em uma variedade de estilos de pala e vistas no centro da frente, como uma camisa formal ou camisas esportivas para mulheres, homens e crianças. Geralmente, o pala é totalmente forrado com o mesmo tecido da peça de roupa. Entretanto, em uma camisa de flanela, o pala é forrado com tecido para forros.

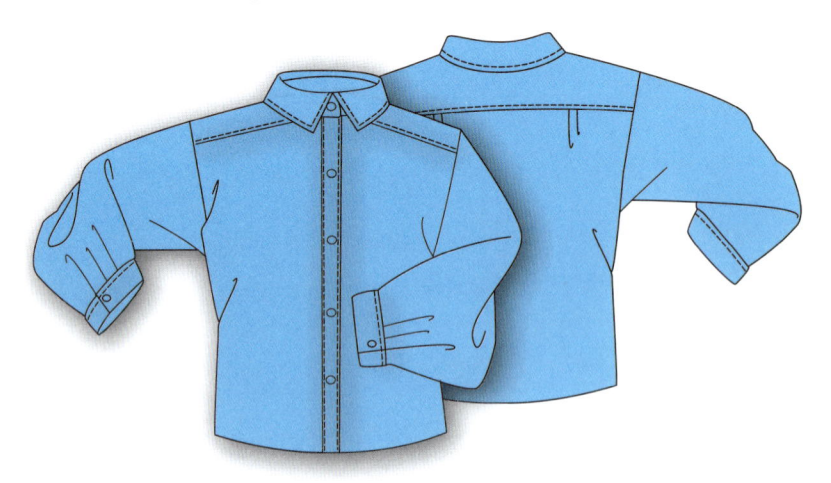

1. Costure todas as tomas e as pregas. Observe as pregas na peça de trás da camisa (às vezes, há somente uma prega no centro das costas).

2. Costure a peça externa do pala e a peça do forro nas costas da camisa, prensando a peça da camisa entre os palas.

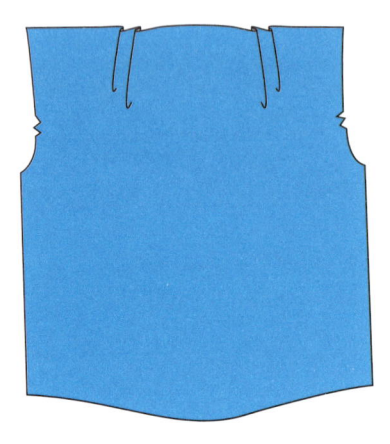

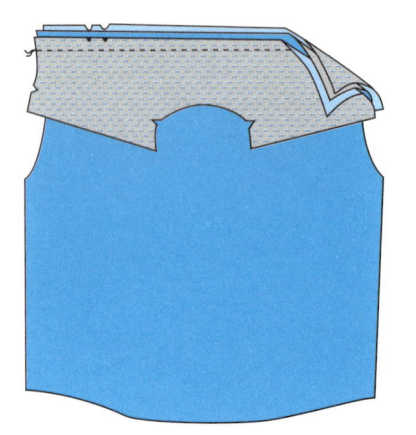

3   Encaixe as peças da esquerda e da direita da frente da camisa ao forro do pala (somente uma camada).

NOTA: O lado direito do forro do pala combinará com o lado avesso das peças da frente da camisa. Ou seja, lado direito com lado avesso.

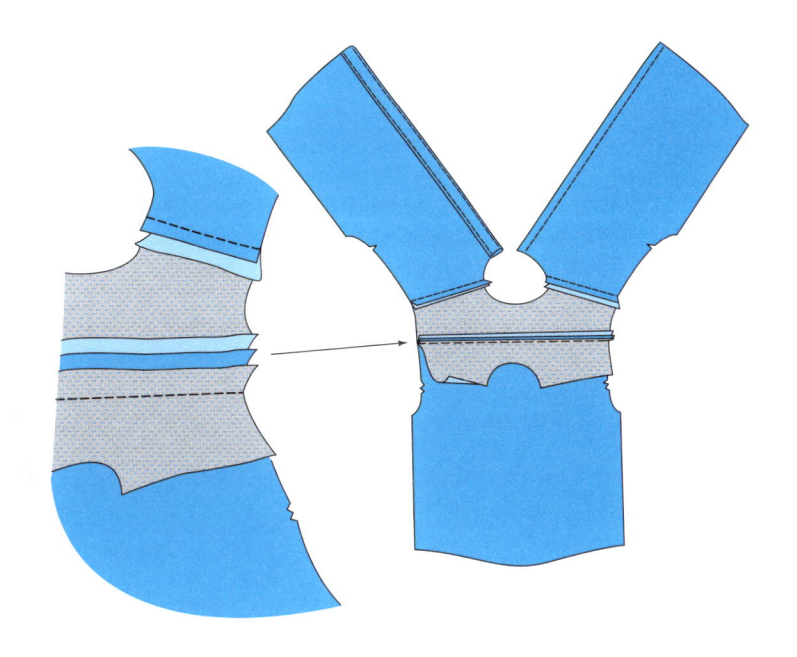

4   Pressione as peças do pala para cima e pesponte a costura do pala das costas.

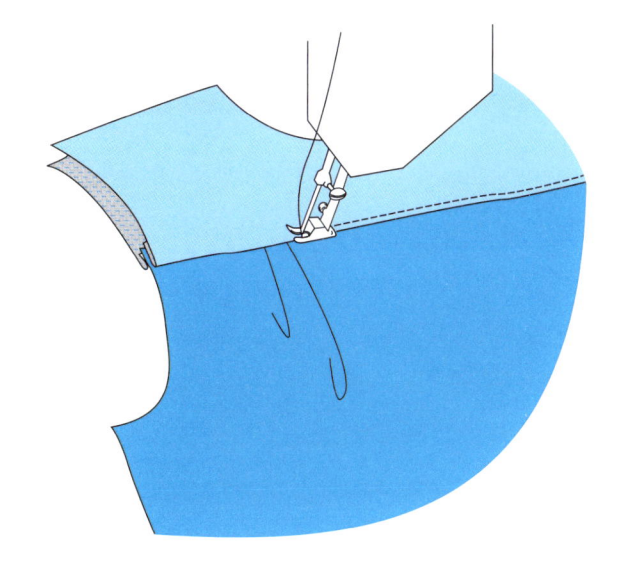

5   Passe as costuras do pala e da frente em direção ao pala. Passe a margem de costura do pala superior e alfinete o pala sobre a linha de costura da costura do pala com a frente. Costure a camada superior do pala à peça de roupa.

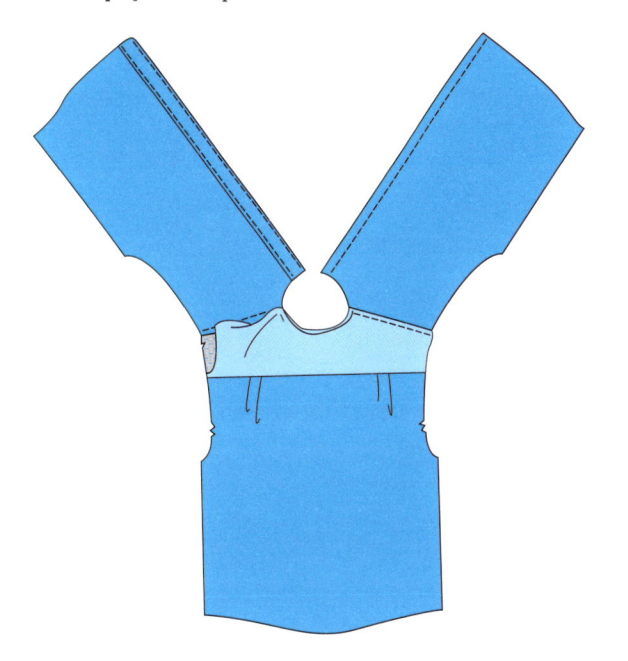

Aplicação de babados em uma costura
Esta **técnica de babados** ilustra como costurar tiras prontas franzidas e decorativas ou uma peça franzida preparada em decotes, punhos ou limpezas de blusas.

1. Alfinete o babado pronto ou preparado à borda externa da peça de roupa. O lado avesso do babado deve ser colocado no lado direito da borda da peça.

2. Alinhave a borda do babado no lugar.

3. Coloque e alfinete a camada da limpeza sobre a camada do babado.

4. Costure a camada externa sobre a linha de costura por todo o comprimento da costura externa.

5. Vire o lado direito da peça de roupa para fora. Faça pontos no lado avesso. Passe a borda externa.

NOTA: Para um babado em pé, junte o lado direito do babado ao lado direito da peça de roupa.

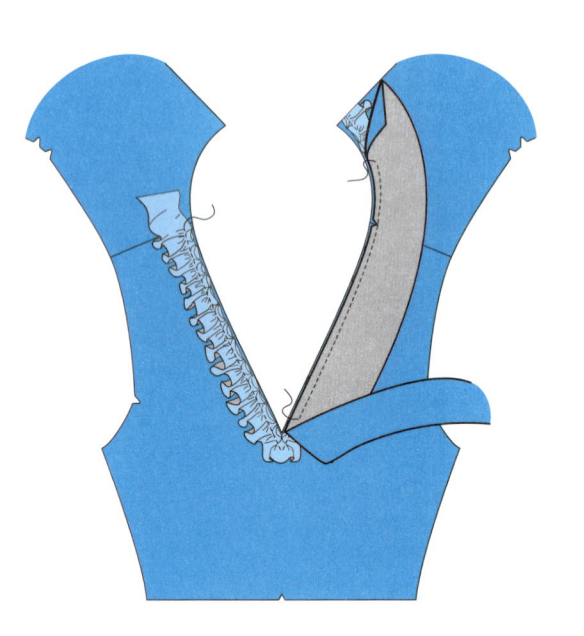

ACABAMENTOS DE COSTURA

Costura simples aberta com bainha
A **costura simples aberta com bainha** é um método rápido e limpo de acabamento de uma costura simples. Ele previne que as bordas cortadas das costuras desfiem em alguns tecidos, como tecidos grossos e tweeds. Também proporciona um visual de melhor acabamento nas peças de roupa, como jaquetas sem forro.

1 Faça uma costura simples. Consulte "Costura simples", nas páginas 96–97.

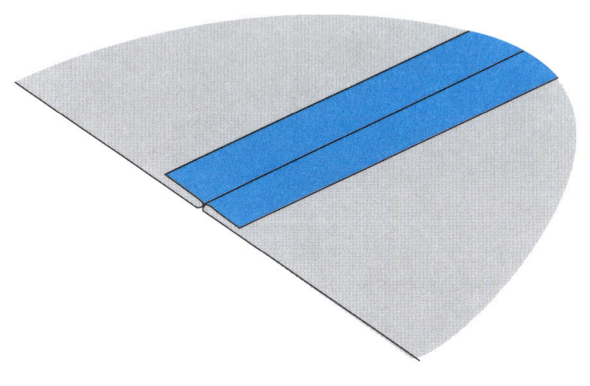

2 Coloque a peça na mesa da máquina de costura, com o lado avesso para cima e com uma margem de costura dobrada para baixo, como ilustrado.

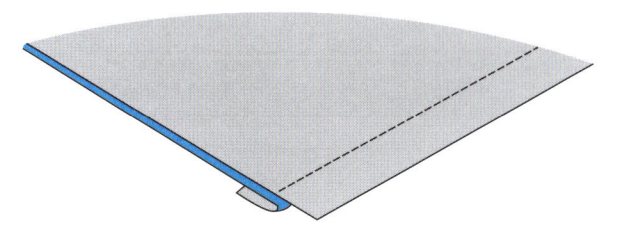

3 Dobre 3 mm sobre a borda da margem de costura exposta.

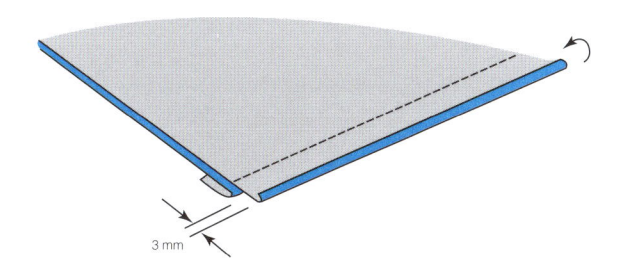

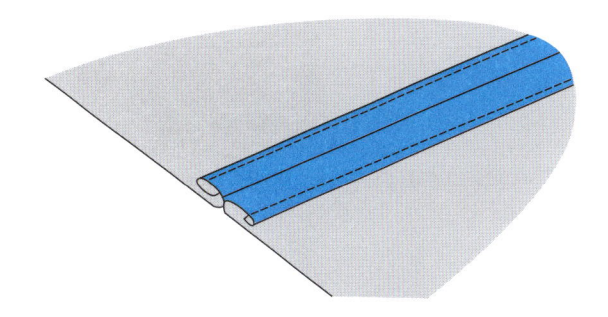

4 Costure próximo à borda dobrada.

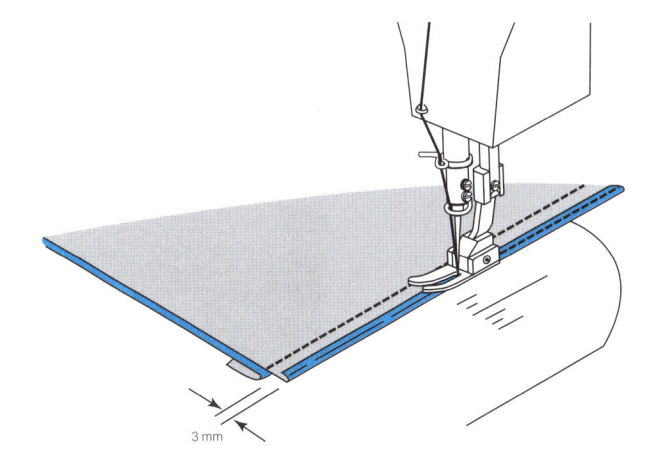

5 Repita na outra margem de costura.

6 Passe a costura aberta.

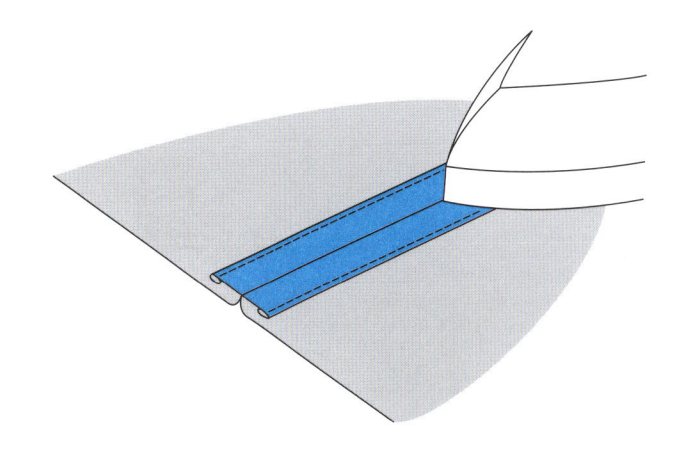

« Pontos · **Costuras e estruturas** · Bainhas »

Costura simples aberta com acabamento em viés
Um **acabamento em viés** exige uma fita de viés para as bordas não acabadas da costura. Esse método é desejável quando se costura tecidos como lã com tramas grossas ou abertas que desfiam com facilidade. Também é utilizado para proporcionar um visual com bom acabamento em peles falsas ou jaquetas sem forros.

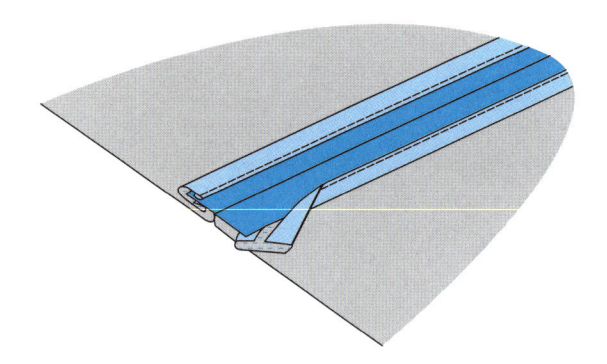

1. Faça uma costura simples aberta. Consulte "Costura simples", nas páginas 96–97.

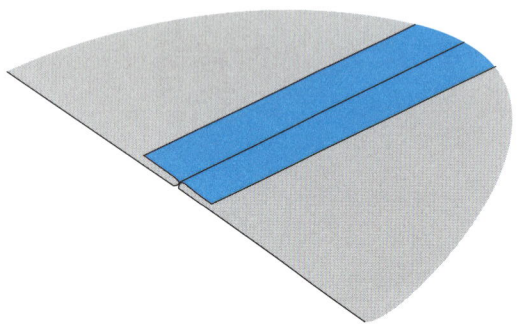

2. Coloque o tecido sobre a mesa da máquina de costura, com o lado avesso do tecido para cima, como ilustrado.

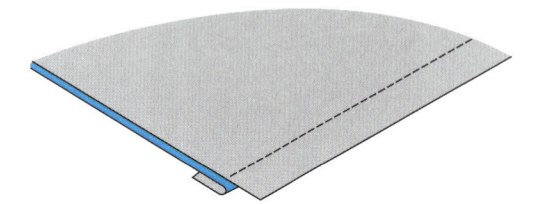

3. Insira o viés sobre uma borda da margem de costura.

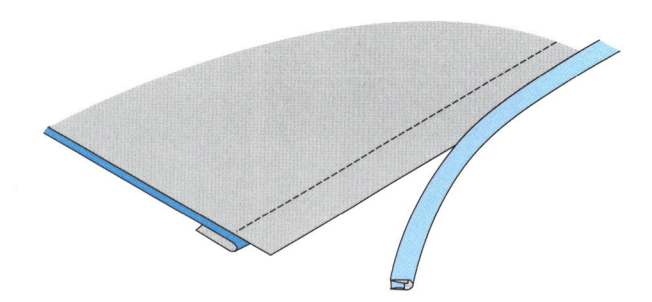

4. Costure a borda ao longo da dobra da fita.

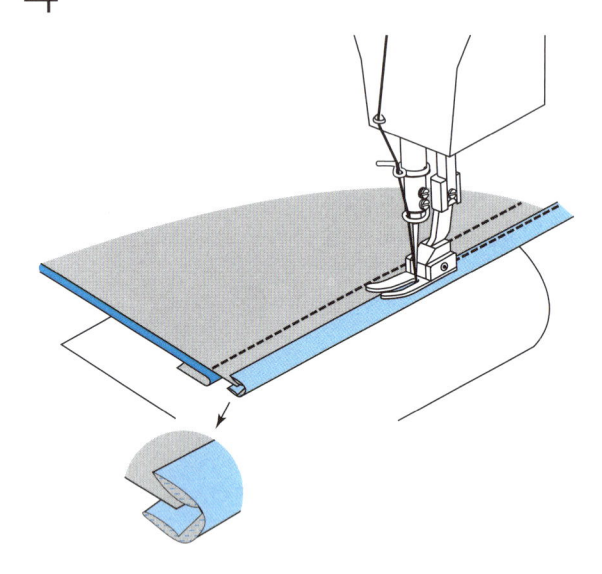

5. Repita esse processo na margem de costura oposta e passe a costura aberta.

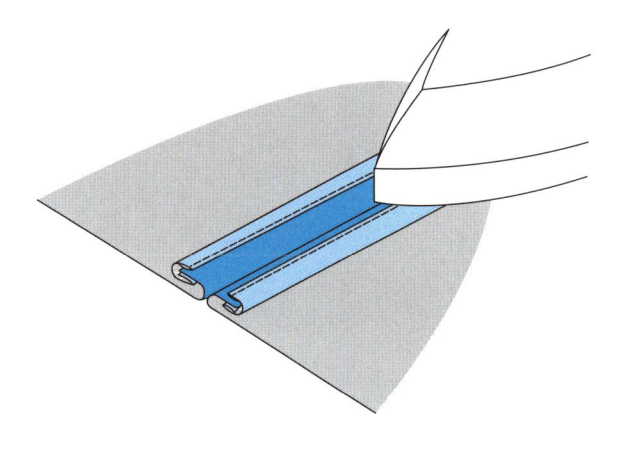

Costura welt

A **costura welt** permite que a costura simples seja pespontada com linhas de cores iguais ou diferentes do tecido. O acabamento dessa costura é utilizado em recortes estilo princesa e em costuras de pala, geralmente em tecidos mais firmes. Essa costura oferece uma costura de montagem reforçada e um efeito decorativo.

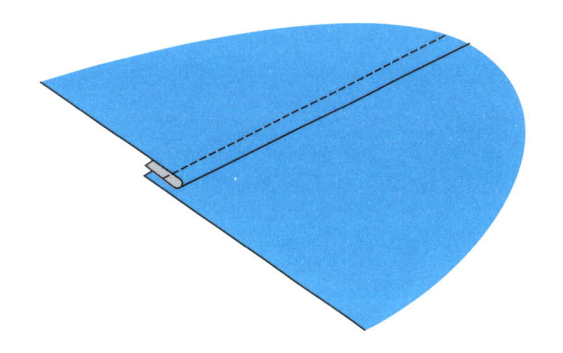

1. Faça uma costura simples aberta. Consulte "Costura simples", nas páginas 96–97.

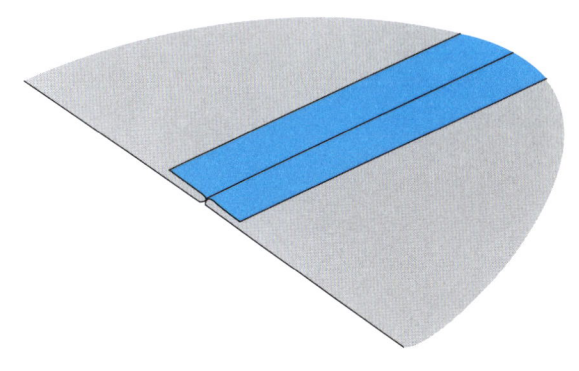

2. Passe a margem de costura para um lado.

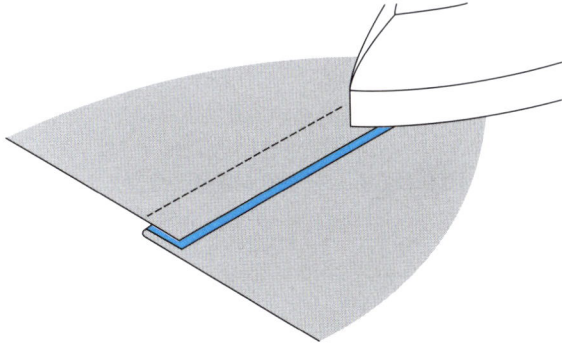

3. Vire os dois lados do tecido para que a peça de roupa fique com o lado direito virado para cima.

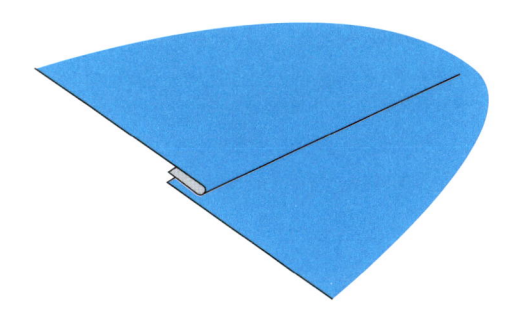

4. Utilizando o pé-calcador como guia, costure com um ponto reto 6 mm para longe da linha de costura.

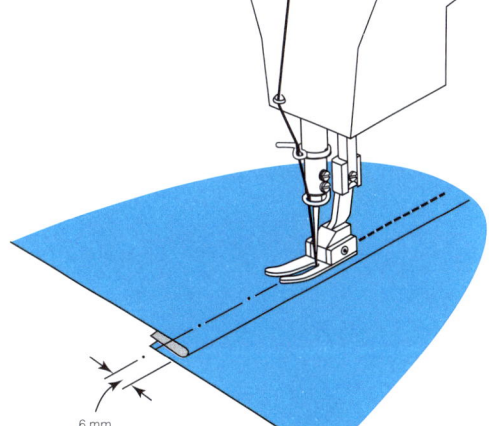

5. Passe a ferro.

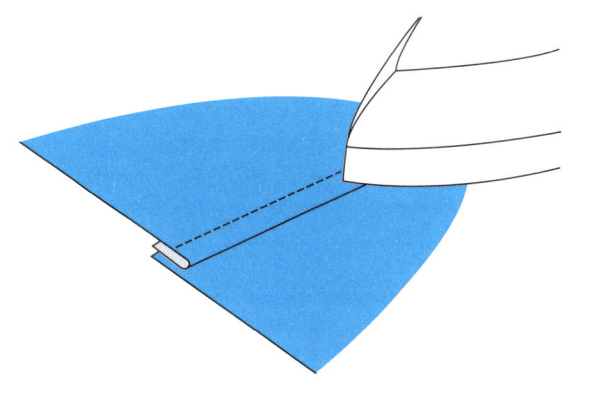

« Pontos · **Costuras e estruturas** · Bainhas »

Costura welt aberta

A **costura welt aberta** é decorativa. Ela forma uma pequena toma e enfatiza um detalhe de construção, deixando a peça de roupa mais interessante. É adequada para quase todos os tecidos, exceto tecidos transparentes.

1 Faça uma costura simples com ponto de alinhavo. Consulte "Como utilizar um ponto de alinhavo", nas páginas 98–99.

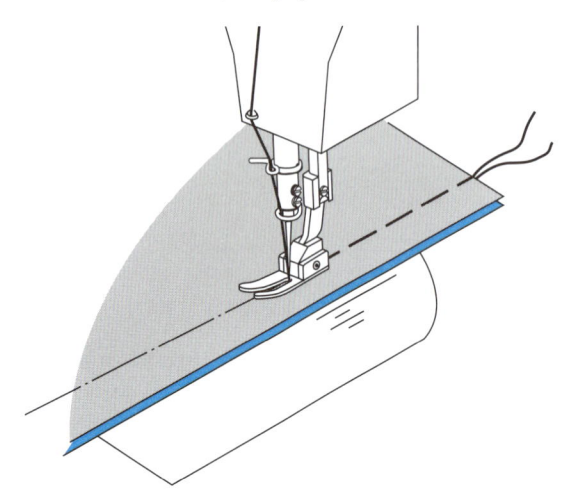

2 Passe a margem de costura para um lado.

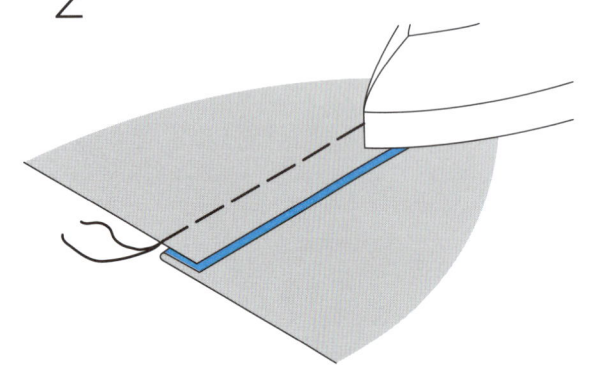

3 Vire os dois lados do tecido para que a peça de roupa fique com o lado direito virado para cima.

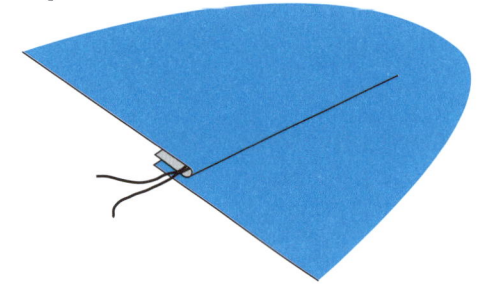

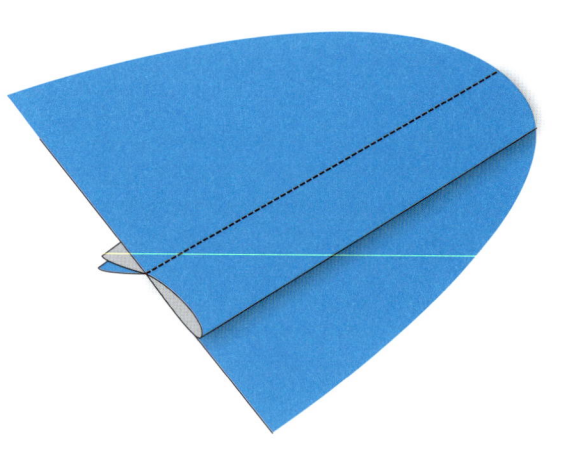

4 Utilizando o pé-calcador como guia, costure com um ponto reto 6 mm para longe da linha de costura.

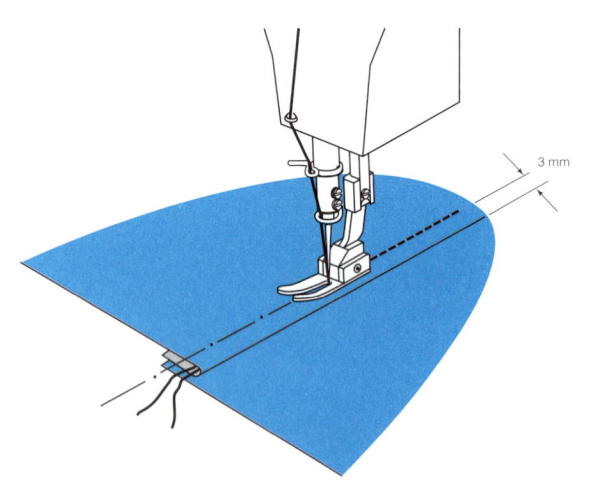

5 Passe a ferro.

6 Remova os pontos de alinhavo.

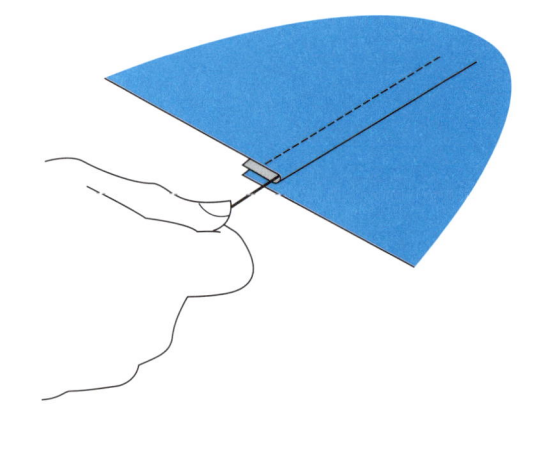

PENCES

A **pence** é uma prega em forma de triângulo, um apanhado de excesso de tecido que converge para um ponto menor. É feita a partir das bordas da peça de roupa e pode ter diversas larguras. Existem vários tipos de pences, como apresentado nesta seção. As pences devem ser posicionadas e costuradas com precisão para enfatizar as linhas do corpo.

As pences são os elementos estruturais mais básicos na costura e são utilizadas nas seguintes áreas:
- Seção da frente do corpo, para contornar o corpo.
- Seção da frente do corpo, de qualquer ponto do perímetro em direção ao ponto do busto, para modelar o tecido sobre o busto e contornar o corpo.
- Cintura das costas, para ajustar o tecido à cintura.
- Decote das costas ou costura do ombro, para moldar o tecido sobre a parte superior do ombro e permitir folga na escápula.
- Mangas ajustadas, para permitir movimento no cotovelo.
- Seções da frente e das costas de saias e calças, para ajustar o tecido à cintura e proporcionar folga sobre o quadril.

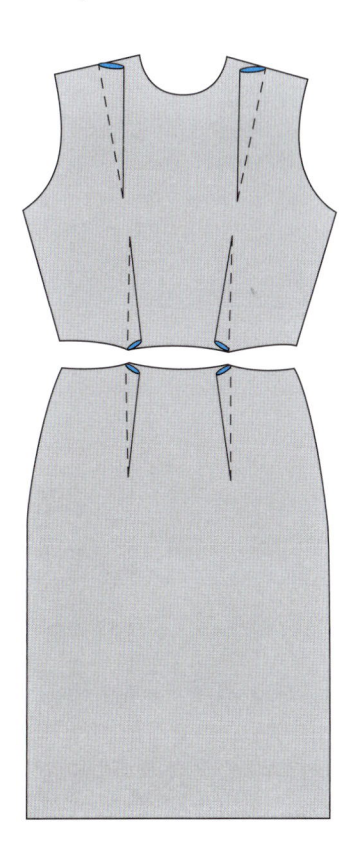

As **pernas da pence** são as linhas de costura nos dois lados da pence.

O **ponto da pence** é o ponto de finalização e o próprio final da pence.

A **boca da pence** é a parte mais ampla das pernas da pence.

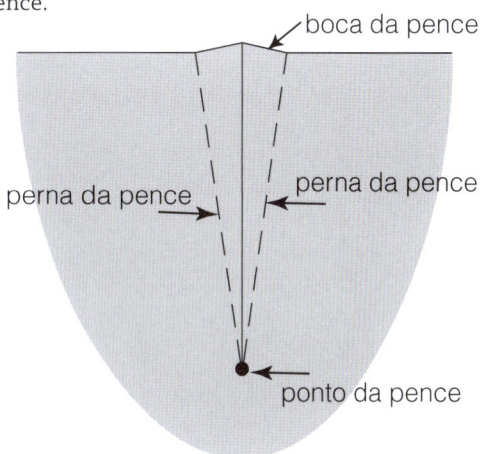

As **pences do busto** auxiliam no ajuste da peça de roupa sobre a área do busto. Geralmente, elas iniciam na costura do ombro ou lateral e acabam a 5 cm do ponto do busto (o ápice).

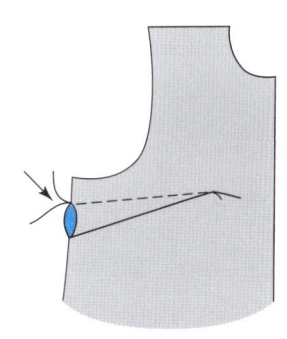

As **pences de saias e calças** realçam a cintura dessas peças. As pences frontais geralmente são mais curtas que as traseiras.

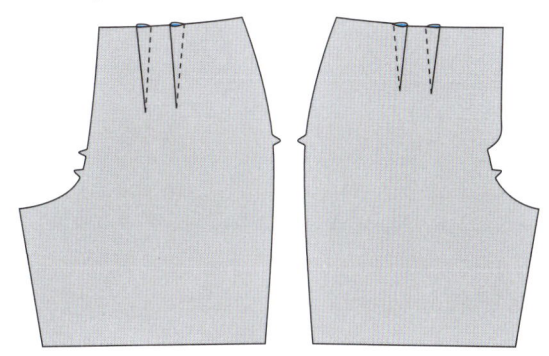

As **pences internas** são mais utilizadas em peças sem costura na cintura, como blusas, vestidos, coletes ou casacos, para diminuir o volume nessa área. Elas criam curvas suaves na cintura e folgas na área do quadril da peça.

A **pence francesa** é uma pence diagonal originada de qualquer ponto entre o quadril e 5 cm abaixo da cintura, ao longo da costura lateral e afunilando até o ponto do busto. Pode ser reta, curva ou recortada, dependendo do excesso na largura da pence.

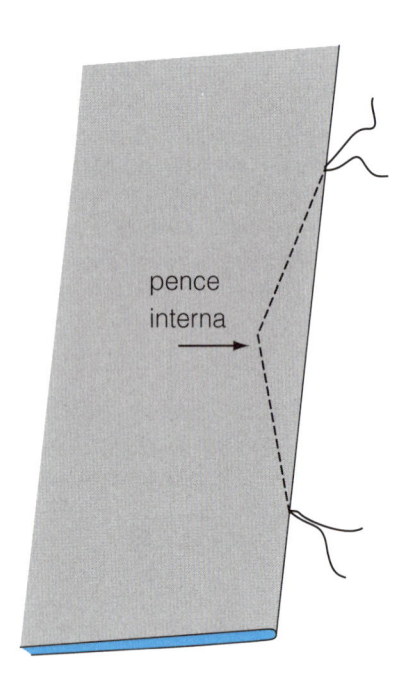

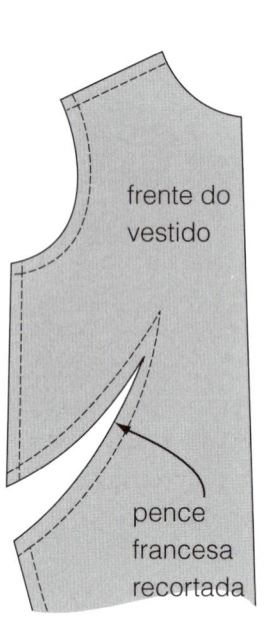

COMO COSTURAR PENCES

Pence simples
A pence simples é utilizada em blusas, vestidos, saias ou mangas para um caimento mais delineado e suave. Essa pence cria um volume arredondado na parte mais ampla do corpo.

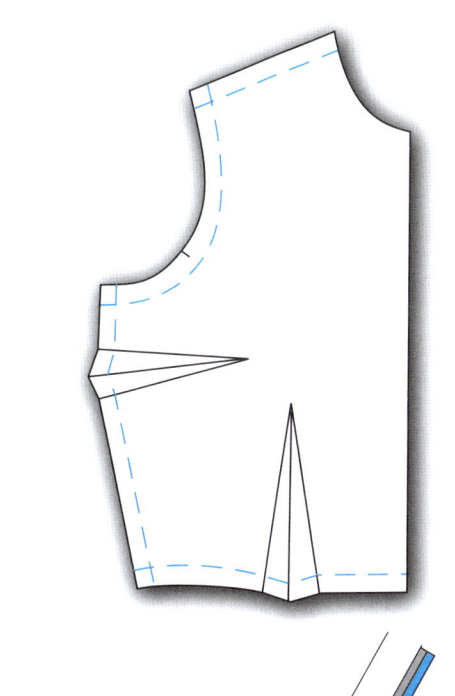

COMO TRANSFERIR AS MARCAÇÕES DA PENCE SIMPLES

Transfira as marcações da pence do molde para o lado avesso do tecido. Consulte o Capítulo 4 para instruções específicas.

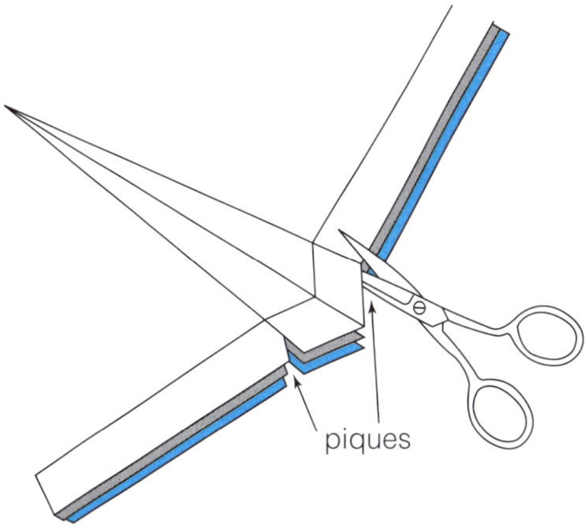

1. Com os lados direitos do tecido juntos, dobre a pence para que as extremidades do recorte se encontrem.

2. Continue a dobrar a pence (ao longo da linha do centro) até a marcação a lápis ou o furo.

3. Se necessário, alfinete ou trace com lápis sobre a linha de costura. Consulte o Capítulo 4 para instruções detalhadas.

4. Comece a costurar (incluindo o retrocesso) 13 mm antes do furo ou da marcação a lápis para garantir que o furo seja incluído. Certifique-se de que a agulha entre no tecido exatamente sobre a dobra da linha de costura por alguns pontos.

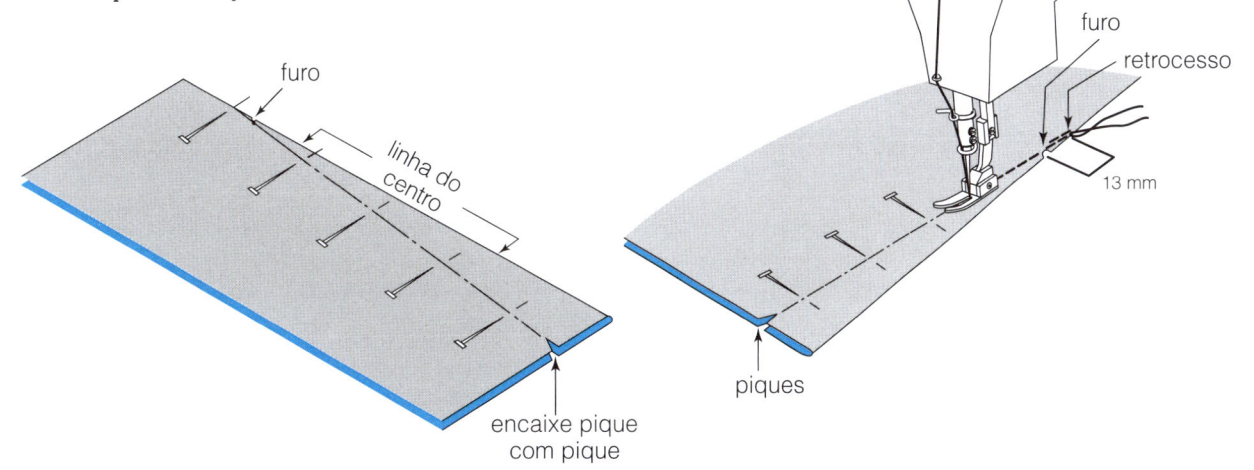

« Pontos • **Costuras e estruturas** • Bainhas »

5 Seguindo a linha de costura, continue a costurar a pence – desde a extremidade mais estreita até a mais larga (em direção aos piques). Faça um retrocesso e corte as linhas.

6 Passe o excesso da pence em direção ao centro ou para baixo. Passe somente pelo lado avesso do tecido. Utilize uma almofada de alfaiate para criar forma na área da pence. Consulte o Capítulo 1 para técnicas de passadoria detalhadas.

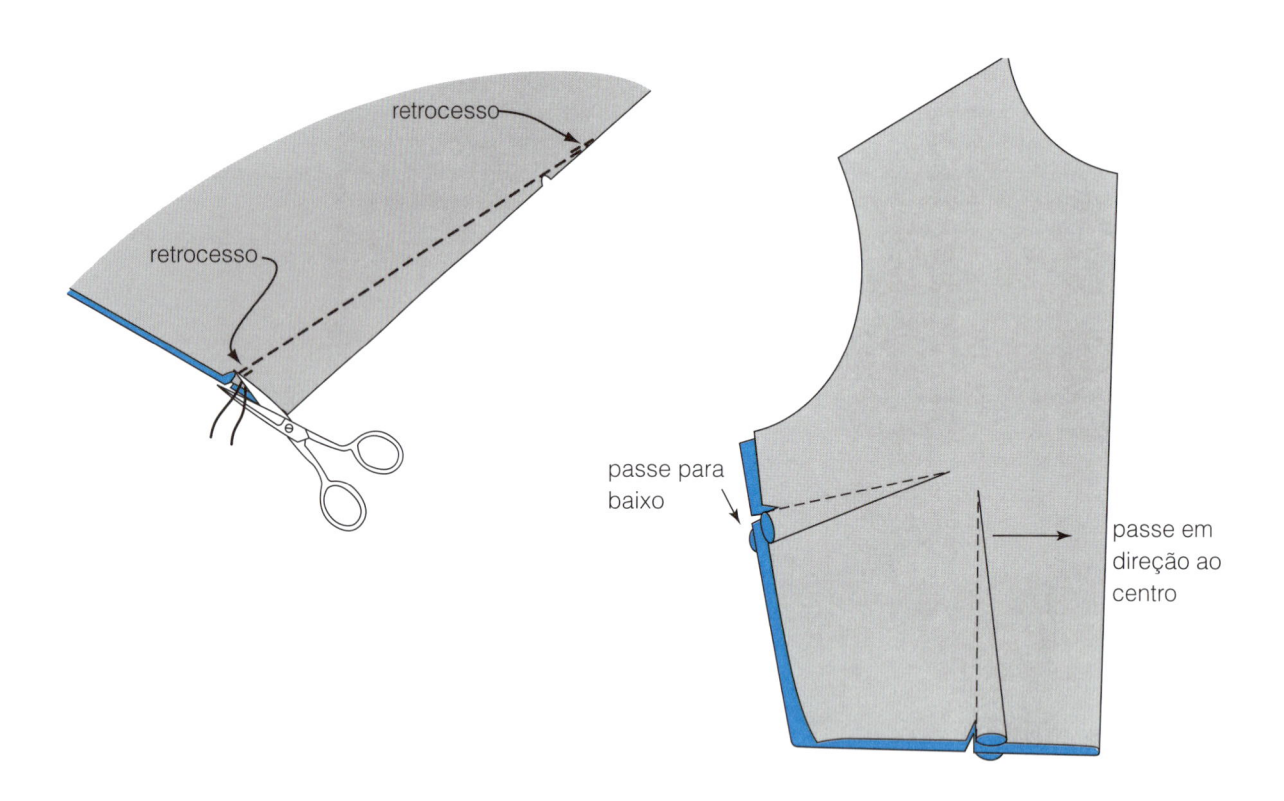

retrocesso

retrocesso

passe para baixo

passe em direção ao centro

DICA PRÁTICA Quando passar a peça, coloque uma tira de papel entre a pence e o tecido para evitar que uma marca apareça no lado direito da roupa.

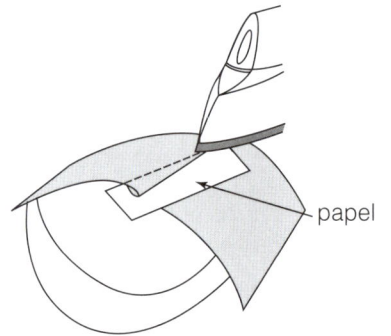

papel

Pence simples curva

A **pence simples curva** é uma pence única que deixa um ajuste mais contornado na parte superior do corpo (torso) ou um corpo estilo frente única, feitos de tecidos planos. Essa pence geralmente está localizada na costura lateral e é chamada de pence francesa.

COMO TRANSFERIR AS MARCAÇÕES DA PENCE SIMPLES CURVA

Transfira as marcações da pence do molde para o lado avesso do tecido, traçando com um lápis.

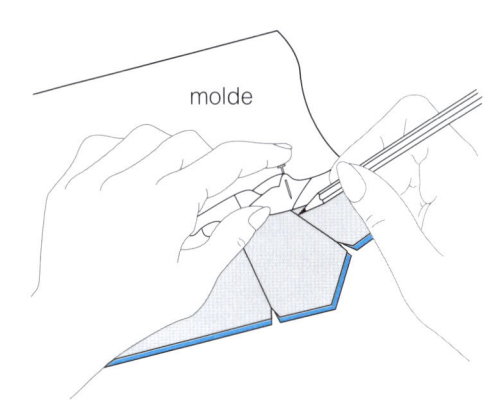

1. Com os lados direitos do tecido juntos, dobre a pence para que as extremidades do recorte se encontrem. Continue a dobrar a pence (ao longo da linha do centro) até a marcação a lápis ou o furo, certificando-se de que a forma da pence seja mantida.

2. Se necessário, alfinete ou passe o lápis sobre a linha de costura.

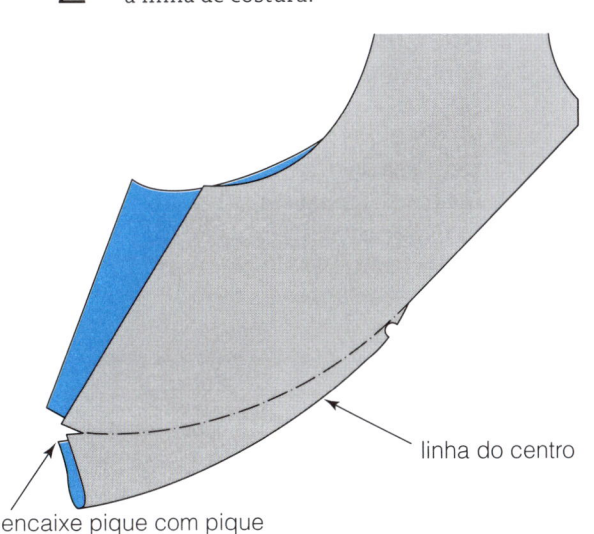

3. Comece a costurar a pence (fazendo retrocesso) 13 mm antes do furo ou da marcação a lápis (para garantir que o furo seja incluído). Certifique-se de que a agulha entre no tecido exatamente sobre a dobra da linha de costura por alguns pontos.

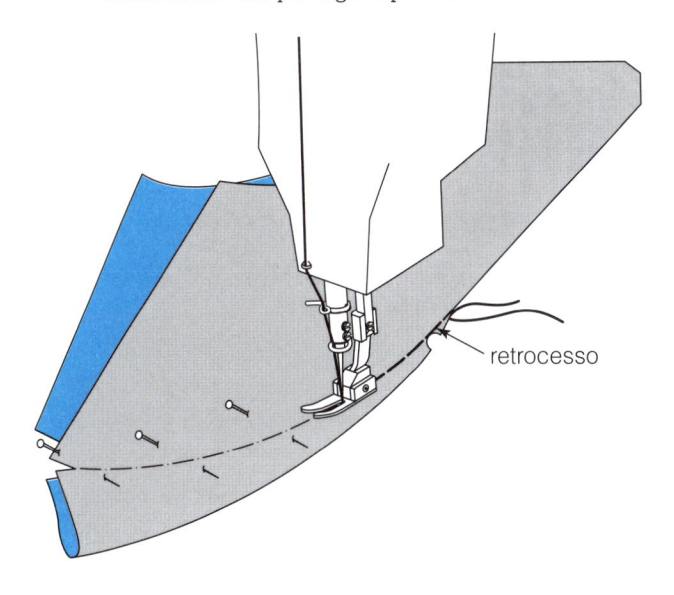

linha do centro

encaixe pique com pique

retrocesso

« Pontos • **Costuras e estruturas** • Bainhas »

4 Seguindo a linha de costura, continue a costurar da extremidade mais estreita à mais larga (em direção aos piques). Faça um retrocesso e corte as linhas.

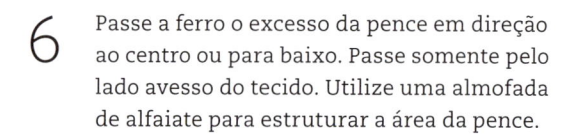

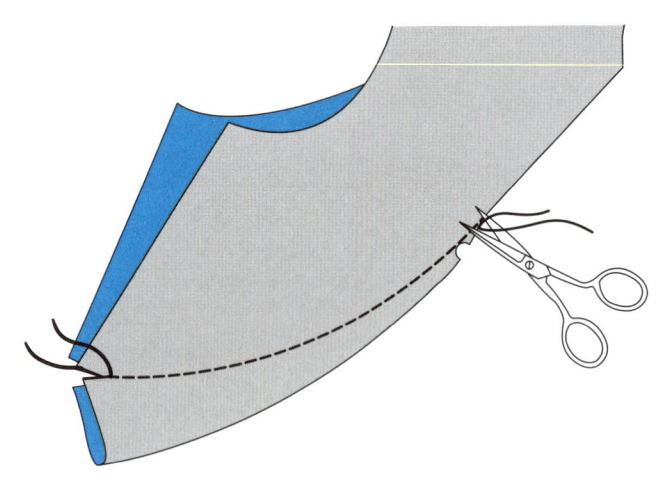

6 Passe a ferro o excesso da pence em direção ao centro ou para baixo. Passe somente pelo lado avesso do tecido. Utilize uma almofada de alfaiate para estruturar a área da pence.

5 Faça piques para aliviar a tensão, deixando a pence com uma curva suave.

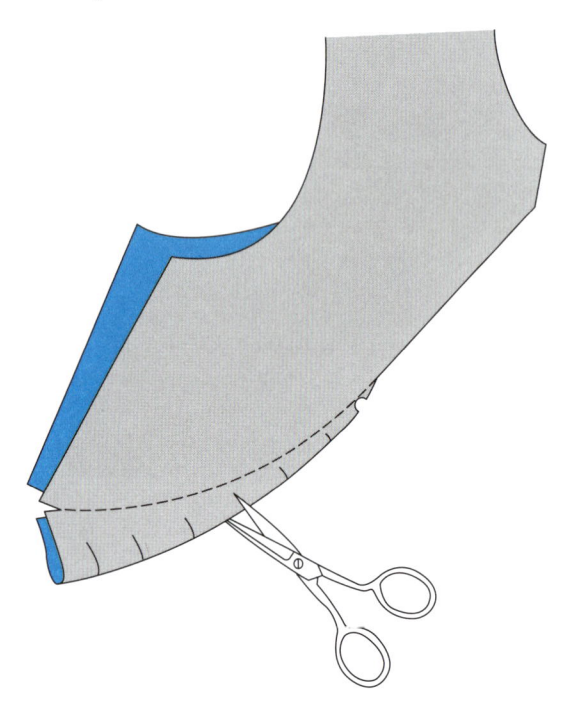

DICA PRÁTICA

Quando passar a peça, coloque uma tira de papel entre a pence e o tecido para evitar que uma marca apareça no lado direito da roupa.

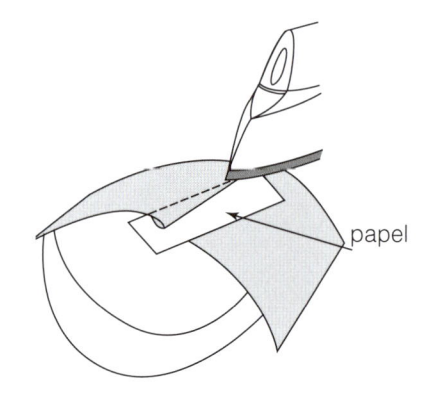

papel

Pence recortada

A **pence recortada** é utilizada em peças de roupa que precisam de pences extremamente largas (especialmente frentes do corpo). Essa pence reduz o volume na área da pence, pois o excesso no centro da pence é removido. Esse modelo de pence é utilizado em blusas e vestidos de tecidos planos que precisam de pences grandes e estruturadas. A pence é costurada e depois passada a ferro.

COMO TRANSFERIR AS MARCAÇÕES DA PENCE RECORTADA

Transfira as marcações da pence do molde para o lado avesso do tecido:

A Elimine o excesso de pence ao cortar sobre a linha de corte do molde.

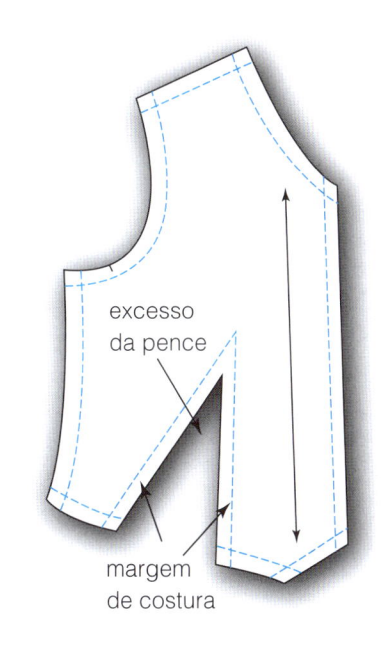

excesso da pence

margem de costura

B Faça piques nas extremidades das linhas da pence.
C Faça um furo ou uma marcação a lápis 13 mm antes do final da ponta da pence.

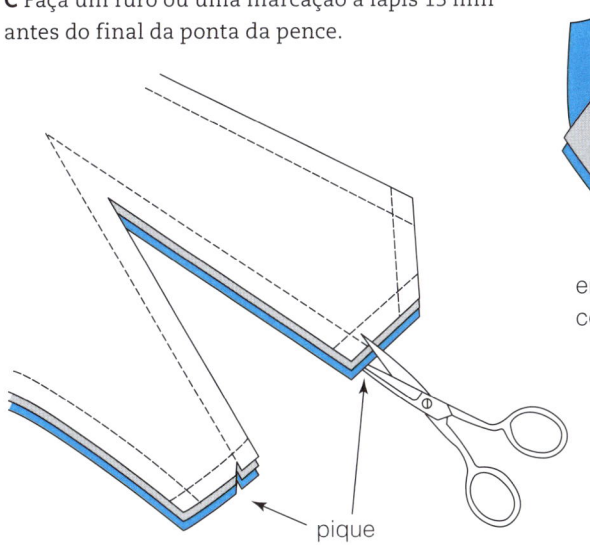

1 Com os lados direitos do tecido juntos, dobre a pence para que as extremidades do recorte se encontrem. Continue a dobrar a pence, seguindo a margem de costura até a marcação a lápis ou o furo.

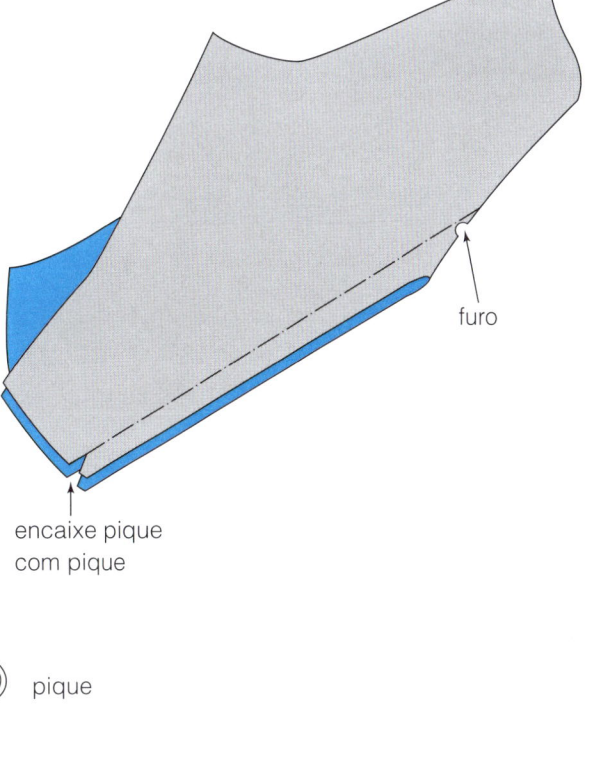

furo

encaixe pique com pique

pique

pique

« Pontos · **Costuras e estruturas** · Bainhas »

2. Se necessário, alfinete o tecido e passe o lápis sobre a linha de costura.

3. Comece a costurar a pence (incluindo o retrocesso) 13 mm antes do furo ou da marcação a lápis para garantir que o furo seja incluído.

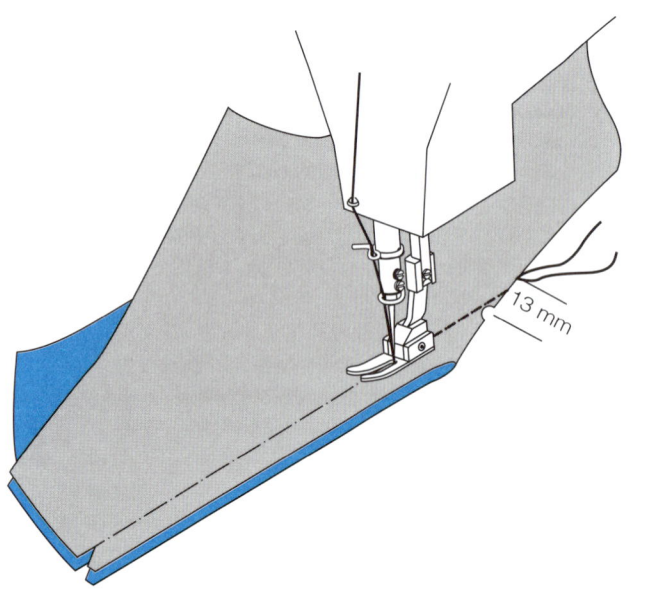

4. Seguindo com precisão a margem e a linha de costura, continue a costurar a pence em direção à extremidade mais ampla e aos piques. Faça um retrocesso e corte as linhas.

5. Sobre uma almofada de alfaiate, passe o excesso da pence.

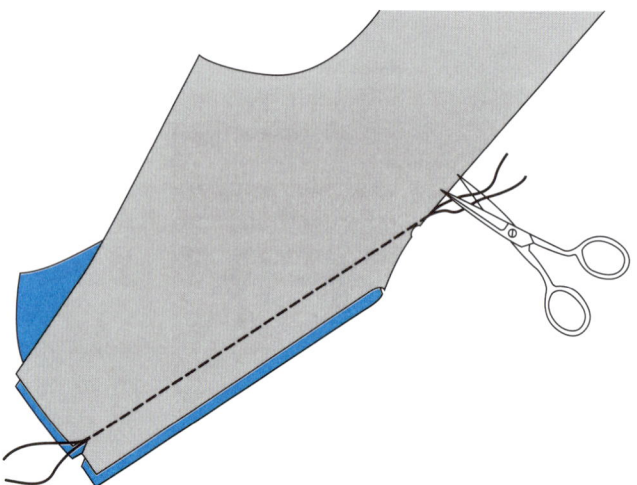

Pences internas

Uma **pence interna** é formada por dois pontos de finalização. É usada para ajustar o contorno do corpo na cintura e varia em tamanho e comprimento.

COMO TRANSFERIR AS MARCAÇÕES DA PENCE INTERNA

Transfira as marcações da pence no molde para o lado avesso do tecido:

A Coloque um alfinete no molde e nas duas camadas de tecido, com 13 mm entre cada extremidade da pence. Marque com um lápis ou faça um furo com uma sovela.

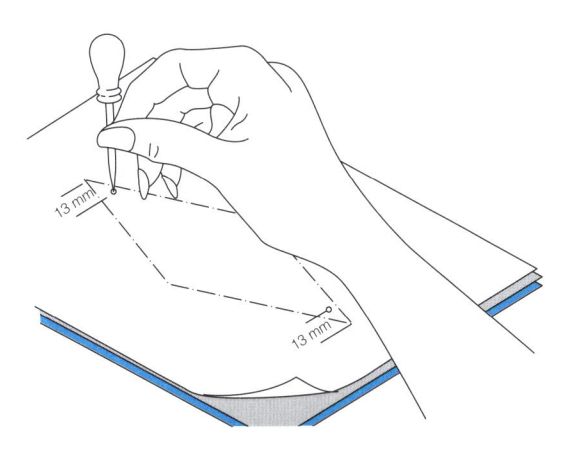

B Marque com um lápis (ou faça um furo) no centro da pence e 3 mm para dentro da parte mais larga da pence.

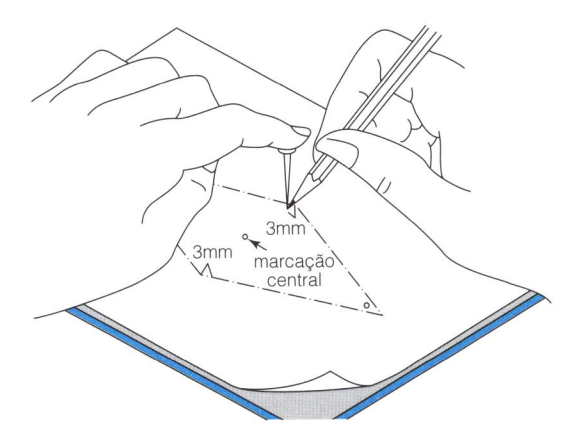

1 Com os lados direitos do tecido unidos, dobre o vinco da pence para que as marcações superior, inferior e central estejam em uma dobra contínua. Essa dobra é o centro da pence.

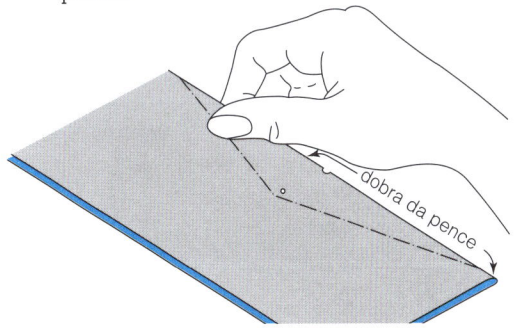

2 Comece a costurar a partir de 13 mm antes da marcação superior até 3 mm depois da marcação central, até 13 mm depois da marcação inferior.

3 Passe a pence com o lado avesso do tecido virado para cima. Faça um pique na dobra no centro da pence. Passe a pence final em direção ao centro da peça de roupa..

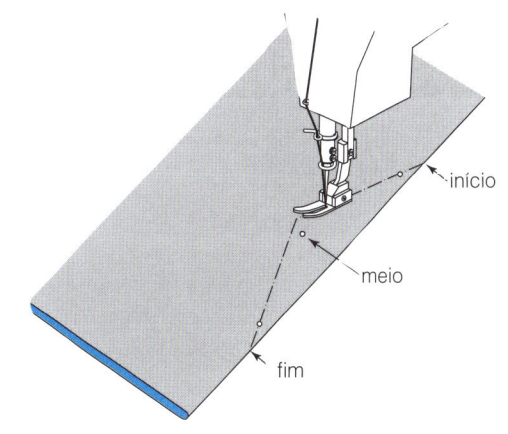

« Pontos • **Costuras e estruturas** • Bainhas » **125**

PREGAS

As **pregas** são dobras no tecido feitas na borda da peça de roupa. São criadas "empilhando-se" camadas de tecido sobre ele mesmo, geralmente produzindo uma dobra e formando uma camada de 15–50 mm.

As pregas podem ser utilizadas:
- Sozinhas ou em uma série
- Na cintura, no ombro ou no quadril
- Abaixo de uma costura do pala do corpo ou da saia
- Para encaixar a extremidade da manga em um punho
- Em uma cabeça da manga como uma característica do design
- Em uma blusa, um corpete ou uma jaqueta para distribuir volume sobre o busto ou ao longo do ombro

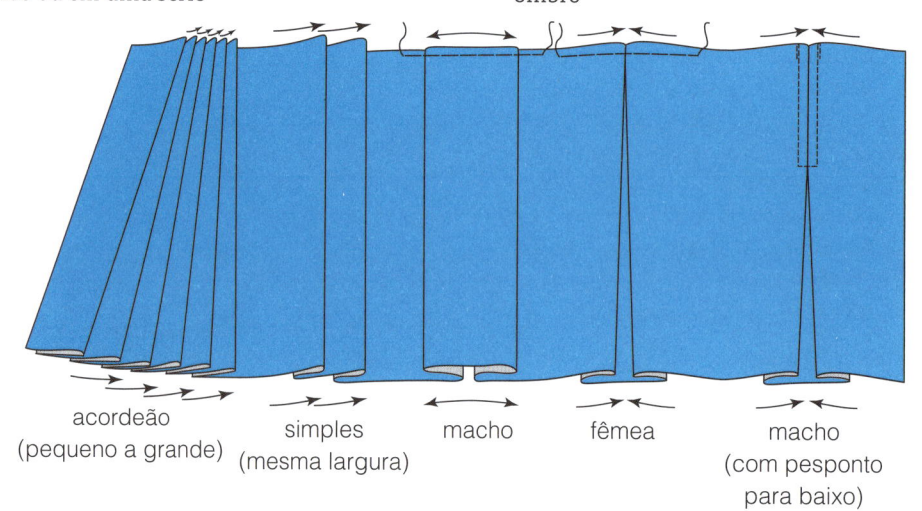

acordeão (pequeno a grande) simples (mesma largura) macho fêmea macho (com pesponto para baixo)

As pregas podem ser passadas ou não. Elas podem ser dobradas e costuradas ou passadas e depois costuradas em um lado. Criam um efeito suave em pontos de movimentação, auxiliando no ajuste da peça de roupa sobre as curvas do corpo.

As **pregas armadas não são passadas** e não possuem a linha de vinco da prega passada a ferro. Essa prega cria um efeito suave, como na borda inferior de uma manga ou na cintura de uma saia.

As pregas passadas a ferro têm um vinco bem definido em todo o comprimento da prega. Elas podem ser dobras passadas com espaçamentos uniformes ou parte de uma costura passada.

Os tipos mais comuns de pregas são:
- Plissado acordeão
- Prega fêmea
- Plissado Crystal
- Prega macho
- Fenda (prega embutida)
- Prega simples
- Prega com pesponto para baixo

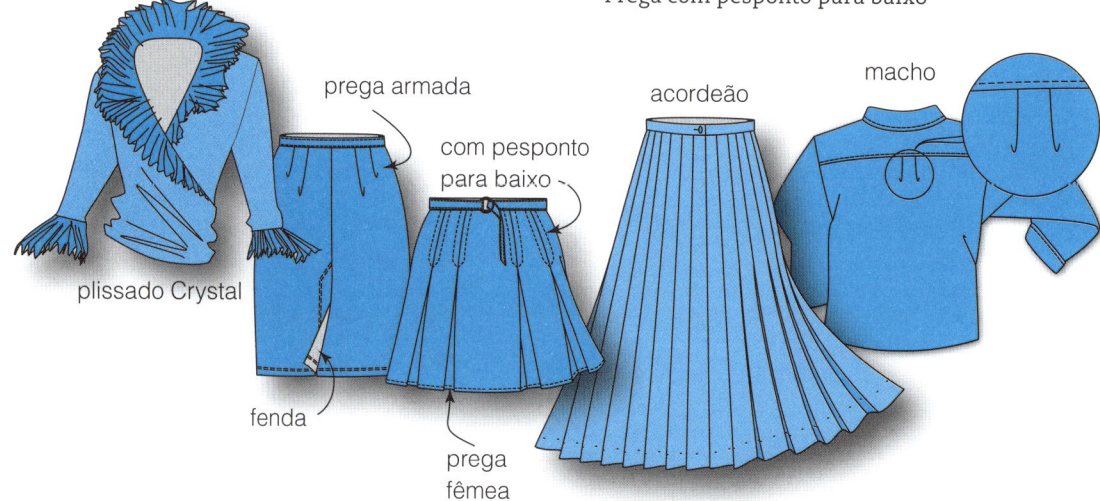

plissado Crystal
prega armada
com pesponto para baixo
acordeão
macho
fenda
prega fêmea

Prega simples

Uma **prega simples** é uma camada de tecido passada de modo a formar diversas dobras. Essas dobras são passadas permanentemente para tombar em uma direção. As pregas podem ser planejadas em grupos ou em séries espaçadas ao redor da circunferência de uma peça de roupa.

Cada prega no molde é marcada com duas linhas verticais desde a cintura ou uma linha de estilo até a borda inferior. Uma linha indica a dobra superior da prega e a outra indica a posição da dobra que forma a prega. Cada dobra é feita com a devida profundidade, de acordo com as proporções, na cintura ou na linha de estilo.

COMO TRANSFERIR AS MARCAÇÕES DA PREGA SIMPLES

A Faça piques na extremidade de cada prega.
B Retire o molde do tecido. Com uma régua e giz, ou lápis, marque as linhas da prega, utilizando os piques como guia.

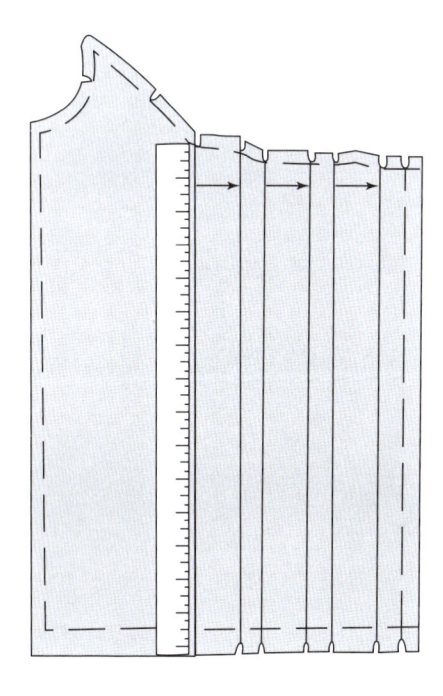

> **DICA PRÁTICA**
> Pode-se fazer a bainha da borda inferior de uma peça de roupa com pregas simples antes de construir as pregas. Isso facilita o processo de fazer a bainha. É preciso saber o comprimento final da peça ao utilizar essa técnica.

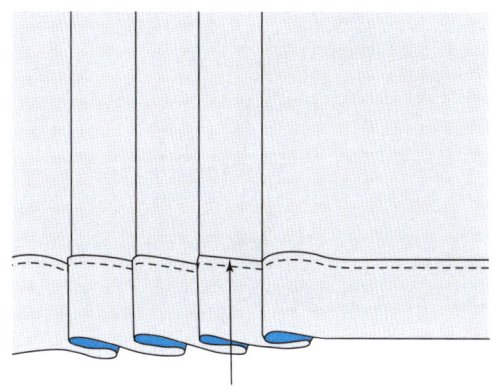

fazer a bainha antes de fazer as pregas

« Pontos • **Costuras e estruturas** • Bainhas »

1. Forme as pregas ao dobrar o tecido ao longo de cada linha de dobra, levando a dobra em direção à linha de localização. Alfinete e alinhave cada prega por todo o comprimento da dobra.

2. Alinhave a parte superior da seção das pregas para mantê-las no lugar.

3. Passe as pregas pelo lado direito, utilizando um tecido para proteção. Passe levemente para um visual mais suave. Utilize mais pressão para um acabamento mais definido. Vire a peça de roupa e passe novamente.

4. Junte a peça de roupa adjacente (por exemplo, corpo, pala ou cós).

VARIAÇÕES DE PREGAS

Para construir pregas com pesponto para baixo, pesponte perto da borda dobrada, desde a bainha até o local onde a prega será costurada à saia.

costurar com um pesponto rente após fazer bainha

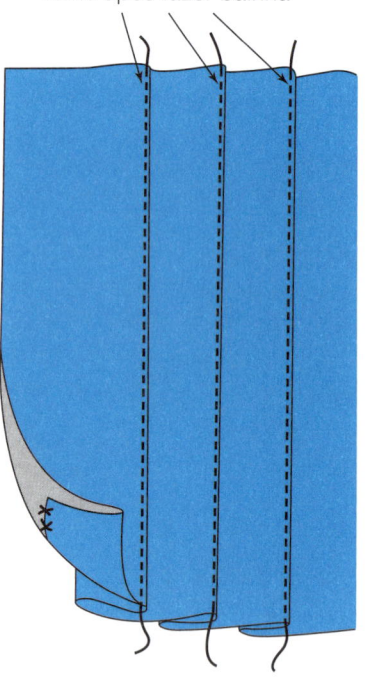

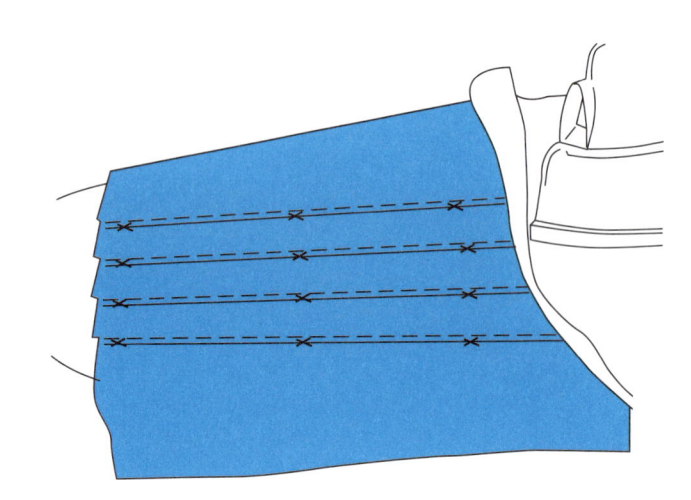

Prega fêmea

Pregas fêmea possuem duas dobras de mesma largura viradas uma para a outra, formando duas pregas armadas que adicionam mais volume na peça de roupa. As pregas são firmadas com costuras na extremidade dobrada. Essa prega é utilizada em linhas de estilo de palas, costuras na cintura de calças ou saias e bordas inferiores de mangas.

1   Com os lados direitos do tecido virados para cima, vinque as duas linhas de dobra, uma em direção a outra, para se encontrarem no centro.

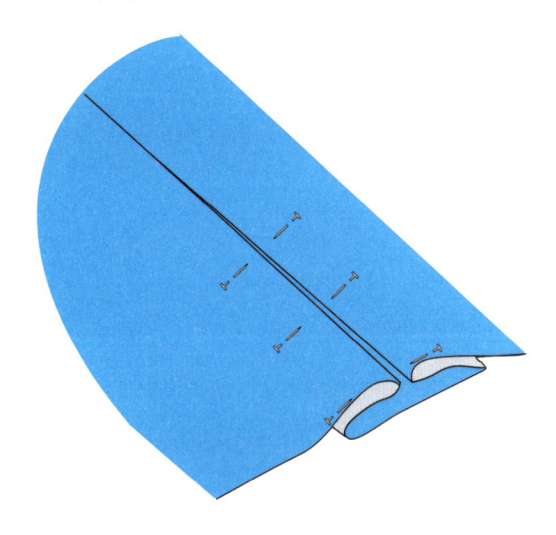

2   Alinhave a parte superior da seção das pregas para mantê-las no lugar.

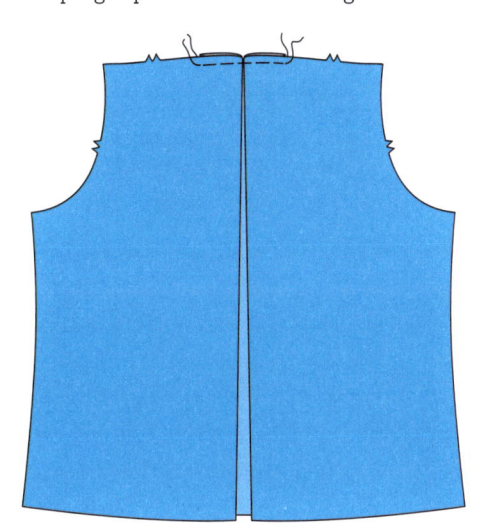

3   Passe a prega aberta.

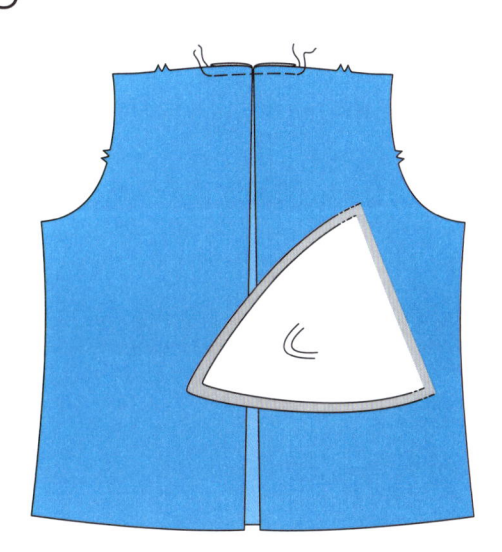

Prega embutida

Uma prega embutida é uma camada extra de tecido, geralmente no comprimento, passada e mantida no lugar por pespontos. Após a costura, estilos diferentes de pregas podem ser criados de acordo com a direção da prega passada:

- **Prega macho** – dobras espaçadas em direções opostas.
- **Prega fêmea** – dobras espaçadas viradas uma para outra (direção oposta da prega macho).
- **Fenda** – dobras espaçadas passadas em uma direção.

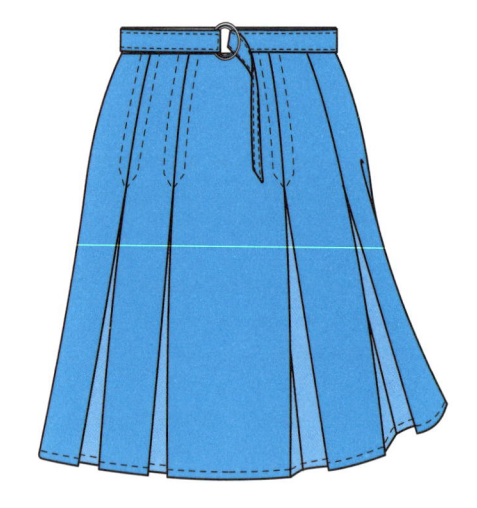

1. Com os lados direitos do tecido juntos, una as costuras da prega.

2. Costure à máquina utilizando o ponto reto, desde a parte superior da costura até a parte inferior da costura da prega.

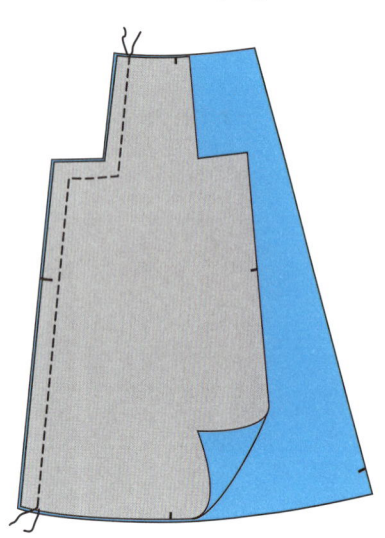

3. Passe a margem de costura e a prega na direção desejada.

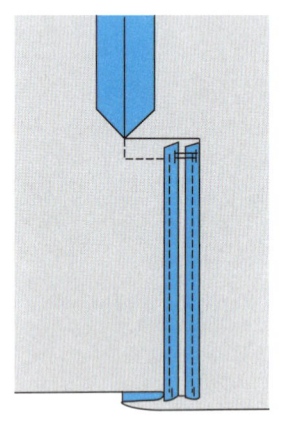

4. No lado direito do tecido, pesponte com a largura desejada.

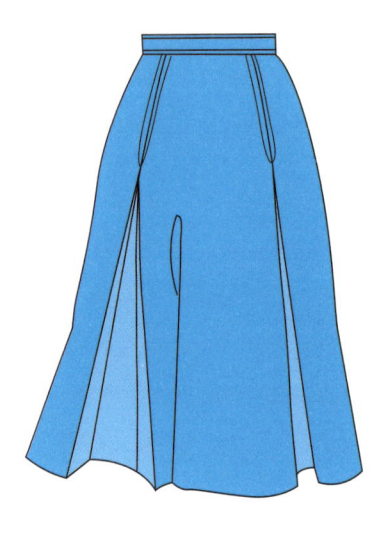

TOMAS

Tomas são um apanhado de excesso de tecido, feito a partir da borda da peça, que converge a um ou mais pontos de distribuição de volume.

Existem dois tipos básicos de tomas:
- Tomas como pences
- Tomas decorativas

As tomas como pence são utilizadas para controlar e liberar volume, assim como criar detalhes de design na peça de roupa. As tomas decorativas são dobras paralelas e espaçadas uniformemente, de 10 mm ou menos, e costuradas para distribuir volume.* Os dois modelos podem ser construídos na parte interna ou externa da peça de roupa.

As tomas podem ser utilizadas:
- Para manter o volume no lugar ou para um efeito decorativo.
- Na cintura, no ombro e no centro do corpo da frente para que o tecido se adapte ao formato do corpo.
- Na cintura ou no ombro do corpo das costas para que o tecido se adapte ao contorno do corpo.
- Na cintura de saia, calça ou shorts para proporcionar folga no quadril e no abdômen.
- Na cintura de peças de roupa sem recorte para distribuir volume acima e abaixo de uma área ajustada.
- Para substituir as pences e criar um efeito de design mais suave.

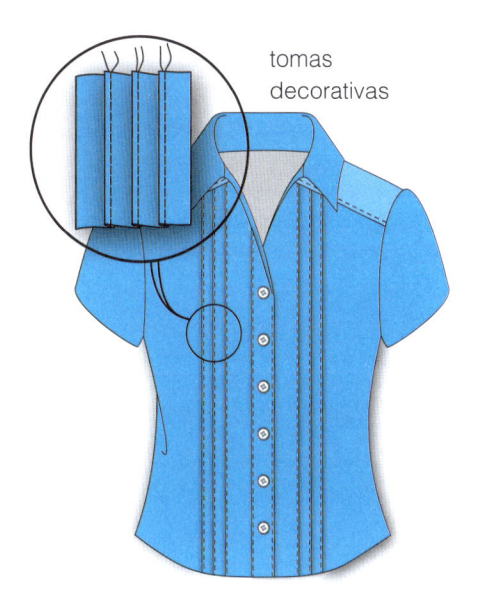

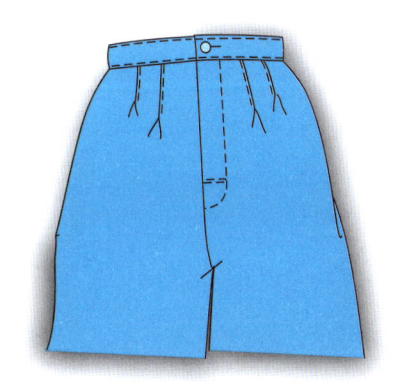

tomas decorativas

---

* N. de R. T.: Quando a toma mede até 4 mm, geralmente é chamada de "nervura" ou "minitoma". É comum chamar de "toma" apenas aquela com medida superior a 4 mm.

Tomas para a distribuição de volume

Tomas para a distribuição de volume são utilizadas para controlar volume e depois liberá-lo no ponto desejado, como no busto ou no quadril. O volume também pode ser liberado nas duas extremidades das tomas de distribuição. O espaço entre eles depende do efeito desejado na peça de roupa final. A colocação mais comum para essas tomas é na cintura, em saias ou calças, e na área dos ombros do corpo.

COMO TRANSFERIR AS MARCAÇÕES DE TOMAS PARA DISTRIBUIÇÃO DE VOLUME

Transfira as marcações das tomas do molde para o lado avesso do tecido:

A Faça piques nas extremidades das linhas da toma.

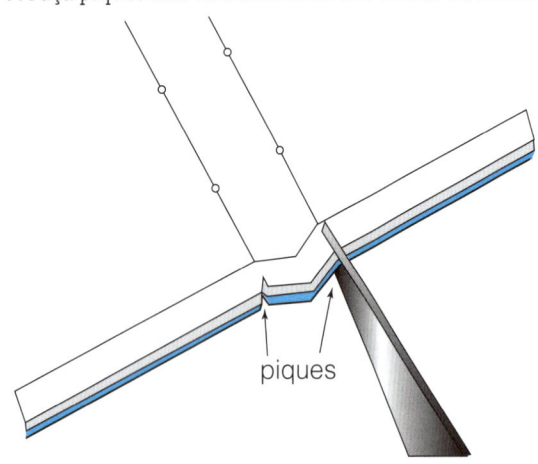

B Posicione um alfinete sobre o molde e as duas camadas de tecido. Com um lápis, marque a linha de costura desejada.

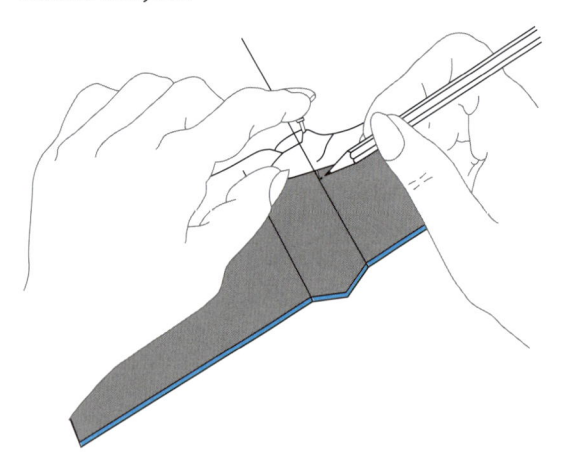

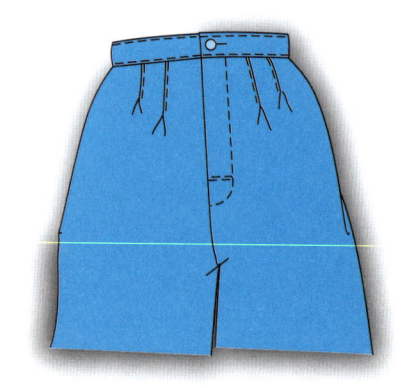

1 Com os lados direitos do tecido juntos, dobre a toma para que as extremidades dos piques se encontrem.

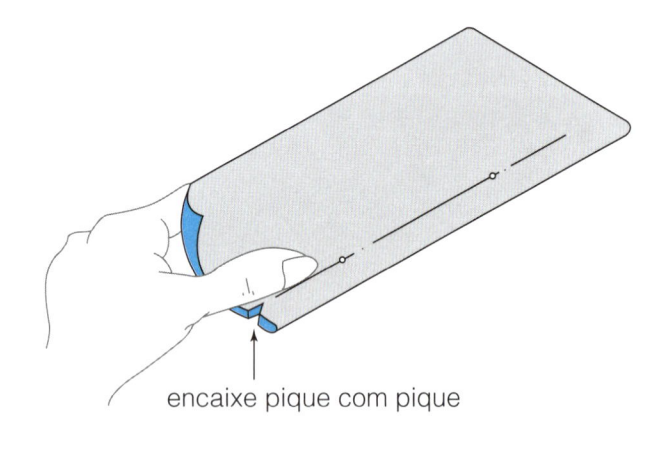

2 Continue a dobrar (e alfinetar, se necessário) até o final da toma.

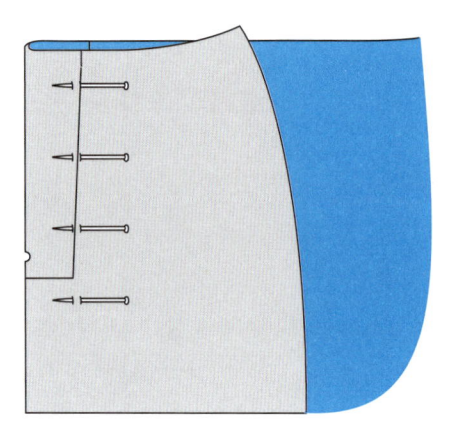

3 Comece a costurar (incluindo o retrocesso) desde as extremidades cortadas até o ponto de distribuição (final da toma).

5 Passe a toma na direção desejada, geralmente em direção ao centro da peça de roupa.

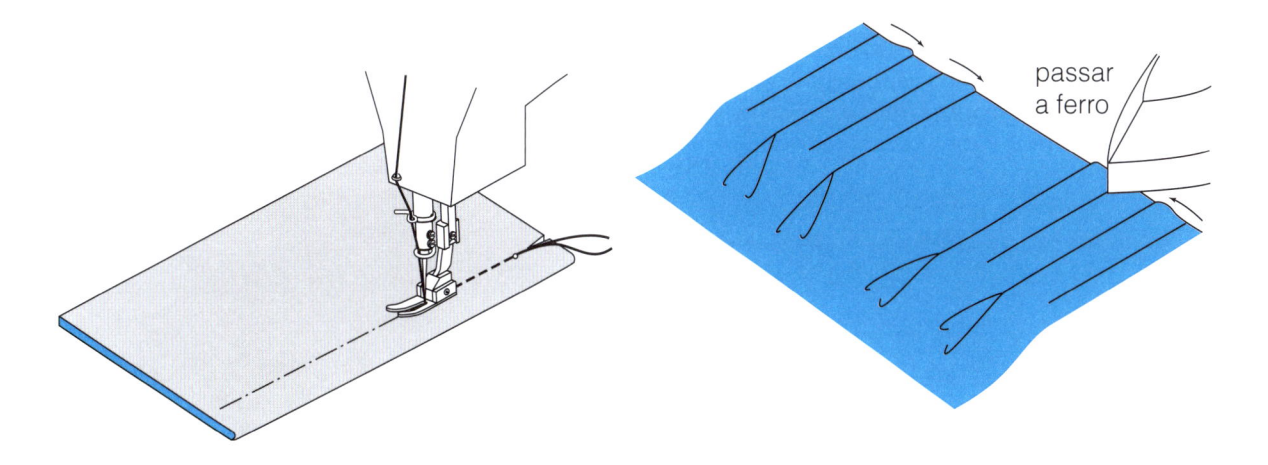

passar a ferro

4 Se quiser, feche de um lado ao outro para finalizar a toma.

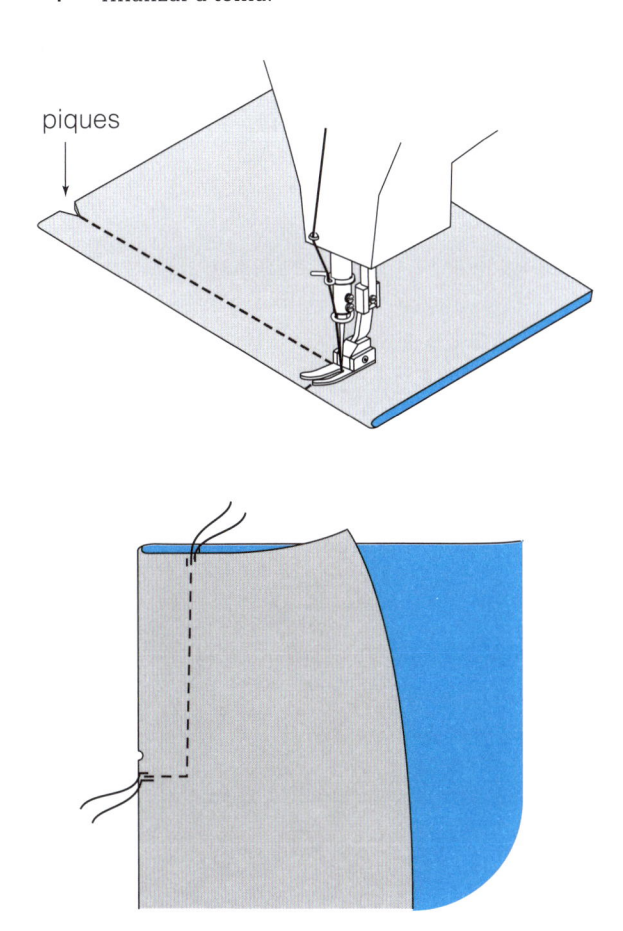

piques

« Pontos • **Costuras e estruturas** • Bainhas » **133**

Tomas decorativas

Tomas decorativas são dobras de tecido estreitas (de 3–10 mm de largura) costuradas permanentemente. Utilizando diversos tamanhos e larguras, as tomas decorativas podem criar um visual interessante na peça. Elas podem seguir todo o comprimento de uma peça de roupa ou terminar em vários pontos. Dependendo do design, a largura das tomas e o espaçamento entre elas podem variar.

1. Marque as linhas de costura das tomas no lado em que serão costuradas. Se for costurá-las no lado direito, utilize ponto de alinhavo.

2. Dobre e passe cada toma, encaixando as linhas de costura.

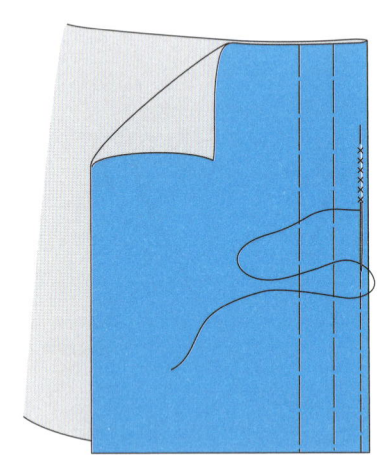

3. Costure cada uma pelo lado direito da peça. Costure as tomas sobre a linha de costura, utilizando como guia a linha da dobra da toma.

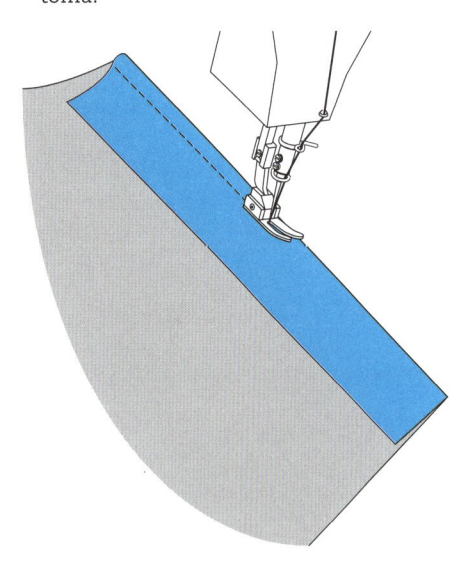

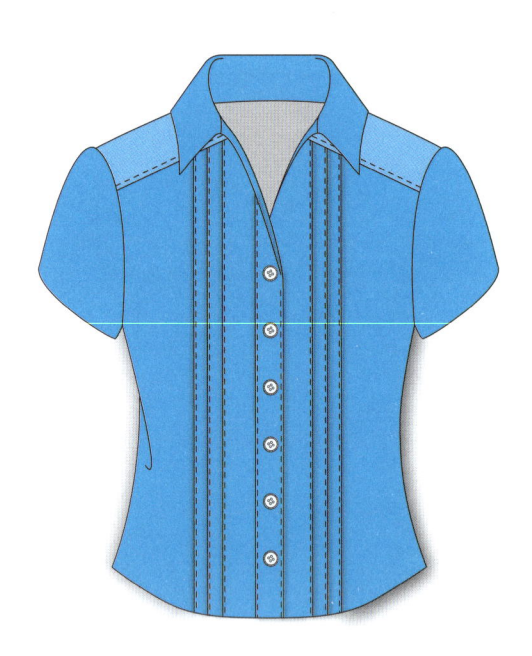

4. Passe as tomas com ferro. Em seguida, passe todas as tomas para o mesmo lado, de acordo com o design desejado.

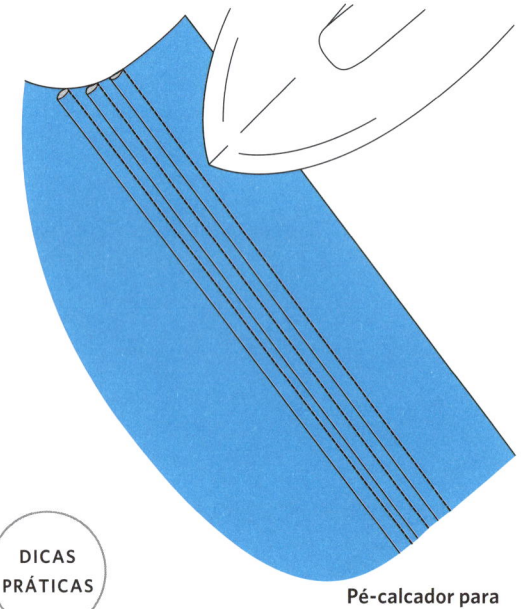

DICAS PRÁTICAS

- Tomas decorativas podem ser costuradas no tecido antes de as peças do molde serem cortadas.
- As máquinas de costura oferecem um pé-calcador específico para tomas decorativas, utilizado com uma agulha dupla para maior precisão.

Pé-calcador para tomas decorativas #30 da Bernina

CAPÍTULO
7

BAINHAS

- Termos e conceitos essenciais
- Como marcar e virar uma bainha
- Ponto picot
- Bainha de canto
- Bainha mitrada

TERMOS e CONCEITOS ESSENCIAIS

A **bainha** é a borda finalizada em saias, blusas, mangas ou calças e impede que as bordas se desfiem ou rasguem. Ela é feita por costura à mão ou à máquina. A bainha utilizada depende do tipo de tecido e do design da peça de roupa. As bainhas podem ser:

- viradas para o lado interno da peça de roupa e finalizadas manualmente.
- viradas para o lado externo da peça de roupa para um acabamento decorativo.
- mantidas retas e finalizadas com um ponto decorativo, como o ponto picot.

A **margem da bainha** é a extensão na barra de saias, vestidos, blusas, mangas e calças, a qual é virada para dentro e costurada com um ponto apropriado para bainha.

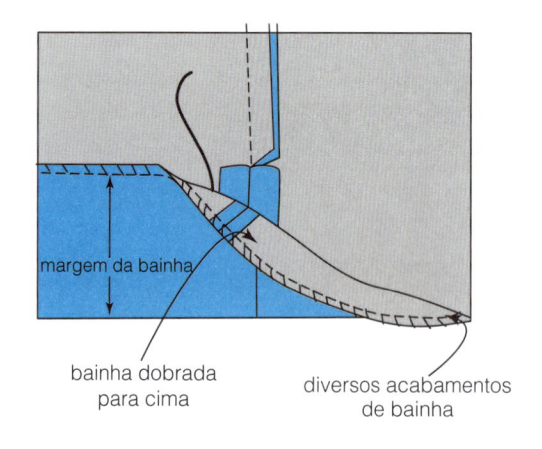

margem da bainha

bainha dobrada para cima

diversos acabamentos de bainha

A **linha de dobra da bainha** é a linha que indica se a bainha deve ser dobrada, finalizada ou se deve possuir limpeza.

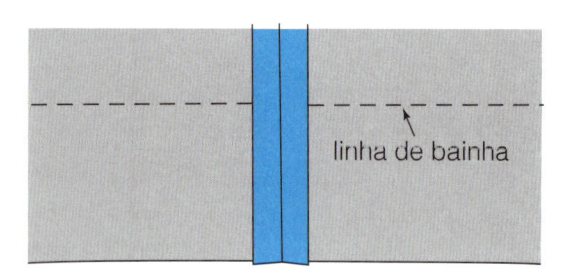

linha de bainha

As **bainhas são mantidas no lugar** por costuras feitas à mão ou à máquina ou por materiais colantes.

- Bainhas feitas à máquina podem ser construídas de modo a ficarem visíveis no lado externo da peça de roupa.
- Costuras manuais (utilizando uma variedade de pontos diferentes) mantêm a bainha no lado interno da peça e não ficam visíveis no lado externo.
- Como alternativa às costuras, as bainhas também podem ser coladas.

bainha à mão

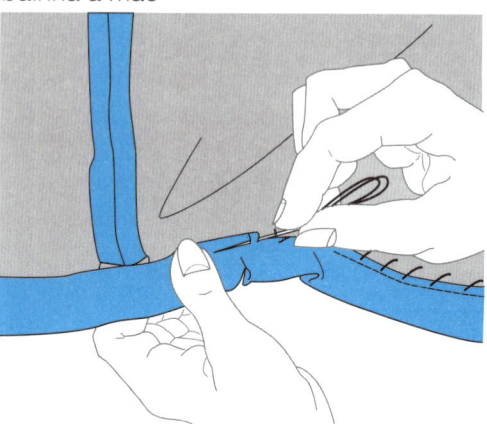

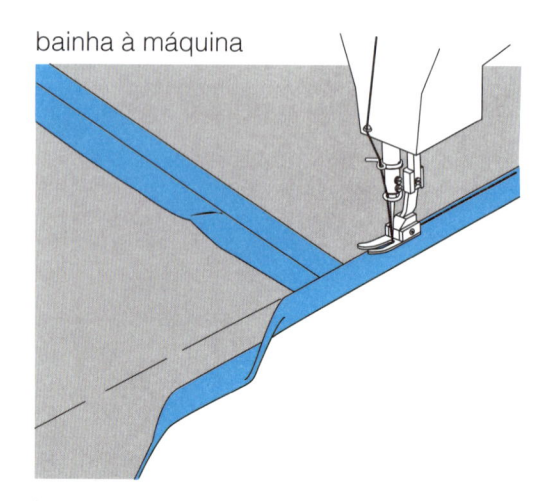

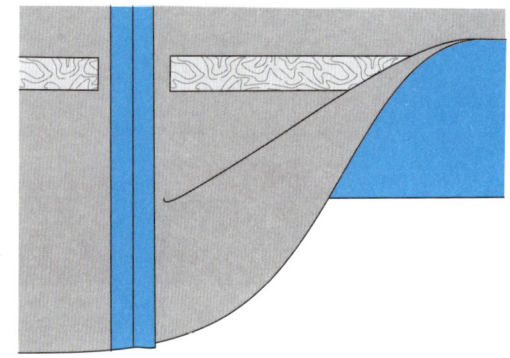

bainha à máquina

bainha colada

Existem vários pontos decorativos para dar acabamento na barra não finalizada. Às vezes, utilizam-se recursos especiais para reforçar o padrão do ponto e a aparência de trabalho manual.

Estes são alguns exemplos de bainhas com acabamentos especiais ou decorativos.

- Borda com acabamento de ponto picot com aparência encrespada, que pode ser criada ao esticar uma malha ou um tecido enrugado à medida que o tecido é inserido na overloque.
- Bainha com limpeza.
- Acabamento com viés/fita.
- Acabamento com ponto picot, produzido ao overlocar com um ponto estreito sobre a borda externa da bainha.
- Acabamento decorativo, que pode ser aplicado com renda, limpeza, fita de costura ou tule.
- Bainha armada, que pode ser produzida com a inserção de um pedaço de fio de Nylon (como linha de pesca) em uma bainha dobrada e estreita.
- Bainha entretelada, que pode ser necessária em ternos, tecidos planos com a trama aberta ou malhas.
- Bainha dobrada manualmente, que pode ser utilizada em tecidos transparentes e delicados. Dobre o tecido entre os dedos e costure-o com pontos manuais pequenos.

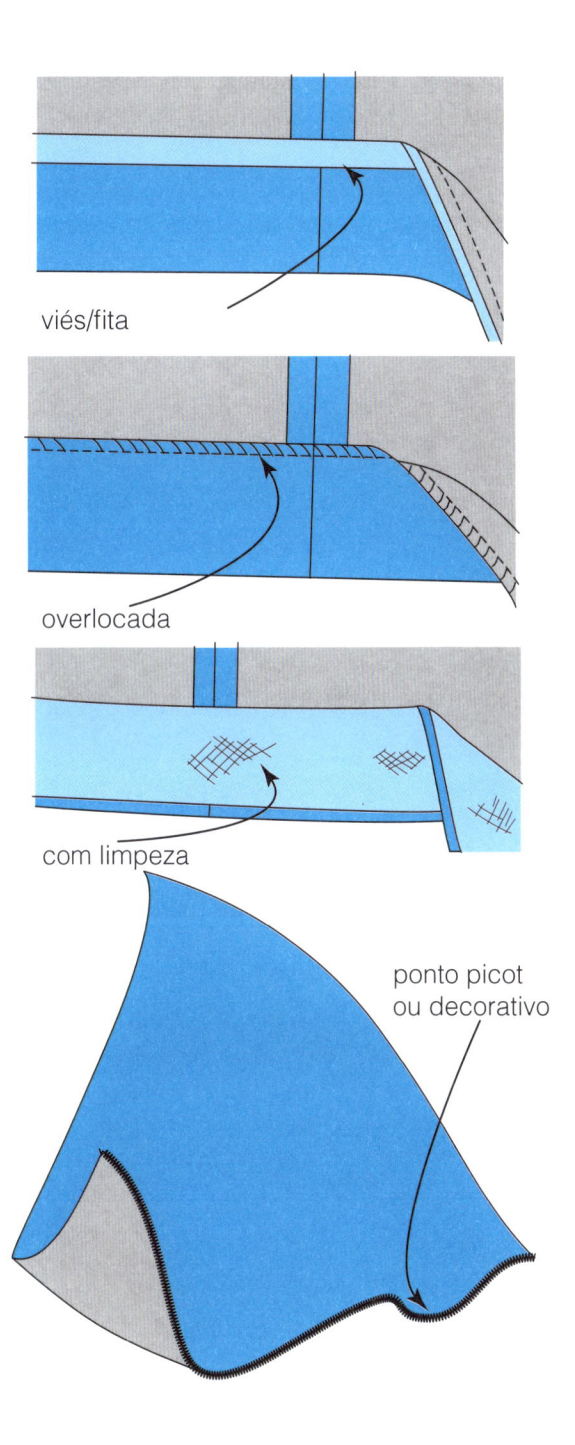

viés/fita

overlocada

com limpeza

ponto picot ou decorativo

COMO MARCAR e VIRAR UMA BAINHA

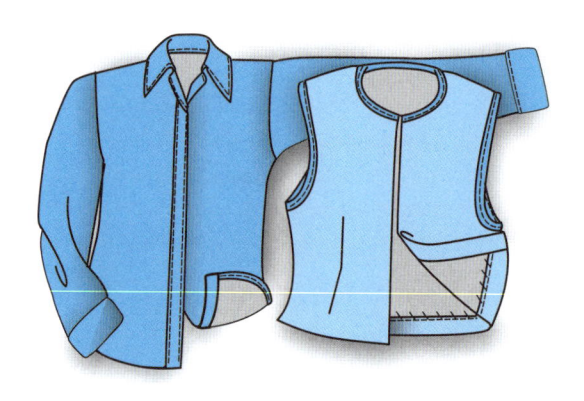

1 O comprimento desejado da peça de roupa depende da tendência da estação, do estilo da peça e da preferência pessoal. Marque a bainha por igual, do chão até o comprimento desejado, utilizando uma régua métrica. Se a peça de roupa não for produzida com precisão, ou se você ficar com a postura torta, a bainha não ficará parelha em relação ao chão.

2 Após medir o comprimento no qual será feita a bainha da peça, meça a largura desejada da bainha, geralmente 2,5–3,8 cm. Retire o excesso de tecido.

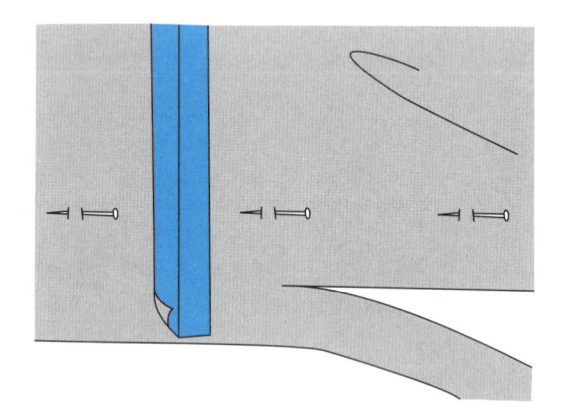

3 A borda externa da bainha deve ter um acabamento para que ela não desfie. Você pode costurar com uma fita de viés, virar a borda por 6 mm e costurar, overlocar a borda externa ou costurar à mão.

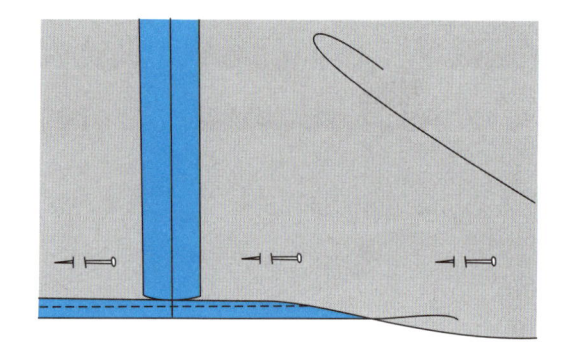

4   Com o lado avesso da peça virado para você, dobre a bainha para cima na posição desejada. Alfinete.

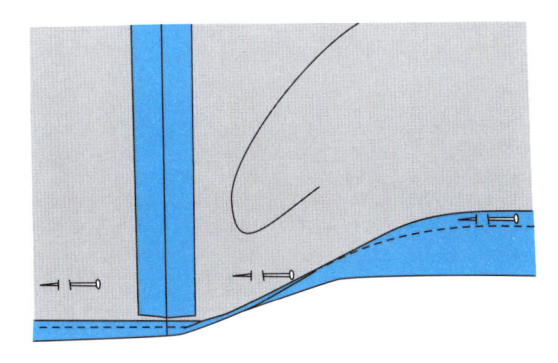

5   Selecione um ponto apropriado e costure a bainha. Consulte "Pontos de costura para bainhas", nas páginas 91–92.

NOTA: Se a peça de roupa tiver evasê, será necessário reduzir o volume da bainha. Embeba a borda externa da bainha e finalize-a. Consulte os métodos da costura de embebimento na página 87.

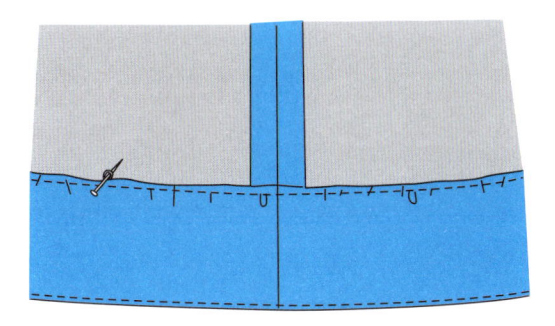

6   Após finalizar a costura da bainha, passe a ferro. Passe pelo lado interno da peça, de modo que ela fique plana e sem irregularidades.*

NOTA: Ao passar, coloque uma tira de papel ou entretela entre a bainha e a peça de roupa, para evitar que uma marca da bainha apareça no lado direito da roupa.

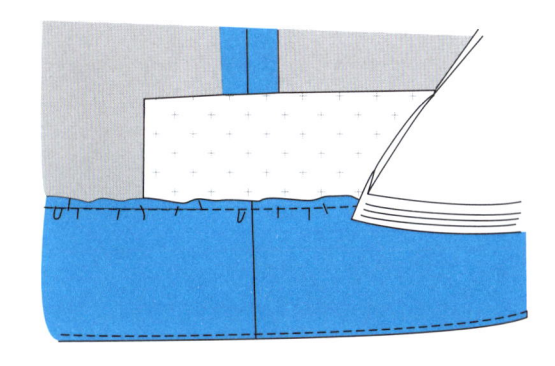

---

* N. de R. T.: Esse processo é especialmente importante na costura de bainhas largas em peças que contenham curvas, como evasês e godês; quanto mais curva a peça, mais trabalhoso é o processo. Em casos muito complexos, sugere-se a realização de uma bainha lenço.

PONTO PICOT

O **ponto picot** é um ponto feito com máquina overloque. É utilizado para dar um acabamento limpo em saias, vestidos e bordas de lenços, para dar a aparência de um acabamento acetinado.

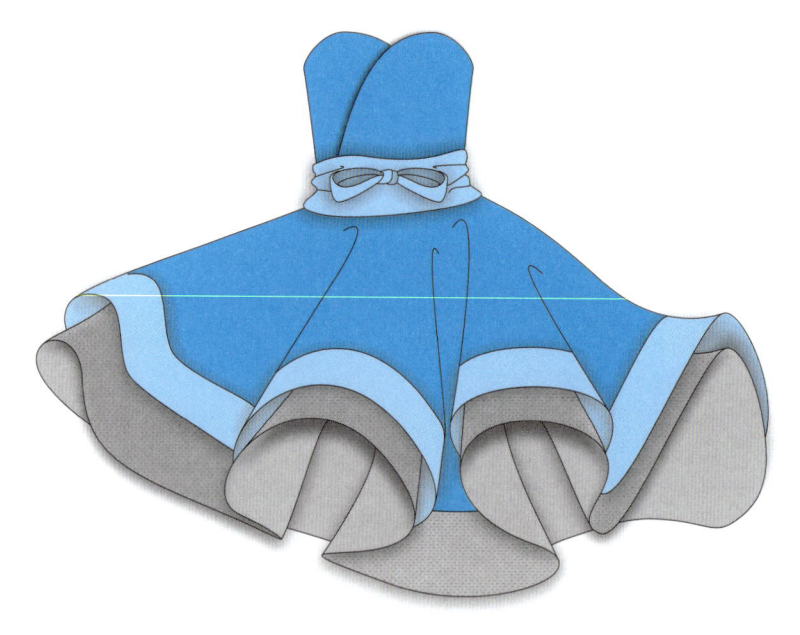

Na indústria da moda, é utilizada uma overloque industrial especial para produzir as bordas com ponto picot. As overloques domésticas exigem uma configuração específica. Essa bainha não precisa de dobras ou pespontos adicionais.

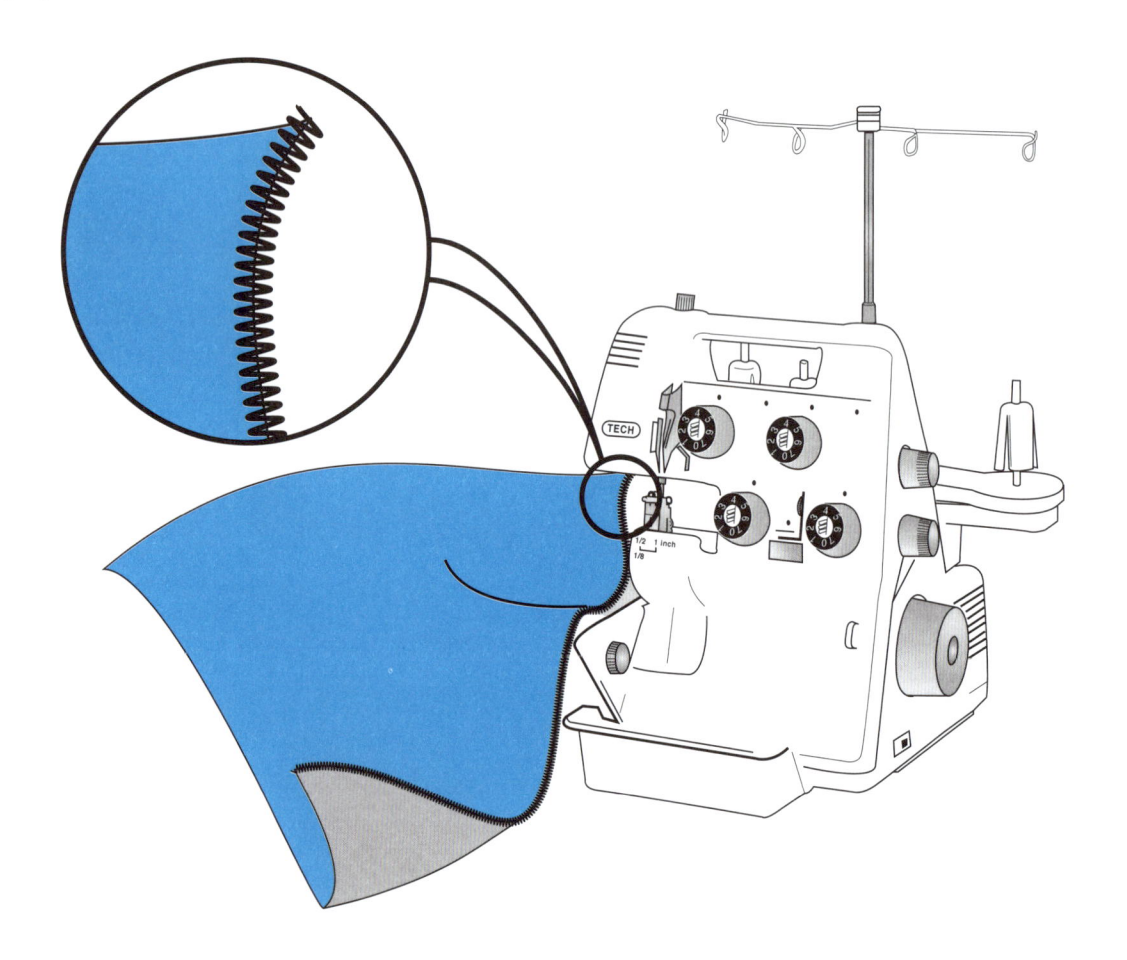

BAINHA DE CANTO

A **bainha de canto** é utilizada para dar acabamento na área onde uma limpeza ou dobra se encontra com a parte inferior de blusas, vestidos, casacos ou saias. Com esta técnica, a bainha da peça dobrará na posição correta, automaticamente.

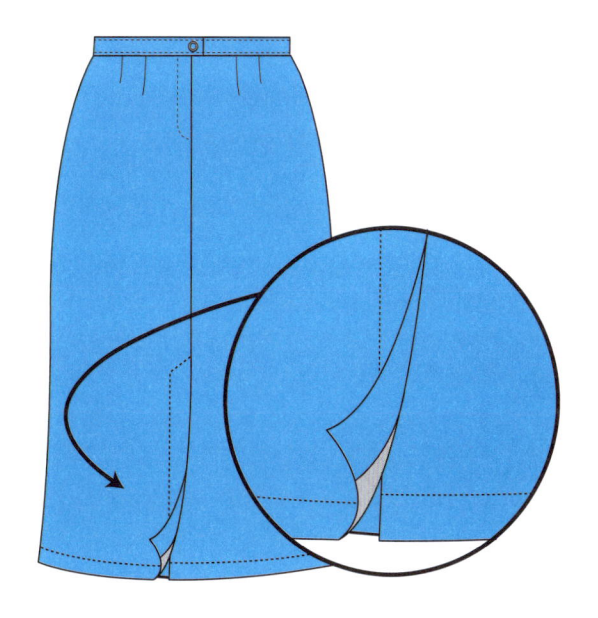

1. Posicione a limpeza, com o avesso para cima, sobre a peça de roupa, na posição necessária. Os lados direitos ficam juntos.

2. Costure a limpeza na peça de roupa com máquina, no ponto desejado da bainha.

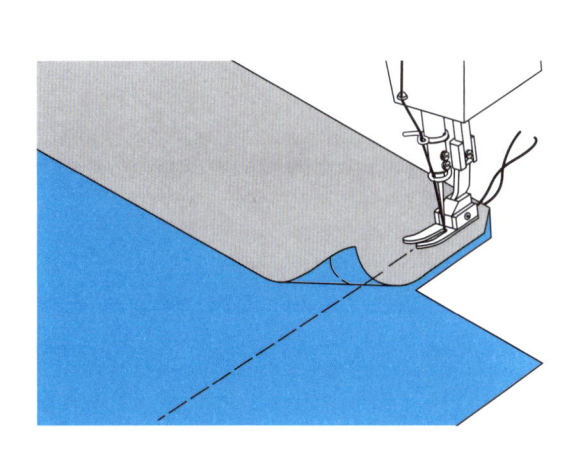

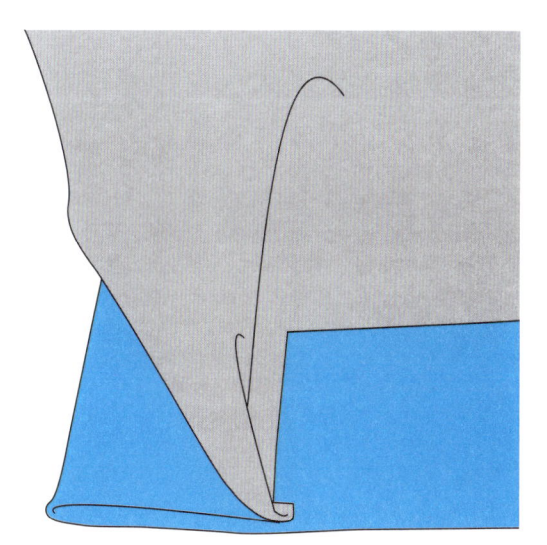

3. Faça um pique em direção ao canto e vire a limpeza para o lado avesso da peça de roupa.

BAINHA MITRADA

A **bainha mitrada** é utilizada quando se deseja um canto quadrado bem definido, com uma linha diagonal saindo do canto. As bainhas mitradas podem ser utilizadas em itens como coletes, toalhas de mesa e jogos americanos.

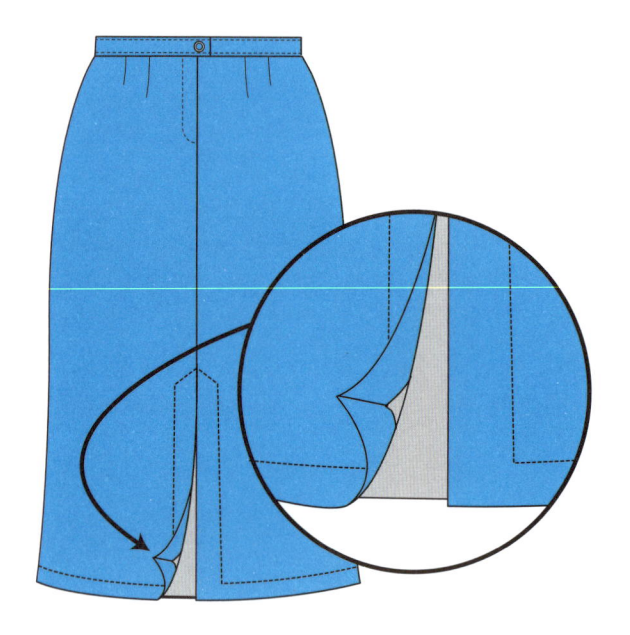

1. Vire para trás a largura da bainha, juntando as bordas na diagonal, desde a margem de costura (ou margem de dobra da bainha) até o canto. Certifique-se de que os lados direitos estejam juntos.

2. Costure na diagonal a partir do canto.

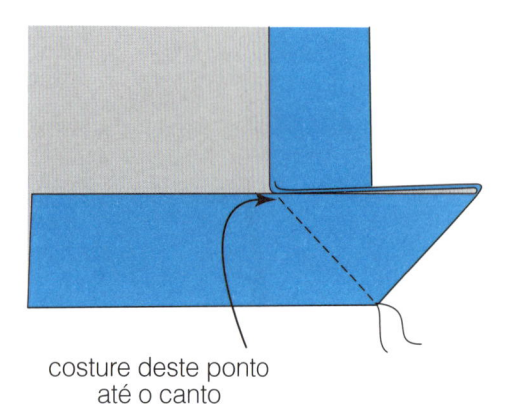

costure deste ponto até o canto

3. Recorte o tecido em excesso até 6 mm da linha de costura. Passe a costura aberta.

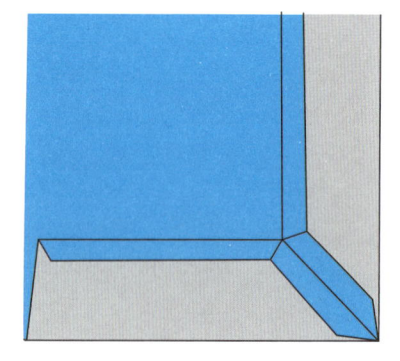

4. Vire a bainha para o lado interno (o lado avesso) da peça de roupa. Finalize a bainha com uma costura manual.

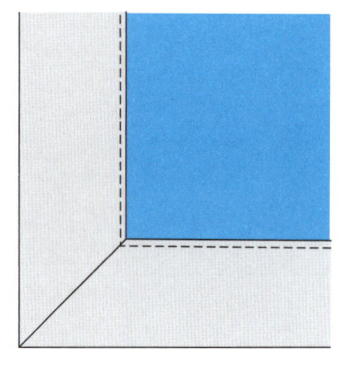

CAPÍTULO 8

FECHAMENTOS

- Termos e conceitos essenciais
- Botões e casas de botões
- Velcro
- Colchetes
- Zíperes

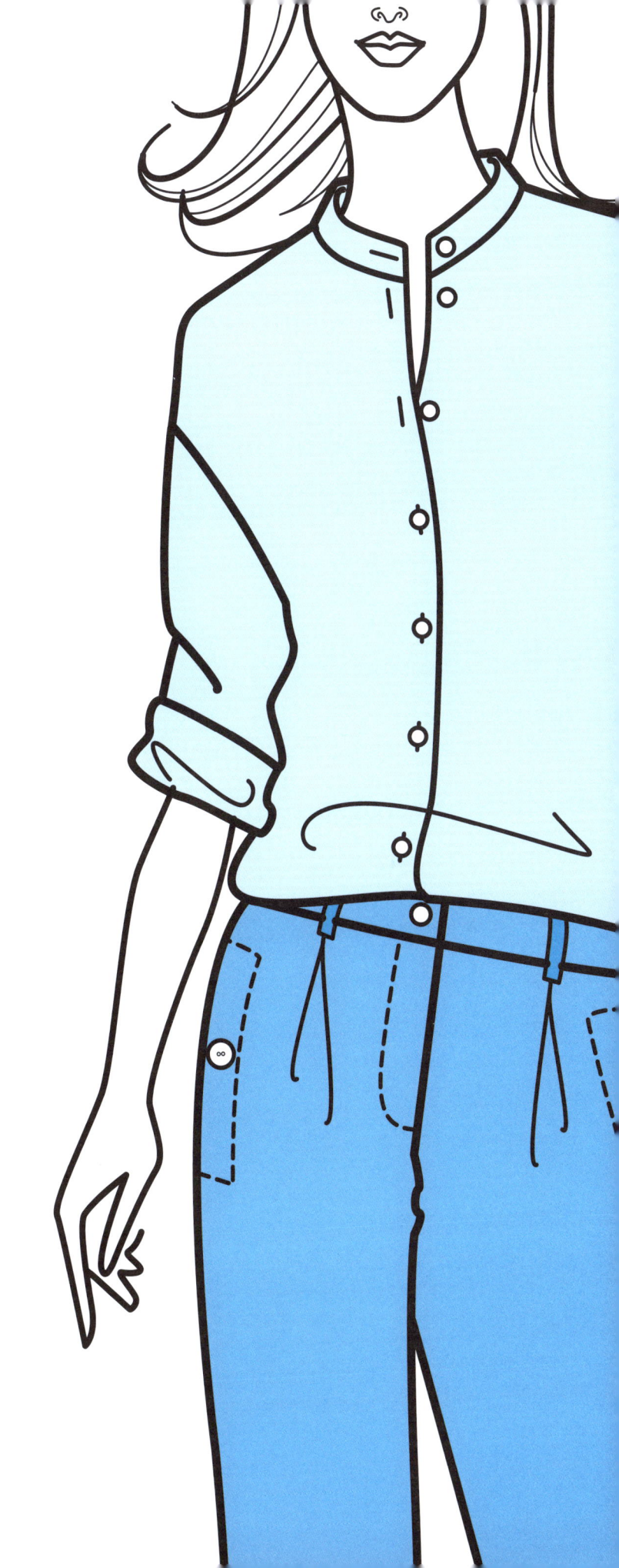

TERMOS e CONCEITOS ESSENCIAIS

Os **fechamentos** são usados para fechar firmemente as roupas. Podem ser tanto práticos quanto decorativos, formando pontos de foco para realçar o visual da peça. O tipo de fechamento selecionado depende do design, da função da peça de roupa e da gramatura e do tipo de tecido. Estes são exemplos de fechamento:

- Os **botões** estão disponíveis em uma ampla variedade de materiais naturais e artificiais, incluindo pérola, madeira, osso, fibra, tecido, vidro, joias, plástico, ferro e outros metais. Podem ser cobertos por tecido ou outros materiais para complementar uma peça de roupa. Existem dois tipos de botões:

  - Botões costuráveis (ou chatos), com dois ou quatro furos para pregar o botão à peça.

    botão costurável de dois furos
    botão costurável de quatro furos

  - Botões com pé, com uma extensão de metal, tecido, plástico ou linha sob a superfície do botão para pregá-lo à peça de roupa.

    pé de metal   pé de tecido   pé com linha

- As **fivelas** podem ser encontradas em vários tamanhos e formatos e são utilizadas para fechar abas ou cintos.
- Os **colchetes** estão disponíveis em diversos modelos e tamanhos e são projetados como recurso de fechamento para roupas.

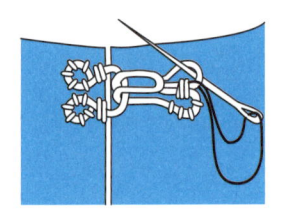

- O **velcro** é composto por duas tiras de poliamida – uma com ganchos minúsculos e outra com uma lanugem com laçadas. Os ganchos e as laçadas se encaixam quando grudados. O velcro está disponível em uma variedade de tamanhos, formatos e cores.

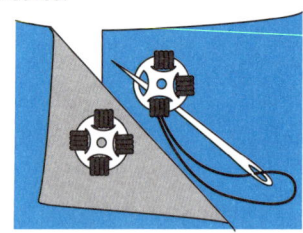

- Os **colchetes** de pressão são placas modeladas com uma bola saliente e um encaixe. Estão disponíveis em vários tamanhos, sendo utilizados para fechar uma área da roupa que precisa de fechamento plano e discreto.
- **Ilhoses de metal** são tubos de metal pequenos e redondos, com uma abertura de cerca de 6 mm utilizada para acomodar entrelaçados de fita e adicionar um detalhe.
- Os **zíperes** são aviamentos utilizados para abrir e fechar uma peça de roupa. São feitos de dentes de metal ou cremalheiras sintéticas que produzem um fechamento completo por meio de entrelaçamento.

DICA PRÁTICA

Utilize um medidor de costura para espaçar botões e casas, pregas e tomas com facilidade e rapidez. Essa ferramenta expansível se estica para medir qualquer espaçamento desejado.

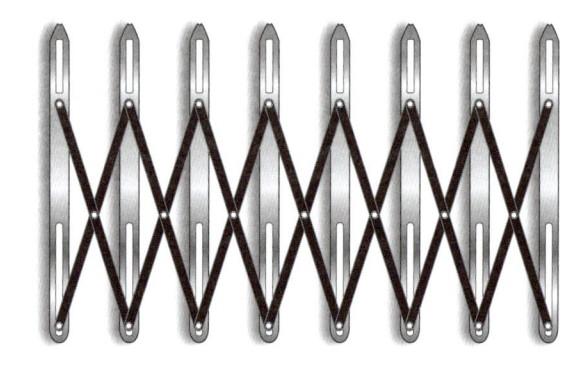

BOTÕES e CASAS DE BOTÃO

Casas de botão

Uma **casa de botão** é uma abertura finalizada, com tamanho específico para acomodar um botão. Pode ser utilizada em qualquer borda sobreposta, como punhos, cós ou blusas. Existem três tipos de casa:

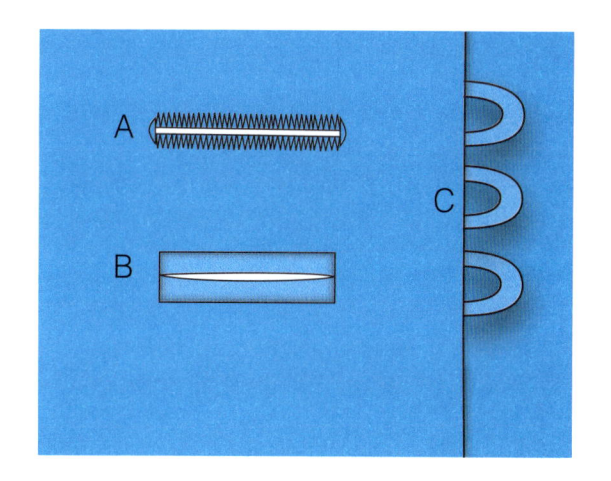

A As casas feitas à máquina são feitas com um acessório da máquina ou com ponto zigue-zague.

B As casas debruadas são feitas com tiras separadas de tecido. São construídas antes da aplicação de limpezas.

C As aselhas são feitas de rolinhos de tiras, cordão ou linha. São colocadas para ultrapassar a borda da peça de roupa, em vez de ficar na extensão da peça.

Posição das casas

As casas de botão são posicionadas no lado direito das roupas femininas e infantis e no lado esquerdo das roupas masculinas. Geralmente, são colocadas na horizontal, exceto em aberturas de camisa, em que as casas são colocadas na vertical.

Algumas máquinas de costura têm acessórios para casas – é importante consultar o manual da máquina sobre como utilizar corretamente o acessório. As casas também podem ser feitas com o ponto zigue-zague da máquina.

O molde sugerirá a posição das casas. O espaçamento pode ser ajustado para se adequar melhor ao seu modelo de roupa.

Com um lápis de giz, marque a largura do botão para uma casa vertical e horizontal na linha do centro da frente.

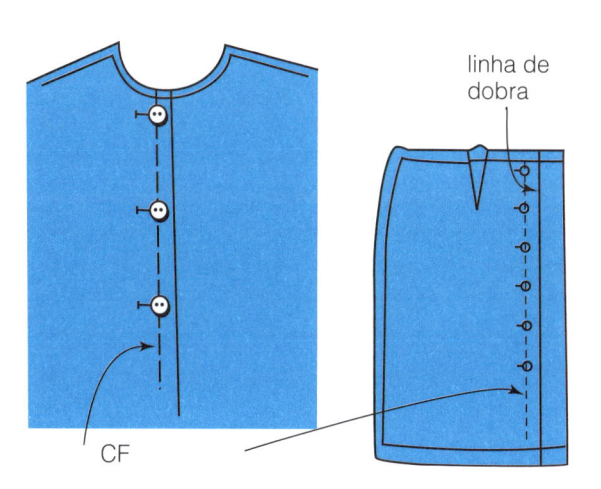

As **casas horizontais** são colocadas a 3 mm depois da linha do centro da peça e se estendem (comprimento do botão) para dentro da peça (e não para a área de transpasse).

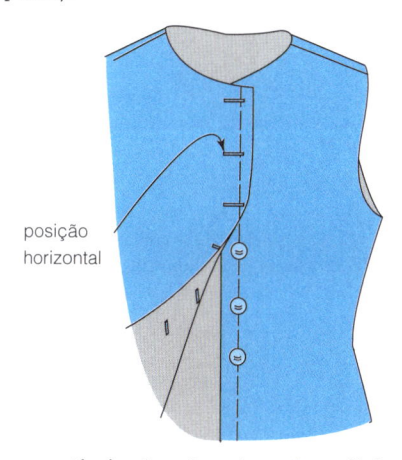

As **casas verticais** são colocadas sobre a linha do centro (e não sobre a borda) da peça de roupa ou da abertura. O espaçamento vertical é determinado pelo modelo da peça.

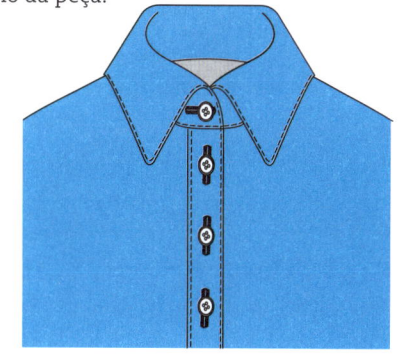

Casas feitas à máquina

As casas feitas à máquina podem ser realizadas mesmo se a máquina de costura não tiver acessórios para casas, desde que tenha a configuração de ponto zigue-zague. Coloque a placa e o pé-calcador para zigue-zague na máquina de costura. Ajuste o comprimento do ponto na configuração menor e a largura do zigue-zague na configuração intermediária.

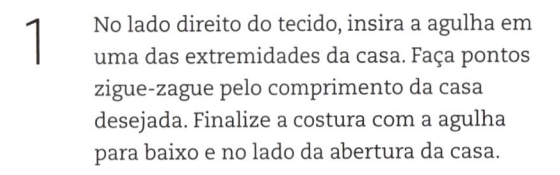

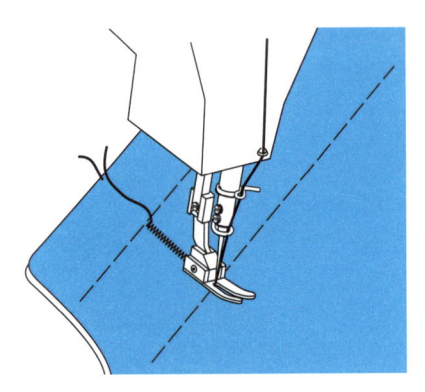

1. No lado direito do tecido, insira a agulha em uma das extremidades da casa. Faça pontos zigue-zague pelo comprimento da casa desejada. Finalize a costura com a agulha para baixo e no lado da abertura da casa.

2. Com a agulha para baixo, levante o pé-calcador e gire completamente a peça de roupa.

3. Levante a posição da agulha e ajuste a largura no zigue-zague para a configuração mais larga. Costure cerca de cinco vezes na extremidade da casa. Esse ponto é chamado de **arremate**.

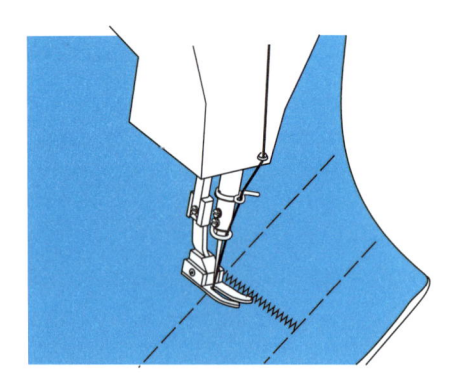

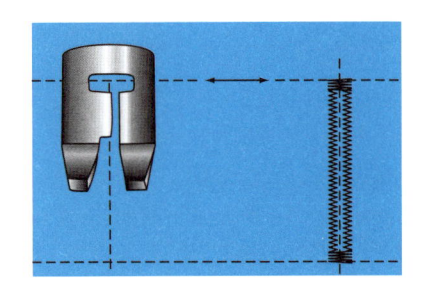

4. Levante a posição da agulha e ajuste a largura no zigue-zague para a seção intermediária. Costure o outro lado da casa, o comprimento.

5. Levante a posição da agulha e ajuste a largura no zigue-zague para a configuração mais larga. Costure cinco vezes essa extremidade para criar outro arremate.

6. Abra a casa ao cortar no meio dos pontos com o descosedor ou tesouras afiadas.

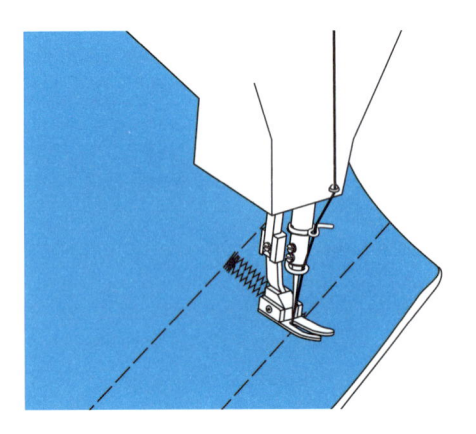

Aselhas

As aselhas são feitas de rolinhos de viés. Elas ultrapassam a borda da peça de roupa em vez de incluir uma extensão da peça.

1. O rolinho de viés deve ser longo o suficiente para ser cortado em quantos laços forem necessários. Cada laço deve ser longo o suficiente para encaixar ao redor do botão e fornecer uma margem de costura em cada extremidade.

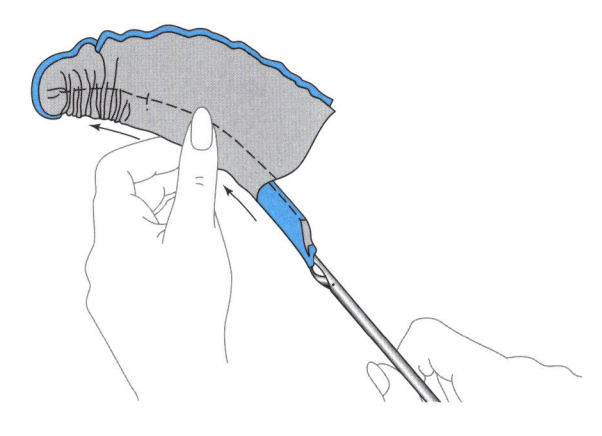

2. Faça um laço com o rolinho finalizado ao redor do botão para calcular a quantidade de medida necessária para ele.

3. Faça uma cópia da limpeza em um papel. Marque a linha de costura. Desenhe uma segunda linha que ilustre a largura da aselha necessária. Isso garante que cada aselha terá o mesmo tamanho.

4. Costure as aselhas no molde de papel. Comece a costurar na parte superior do molde. Forme aselhas apontando na direção oposta à borda, juntando a borda externa e a segunda linha. Costure as aselhas na linha de costura, uma de cada vez.

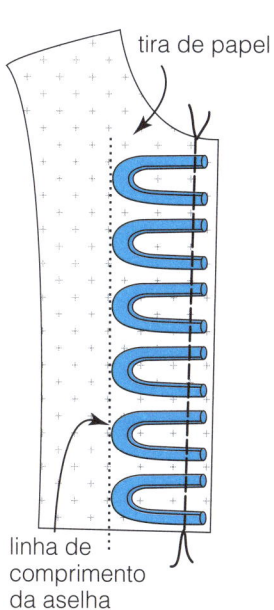

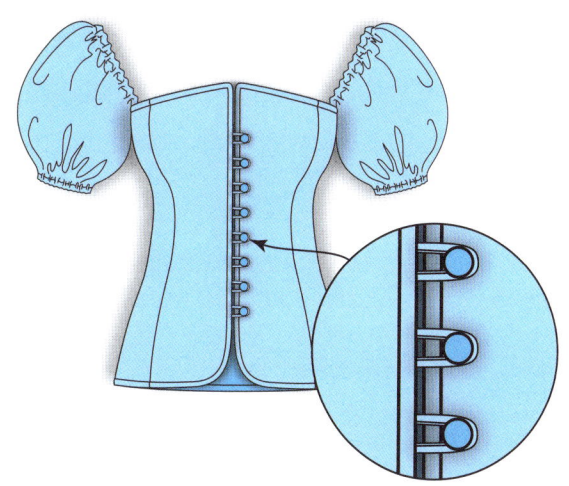

5. Alfinete o molde de papel com as aselhas em cima do lado direito da peça de roupa. Alfinete a limpeza sobre o molde.

6. Costure sobre a linha de costura. Recorte as extremidades das aselhas para reduzir a sua espessura. Retire o molde de papel.

7. Recorte a margem de costura e vire a limpeza para o lado interno. Passe a limpeza, estendendo as aselhas para fora da peça de roupa.

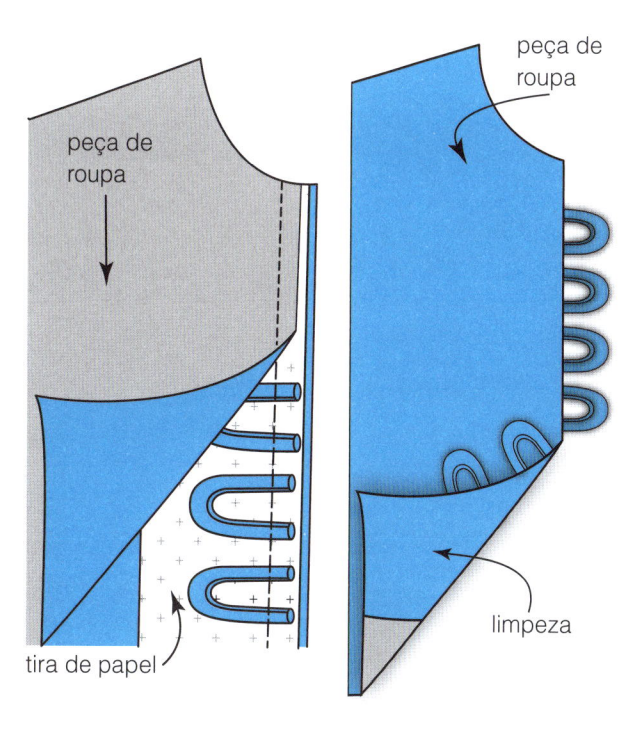

« Bainhas • **Fechamentos** • Apêndice »

Colocação de botões

O botão deve caber na casa. Um tamanho de botão adequado prevenirá que a roupa fique retorcida ou esticada.

Para marcar a posição dos botões, comece pela borda do decote ou parte superior da peça e iguale o centro da peça com a linha do centro da frente. Feche a peça com alfinete. Coloque um alfinete no centro das posições desejadas para as casas. Marque as posições alfinetadas no lado do botão.

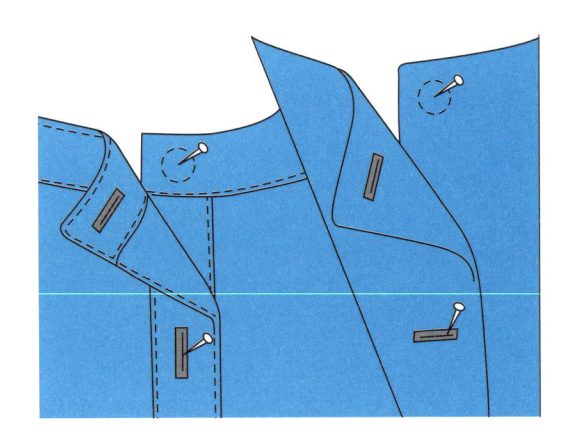

Como costurar botões costuráveis

Um pé será construído à medida que o botão for costurado, para que a peça de roupa não fique esticada nas casas.

1. Passe a linha repetidamente por um buraco do botão (pelo lado avesso) e pelo buraco oposto (pelo lado direito do botão) no tecido.

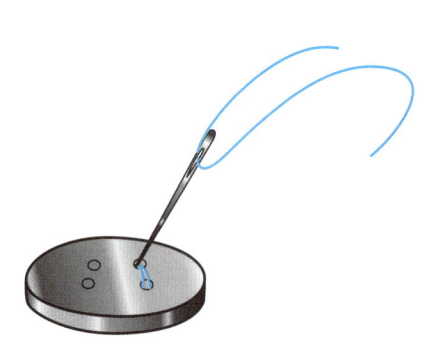

2. Insira um alfinete sem cabeça por baixo da linha, no lado direito do tecido. Continue a seguir o processo de costura do passo 1, repetindo os pontos várias vezes.

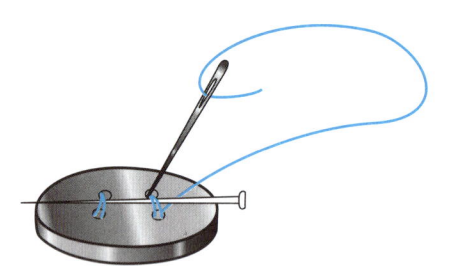

3. Retire o alfinete sem cabeça e puxe levemente o botão para fora da peça. Isso criará um pé de linha, criado pela linha entre a peça e o botão. Enrole firmemente a linha ao redor desse pé para finalizar o processo. Dê um nó e corte a linha na base da haste.

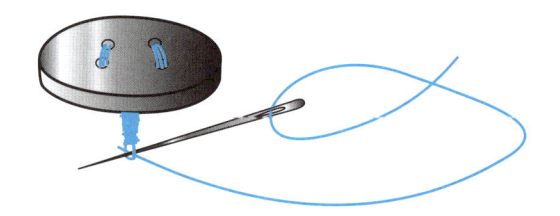

Como costurar botões com pé

Os botões com pé são recomendados para roupas pesadas, como casacos. Um pé adicional é criado quando o botão com pé é costurado à peça de roupa, de maneira semelhante ao processo utilizado para criar um pé de linha para um botão costurável.

1 Faça alguns pontos pequenos na marcação para o botão.

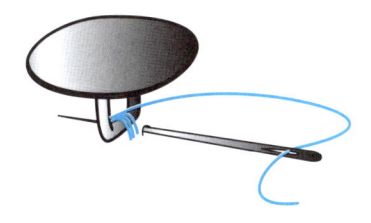

2 Passe a linha pelo pé do botão e pelo tecido repetidamente. Enquanto estiver costurando o pé, afaste o botão da peça por cerca de um dedo. Costure aproximadamente seis pontos utilizando esse método.

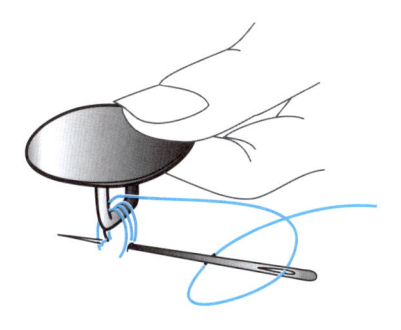

3 Enquanto estiver mantendo o botão longe da peça, enrole a linha ao redor do pé de linha. Dê um nó e corte a linha na base da haste.

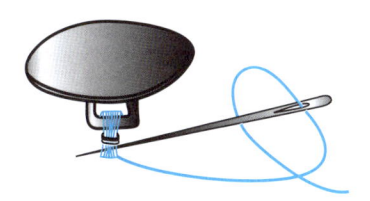

« Bainhas • **Fechamentos** • Apêndice » **149**

VELCRO

O velcro é um substituto para zíperes, botões e cinturas ajustáveis em roupas masculinas, femininas e infantis. Ele está disponível em muitos tamanhos e cores. Uma das suas camadas possui um lado com ganchos e a outra, um lado com laçadas. Quando as duas camadas são unidas, elas se entrelaçam e mantêm a peça fechada.

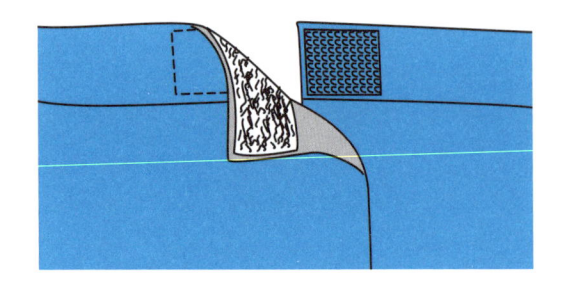

1   Coloque a camada com ganchos na parte inferior da peça de roupa. Costure rente ao redor de toda a peça.

2   Coloque a camada com laçadas na parte sobreposta da peça. Costure rente ao redor de toda a peça.

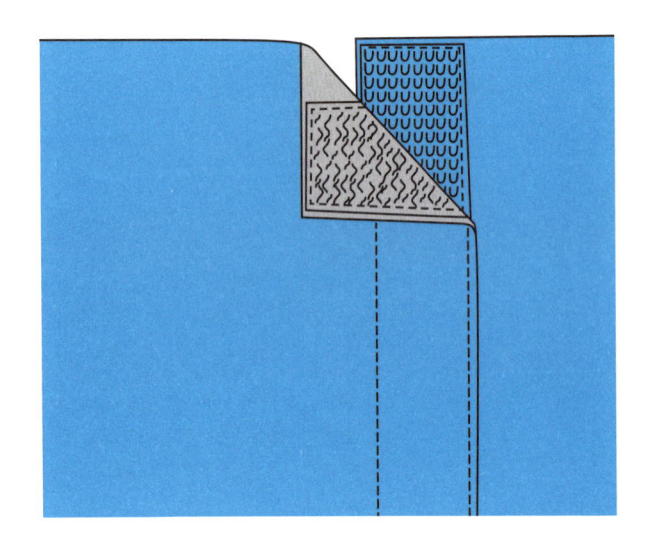

COLCHETES

Os colchetes estão disponíveis em vários tamanhos e modelos. O tipo selecionado será determinado pelo tipo de fechamento e sua localização na peça de roupa, como no topo de um fechamento de zíper em cós ou decotes.

O colchete macho em combinação com o colchete fêmea reto ou em forma de lira é o modelo mais utilizado. O colchete especial para cós é destinado, principalmente, para cós de saias e calças.

1. Primeiro, posicione e costure o colchete macho com pontos à mão feitos por cima. Faça pontos ao redor do colchete macho e através do tecido, certificando-se de que os pontos não apareçam no outro lado da peça de roupa. Depois, costure as extremidades do colchete.

2. Feche a peça e marque ou alfinete o local onde o colchete encontra a outra seção da peça. Posicione o colchete fêmea e costure cada extremidade do colchete também com pontos à mão feitos por cima.

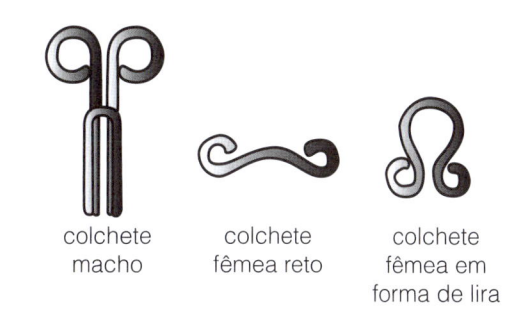

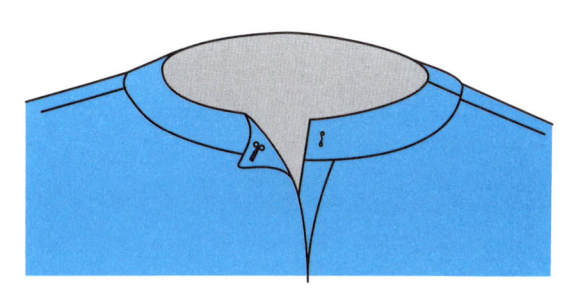

colchete macho

colchete fêmea reto

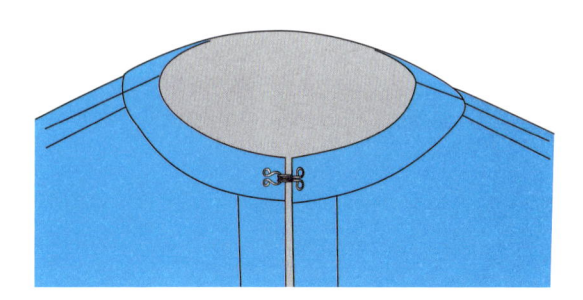

colchete fêmea em forma de lira

colchete macho com colchete fêmea reto

colchete macho com colchete fêmea em forma de lira

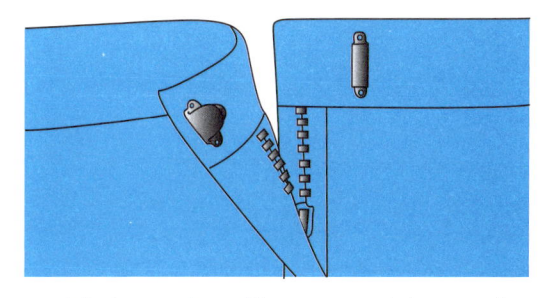

colchete macho e fêmea especial para cós

ZÍPERES

Os **zíperes** são aviamentos feitos de dentes de metal ou cremalheiras sintéticas que produzem um fechamento completo por meio de entrelaçamento. Eles fornecem um acesso prático para abrir e fechar peças de roupa. Existem diversos modelos e comprimentos de zíperes, e eles podem ser colocados usando-se vários métodos. O tipo selecionado dependerá da localização do zíper na peça de roupa, o tipo de tecido e o design da peça.

Os zíperes atuais são oferecidos em diversos modelos e para vários tipos e gramaturas de tecido. Ao lado, apresentamos um zíper invisível com um cadarço especial para tecidos transparentes, um zíper com strass, zíperes para couro e um zíper de renda para tecidos rendados.

Existem três modelos básicos de zíper:

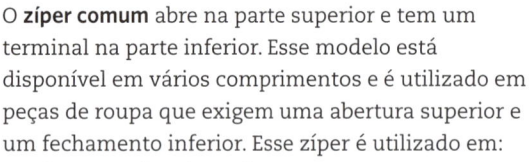

O **zíper comum** abre na parte superior e tem um terminal na parte inferior. Esse modelo está disponível em vários comprimentos e é utilizado em peças de roupa que exigem uma abertura superior e um fechamento inferior. Esse zíper é utilizado em:
- Aberturas de saias e decotes
- Calças e shorts
- Bordas de mangas ajustadas
- Costuras do centro de um capuz para convertê-lo em gola
- Aberturas em mangas compridas
- Posições horizontais para detalhes no design da peça, como em bolsos

zíper convencional

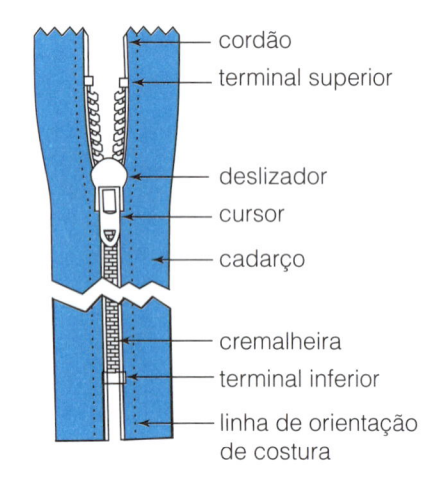

- cordão
- terminal superior
- deslizador
- cursor
- cadarço
- cremalheira
- terminal inferior
- linha de orientação de costura

O **zíper invisível** é semelhante ao zíper comum, mas tem cremalheiras especiais para ficar oculto na costura. É aplicado com um pé-calcador especial. Esse zíper é utilizado:

- Quando qualquer outro zíper prejudicaria a aparência final da peça, como malha de jersey fosca, veludo ou renda
- Para proporcionar uma linha de costura sutil e contínua
- Na borda de aberturas inferiores de mangas ajustadas

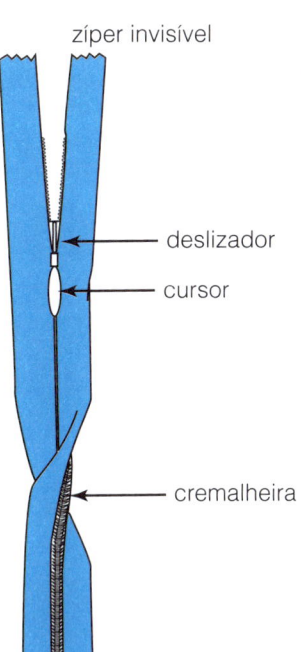

zíper invisível
deslizador
cursor
cremalheira
terminal inferior

O **zíper destacável** é aberto nas duas extremidades. Está disponível com cremalheiras leves a pesadas e pode ser inserido como um zíper decorativo, em que o cadarço e o dente ficarão visíveis na frente da peça ou ocultos embaixo de dobras de costura. Existem em uma variedade de comprimentos. O zíper destacável é utilizado:

- Quando duas seções de uma peça se separam completamente, como em jaquetas, casacos ou parkas
- Em capuzes removíveis
- Para separar forros de casacos e jaquetas próprios para duas estações
- Em casacos de neve e leggings
- Como um detalhe do design

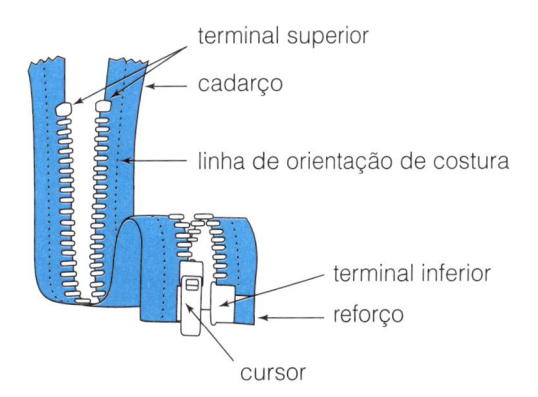

zíper destacável

terminal superior
cadarço
linha de orientação de costura
terminal inferior
reforço
cursor

Sapata para zíper

Uma **sapata para zíper ajustável** para máquinas domésticas tem um pé único e entalhe nas duas laterais. É projetada com um pé fixado a uma barra corrediça ajustável e na horizontal para acomodar a agulha e facilitar a costura em construções na direita e esquerda, perto das bordas de um zíper.*

Uma **sapata com meio pé** para máquinas industriais possui uma base estreita e dividida ao meio para acomodar a agulha. Esse pé-calcador permite que se costure perto da borda do dente ou da cremalheira do zíper. É utilizada em aplicações para tecidos pesados, ou qualquer inserção de zíper central, zíper sobreposto embutido ou braguilha.

Um **pé-calcador para cordão** ou **zíper** é um pé de metal, com entalhe em somente um lado, que permite uma costura próxima à borda saliente do dente ou da cremalheira do zíper. Alguns profissionais preferem utilizar o pé-calcador para cordão em vez do pé ajustável.

Como preparar a máquina de costura com o pé-calcador para zíper

Para todas as aplicações de zíper, anexe o pé-calcador para zíper à máquina de costura. Posicione o pé-calcador de modo que a agulha esteja ao lado do zíper a ser costurado – geralmente no lado direito. Em uma máquina industrial, utilize o pé-calcador com meio pé para inserir zíperes.

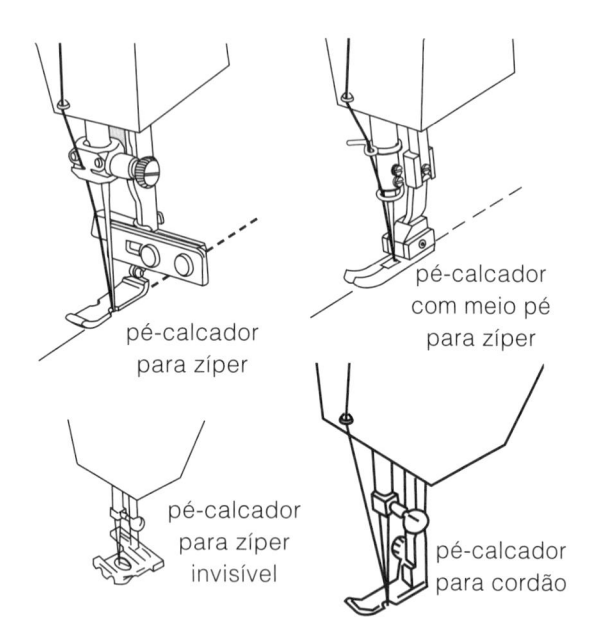

pé-calcador para zíper

pé-calcador com meio pé para zíper

pé-calcador para zíper invisível

pé-calcador para cordão

---

* N. de R.T.: A maioria das máquinas não utiliza esta barra corrediça, já que dispõe de uma alavanca que controla a posição da agulha.

Aplicações do zíper

Existem vários métodos para a inserção de zíperes, dependendo da sua localização na peça de roupa, o tipo de zíper e o modelo de roupa.

As aplicações mais comuns são:
- **Aplicação com pontos manuais**, utilizada em tecidos transparentes e de alta-costura ou em roupas que não estarão sujeitas a uso pesado ou lavagem frequente.
- **Aplicação centrada/com abas**, utilizada nas costuras do centro da frente e das costas em decotes ou cinturas.
- **Aplicação transpassada/com uma aba**, utilizada em decotes de vestidos e aberturas traseiras em saias e calças.
- **Aplicação com carcela**, utilizada em calças.
- **Aplicação invisível**, oculta na costura e aplicada com instruções e pé-calcador especiais.

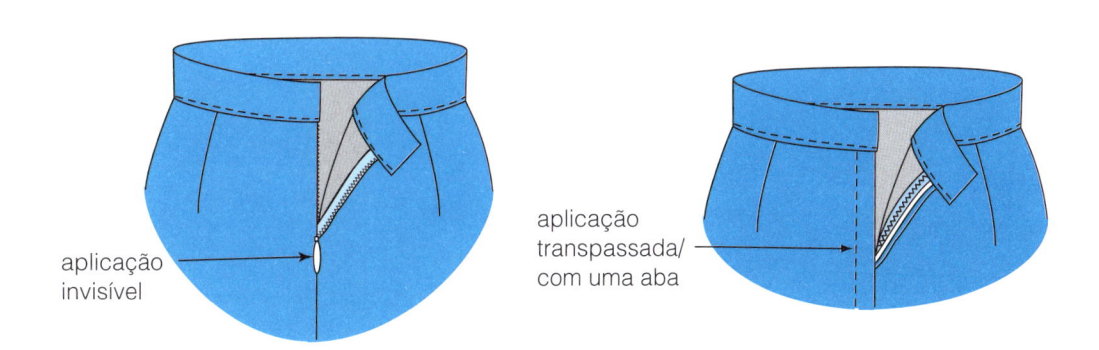

aplicação centrada/com abas

aplicação com carcela

aplicação invisível

aplicação transpassada/com uma aba

Aplicação centrada/com abas

A **aplicação centrada ou com abas** é o tipo de aplicação mais comum. É utilizada em costuras do centro da frente e das costas em decotes ou cinturas. A costura fica visível nos dois lados do zíper e com a mesma distância do centro. Com o método de alinhavo, o zíper é inserido e a sua margem de costura é unida com um ponto de alinhavo.

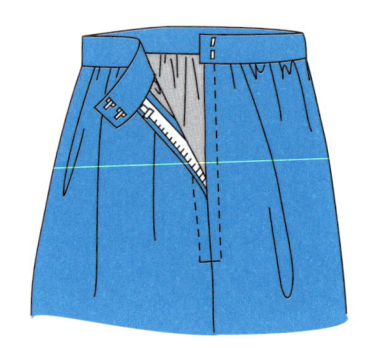

1 Alinhave a linha de costura para a abertura do zíper. Passe a margem de costura aberta.

NOTA: A margem de costura pode variar muito dependendo da peça e da localização da margem na peça, podendo chegar a 20-30mm em zíperes com aba.

2 Abra o zíper e coloque seu lado direito sobre o lado avesso da peça de roupa, com os dentes do zíper no alinhavo. Alfinete no lugar.

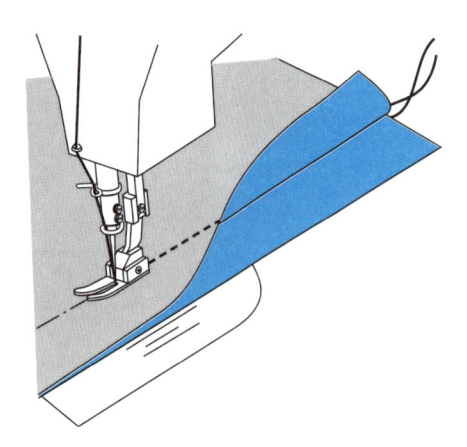

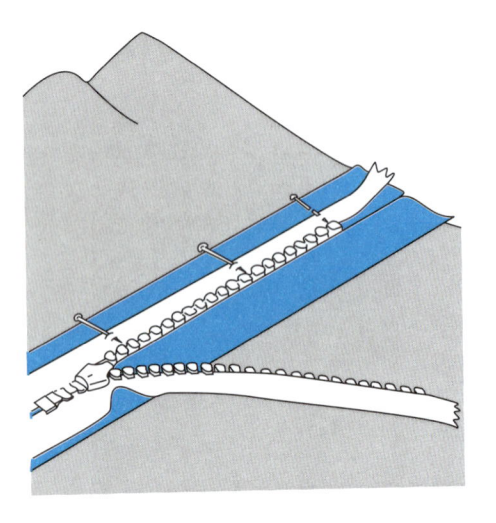

3. Costure a parte inferior do zíper começando na borda superior da peça e a 9 mm de distância dos dentes do zíper.

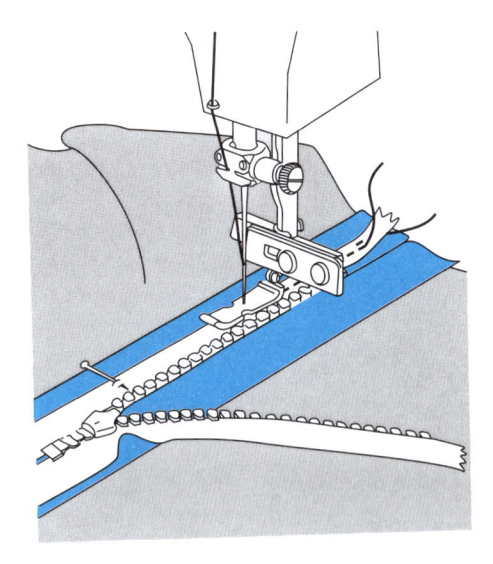

4. Com a agulha para baixo, levante o pé-calcador e gire a peça de roupa para que a parte inferior do zíper possa ser costurada. Feche o zíper.

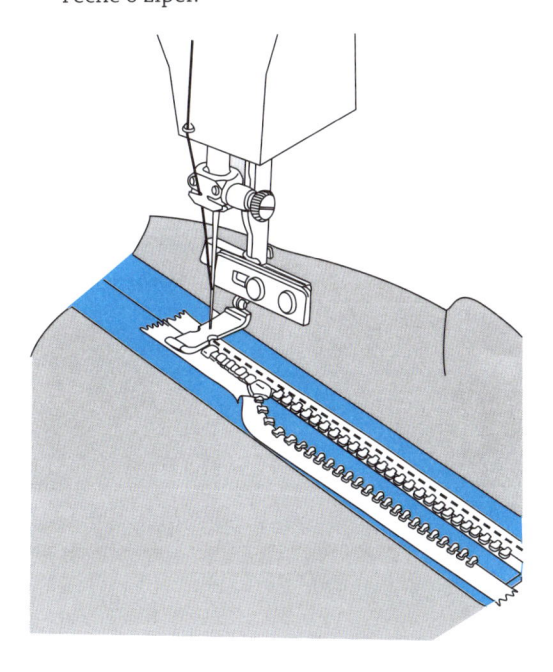

5. Abaixe o pé-calcador contra o zíper e costure ao longo da parte inferior.

6. Novamente, com a agulha para baixo, levante o pé-calcador e gire a peça de roupa. Costure ao longo do outro lado do zíper, a 9 mm de distância dos dentes do zíper, até a borda superior da peça de roupa.

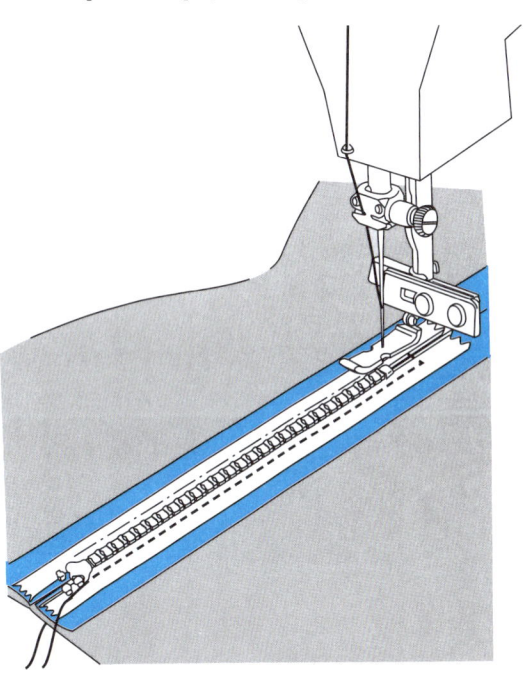

7. Remova com cuidado os pontos de alinhavo e passe a área do zíper com ferro.

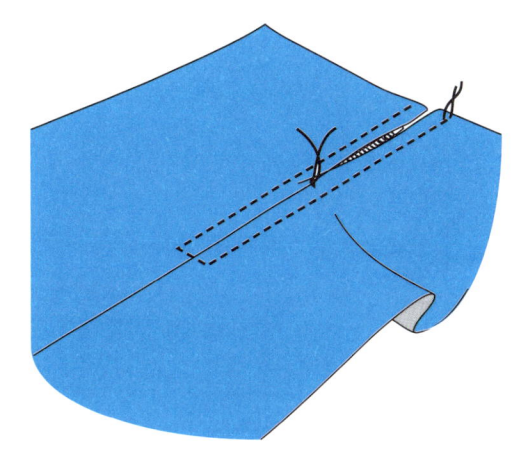

Aplicação transpassada/com uma aba

A aplicação transpassada oculta o zíper com uma dobra de tecido. Apenas uma fileira de pontos fica visível no lado direito da peça de roupa. Esse método é adequado principalmente para zíperes de decotes em vestidos e aberturas nas costas em saias e calças.

1. Com a máquina, faça a costura até a abertura do zíper.

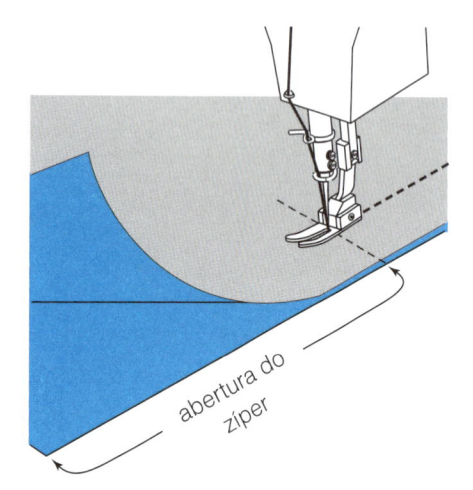

2. Passe aberta a margem de costura necessária para o zíper.

NOTA: A margem de costura pode variar muito dependendo da peça e da localização da margem na peça, podendo chegar a 20-30mm em zíperes com aba.

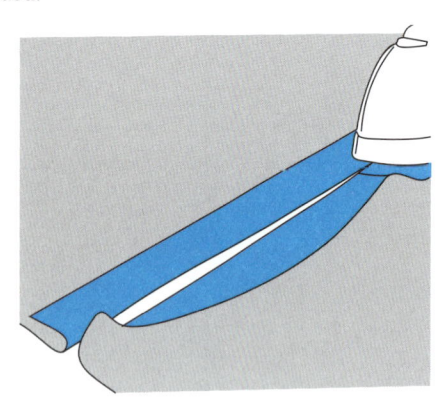

3. No lado esquerdo da margem de costura, puxe e alfinete essa margem 3–6 mm depois da linha de costura passada a ferro.

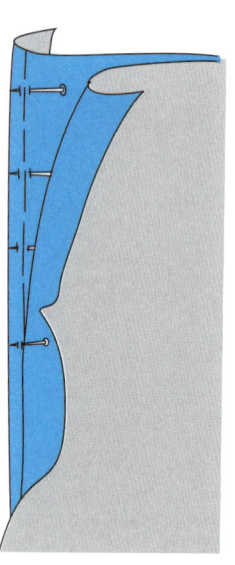

4. Com o zíper fechado e o lado direito do zíper e do tecido virados para cima, posicione uma borda do dente do zíper perto da margem de costura estendida dobrada. Alfinete no lugar.

NOTA: O cadarço do zíper fica além da margem de costura na borda superior da peça de roupa.

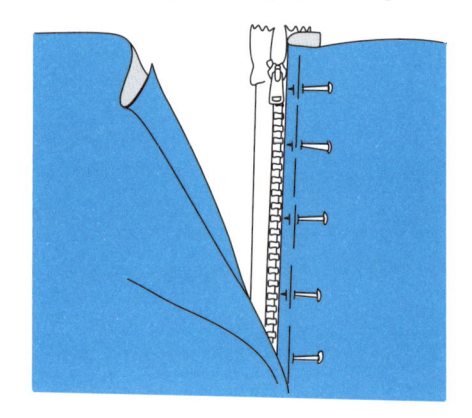

5 Com um pé-calcador para zíper, e começando pela parte inferior do zíper, costure perto da borda dobrada da margem de costura por todo o comprimento do zíper.

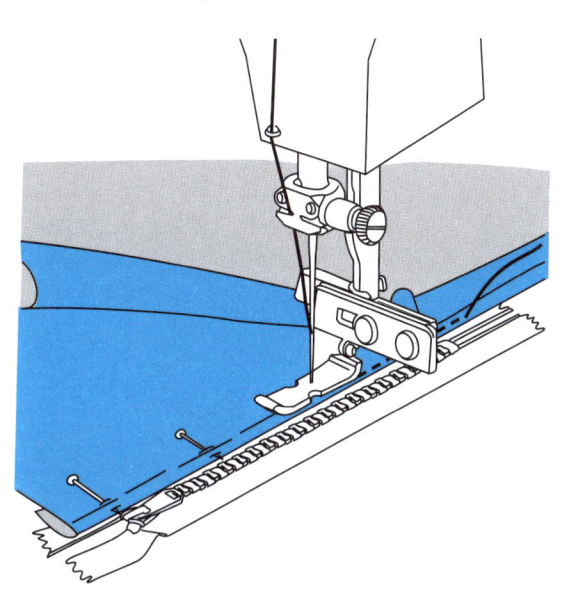

6 Com o lado direito do tecido virado para cima, alfinete a outra margem de costura sobre o zíper fechado para que ela oculte o zíper e a outra costura.

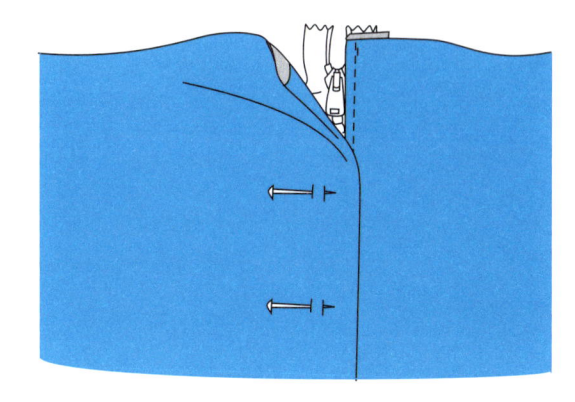

7 Costure à máquina 13 mm longe e em paralelo à dobra da costura, por todas as camadas de tecido e mais o cadarço do zíper, e pela parte inferior do zíper.

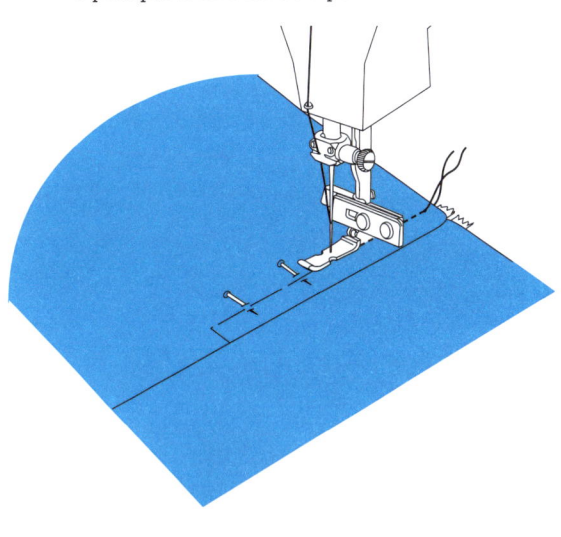

VARIAÇÃO DO PONTO FINAL

Para finalizar o ponto final, abra o zíper e, utilizando uma marcação na chapa da agulha como orientação, costure à máquina desde a parte superior do zíper até 25 mm para baixo da parte inferior. Com a agulha para baixo, levante o pé-calcador e feche o zíper. Abaixe o pé-calcador e costure até o final do zíper e pela parte inferior.

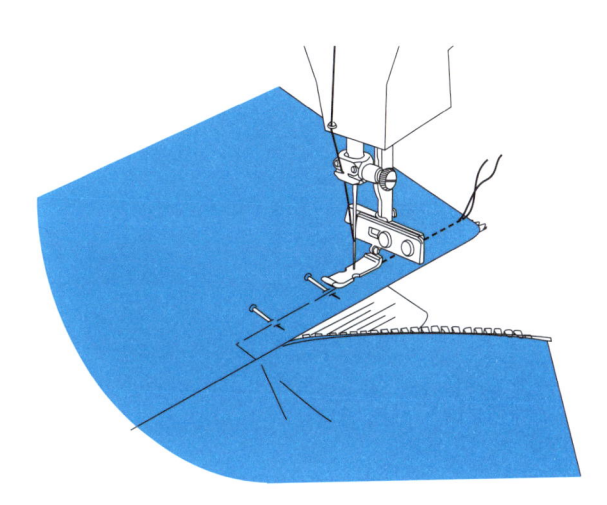

Aplicação com carcela embutida

A aplicação com carcela embutida é mais utilizada como um fechamento frontal para calças e algumas saias. É o método mais simples de inserção da braguilha da frente.

Preparação das peças do molde

As peças do molde terão uma margem de costura estruturada e estendida (aproximadamente 3,8 cm de extensão da braguilha) no local onde o zíper deverá ser inserido.

1 Faça a costura do gancho até a abertura do zíper (parte inferior da extensão da braguilha). Faça um pique na parte inferior da extensão da braguilha.

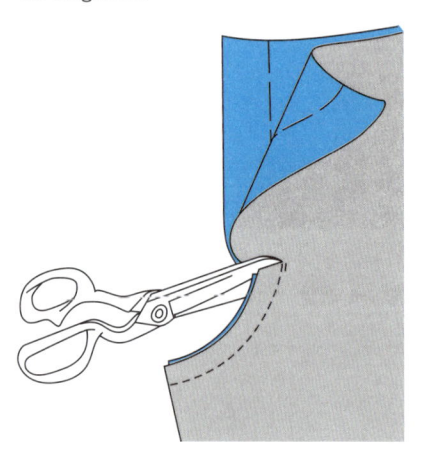

2 Passe a ferro a extensão da braguilha ao longo da linha do centro da frente.

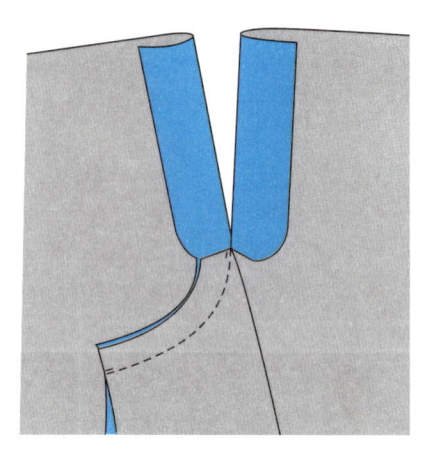

3 Puxe e alfinete a extensão da braguilha 3–6 mm depois da linha do centro da frente. Essa medida adicional deve se estender a todo o comprimento da abertura do zíper.

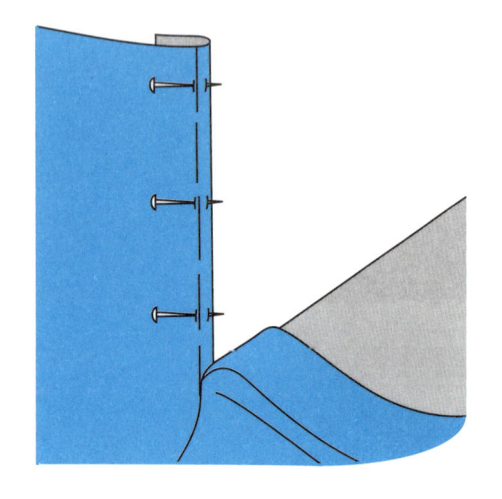

4. Com o zíper fechado e o lado direito do zíper e do tecido virados para cima, posicione uma das bordas dos dentes do zíper perto do lado estendido dobrado. Alfinete. O cadarço do zíper fica além da margem de costura na borda superior da peça de roupa.

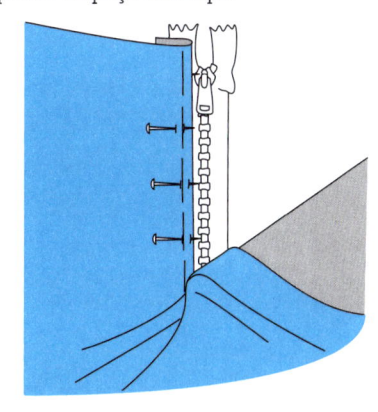

5. Com um pé-calcador para zíper, costure perto da borda dobrada da margem de costura a partir da parte inferior do zíper.

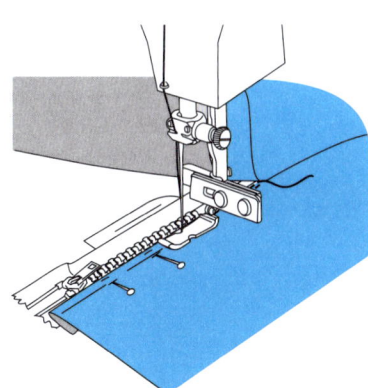

6. Com o lado direito do tecido virado para cima, alfinete a outra margem de costura da extensão da braguilha sobre o zíper fechado para que ela oculte o zíper e a outra costura.

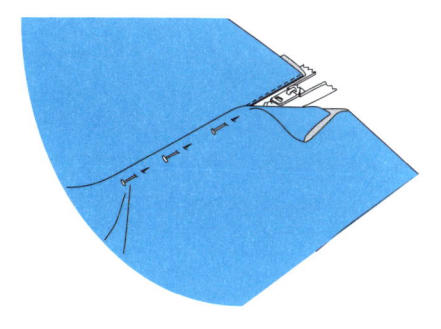

7. Com o lado avesso do tecido para cima, vire a peça de roupa para trás para deixar à mostra a extensão da braguilha não costurada e o cadarço do zíper. Costure o cadarço do zíper pela extensão da braguilha. Afaste a peça de roupa longe dessa área para que a costura não passe pela peça.

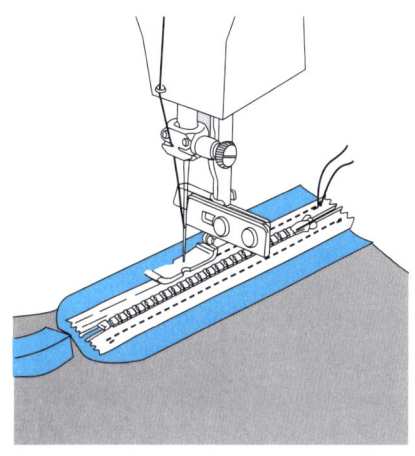

8. Vire a peça de roupa para o lado direito. Costure à máquina a 19 mm de distância e paralelo à dobra da braguilha, através de todas as camadas do tecido, curvando para encontrar a parte inferior do zíper*.

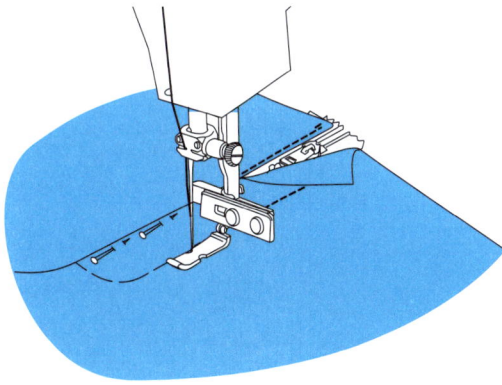

---

* N. de R.T.: Essa medida pode variar de acordo com a largura da braguilha

Aplicação com braguilha separada e pertingal

A aplicação com braguilha separada utiliza detalhes de alfaiataria e é aplicada tanto em aberturas de calça feminina quanto de calça masculina, especialmente calças sociais e jeans.

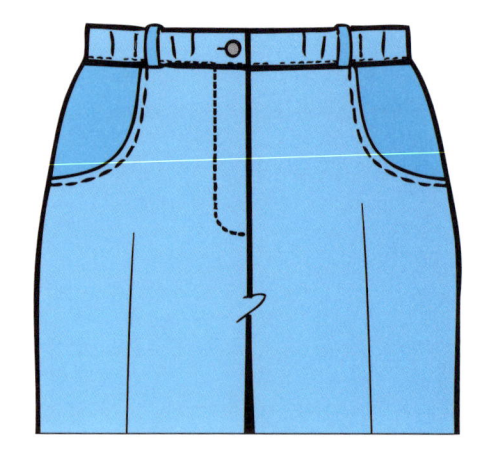

Preparação das peças do molde

Prepare uma peça separada para a braguilha com 3,8 cm de largura (na dobra) e o mesmo comprimento o cadarço do zíper.* Depois, prepare duas peças para o pertingal com 5 cm de largura e o mesmo comprimento do cadarço do zíper.

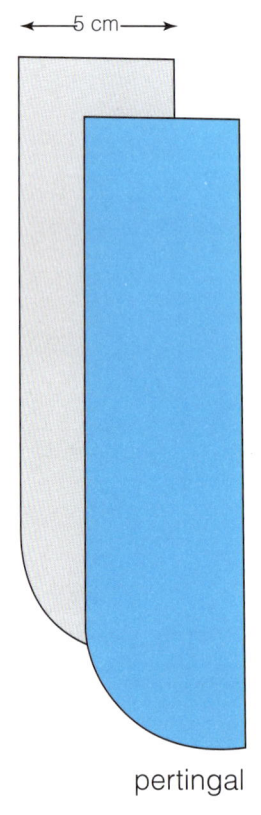

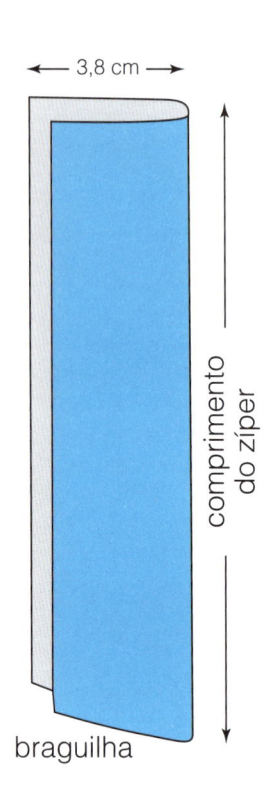

---

* N. de R. T.: Braguilhas sem dobra, feitas apenas com uma camada de tecido, são mais comuns, pois não deixam a peça grossa nessa área.

1. Faça a costura do gancho até a abertura do zíper. Faça um pique na parte inferior da extensão da braguilha.

2. Dobre a braguilha pela metade (com o lado direito para cima) e coloque-a sobre o lado direito da costura do gancho.

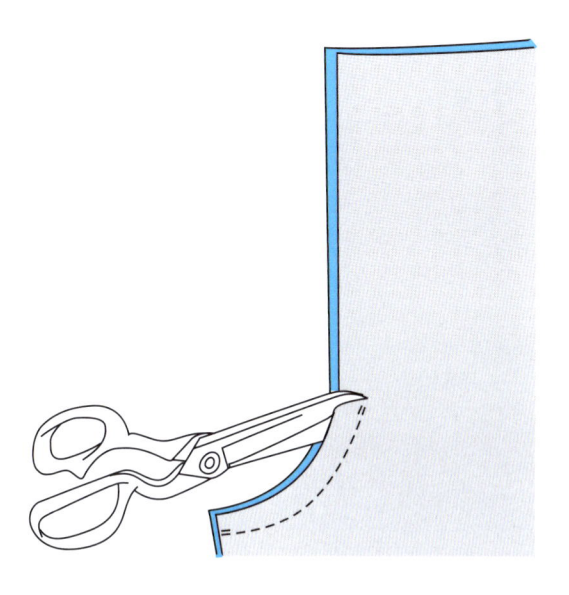

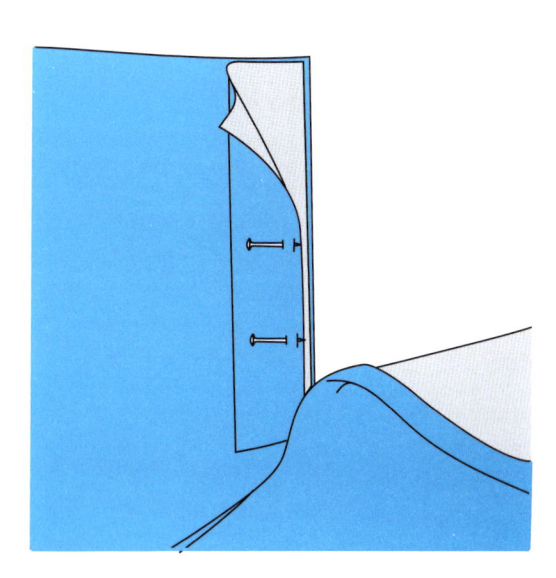

3. Costure a braguilha junto à costura do gancho, utilizando uma margem de costura de 6 mm.

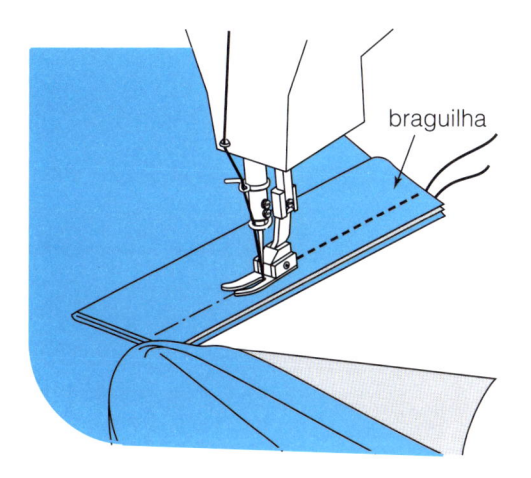

braguilha

4. Vire a braguilha para dentro da calça e vire a margem de costura em direção à braguilha. Faça pespontos a 3 mm de distância da linha de costura sobre a braguilha.

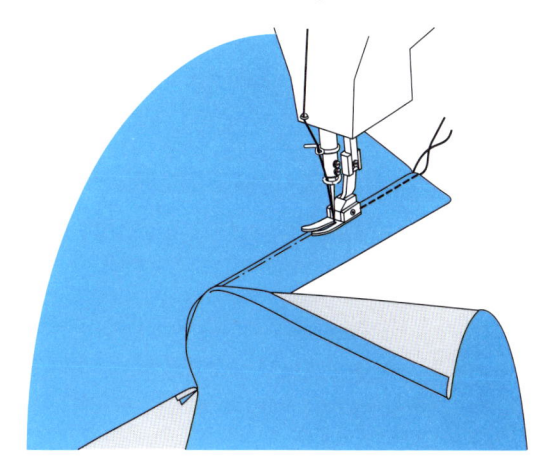

5   Prepare as peças do pertingal unindo as bordas curvas com costura, deixando uma margem de costura de 6 mm.*

6   Vire as peças do pertingal para o lado direito e passe a ferro.

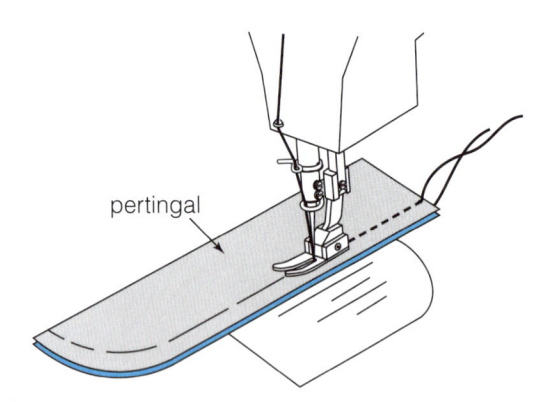

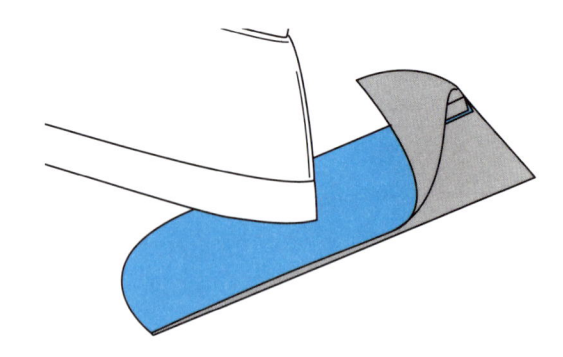

pertingal

7   Com o lado avesso do zíper para cima, coloque-o entre o pertingal e o lado direito da costura do gancho. Alfinete no lugar.

8   Utilizando o pé-calcador para zíper, costure todas as camadas de tecido e cadarço do zíper por todo o comprimento do pertingal.

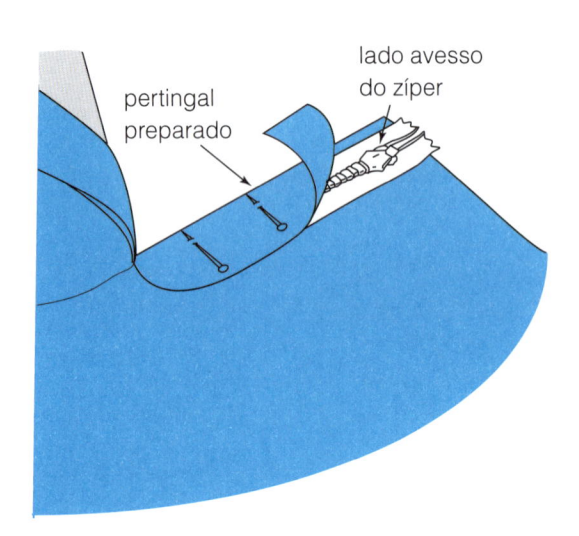

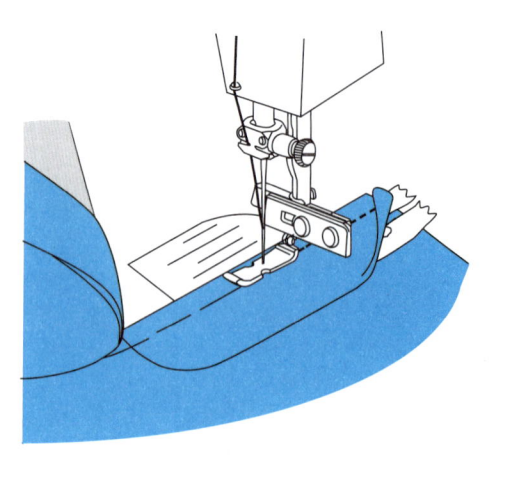

lado avesso do zíper

pertingal preparado

* N. de R. T.: O pertingal também pode ser feito na dobra do tecido, podendo ser costurado apenas na borda inferior e depois virado. O acabamento pode ser feito em overloque ou viés sobre as bordas abertas.

9. Na mesa de costura, coloque o lado direito da calça virado para cima, com o zíper fechado e o pertingal e o zíper virados para dentro da calça. Faça um pesponto rente na costura do zíper para reforço.

pesponto rente

10. Nessa posição, alfinete o outro lado do gancho (com a braguilha por baixo) sobre o zíper fechado para que ele não fique visível.

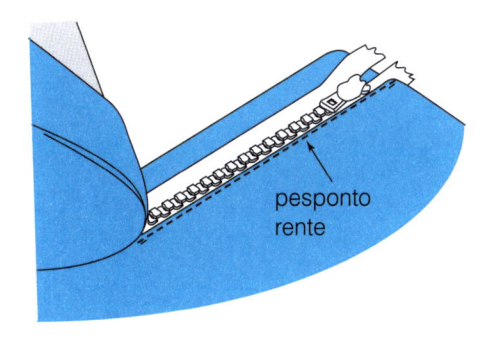

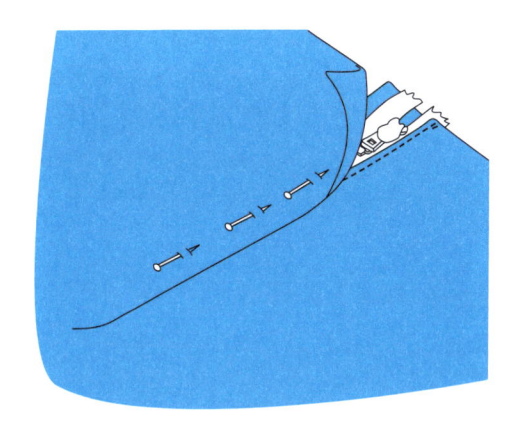

11. Vire a calça para o lado avesso. Vire a peça de roupa para trás para deixar a braguilha e o zíper à mostra. Costure o cadarço do zíper na braguilha. Deixe a peça de roupa e o pertingal longe dessa área para que a costura não passe pela peça.

12. Vire a peça de roupa para o lado direito. Mantenha o pertingal afastado do zíper e continue a alfinetar na posição. Costure à máquina a 19 mm de distância (ou de acordo com a largura desejada) e paralelo à costura, por todas as camadas do tecido (sem o pertingal), curvando na parte inferior da abertura.

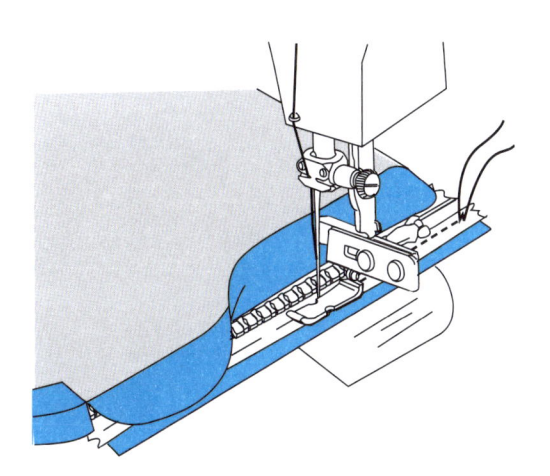

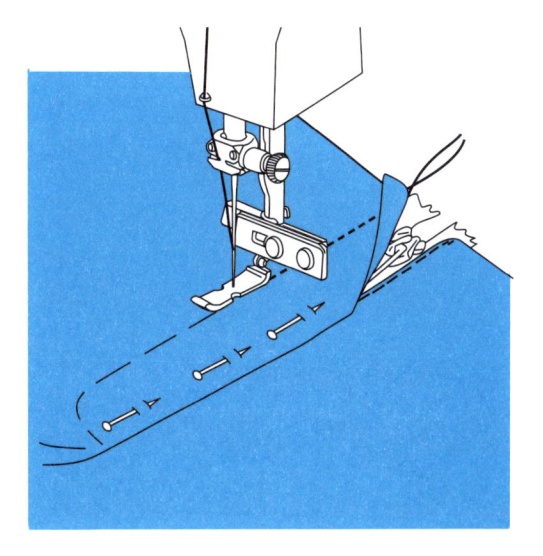

Aplicação do zíper invisível

O zíper invisível é utilizado no lugar de zíperes comuns quando se deseja manter o visual de uma costura simples (por exemplo, em um vestido de festa), em que a costura do zíper estragaria a linha da peça de roupa.

NOTA: É preciso utilizar um pé-calcador especial para o zíper invisível. Esse acessório pode ser adquirido na maioria das lojas de tecidos.

NOTA: O zíper invisível é inserido antes da junção de duas peças de roupa e antes da limpeza e da finalização da borda superior.

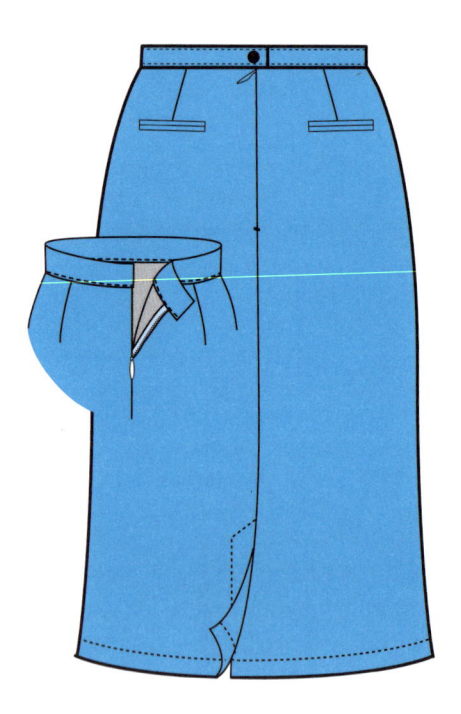

1. Posicione o zíper de modo que a cremalheira fique longe do cadarço.

2. Abra o zíper invisível e coloque-o sobre a peça de roupa da esquerda, no lado direito do tecido, com o lado avesso do zíper para cima. Os dentes do zíper são posicionados sobre a linha de costura e o cadarço, em direção à borda externa da margem de costura. Alinhave.

3. Coloque a canaleta esquerda do pé-calcador sobre a cremalheira do zíper. Afaste a cremalheira do zíper e costure o zíper ao tecido até que o pé-calcador chegue ao cursor.

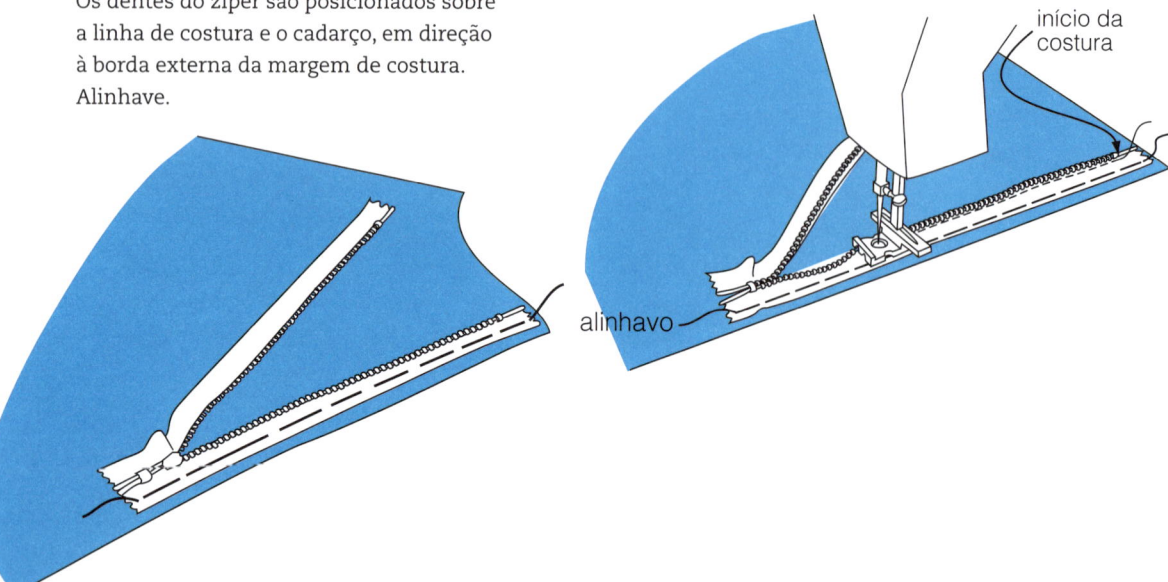

4 Feche o zíper e coloque as peças esquerda e direita uma sobre a outra, unindo os lados direitos e as linhas de costura do zíper. Alinhave.

DICA: Para posicionar o zíper corretamente, utilize marcações sobre o cadarço do zíper e a margem de costura.

NOTA: Os dentes do zíper devem ser posicionados sobre a linha de costura e o cadarço, em direção à borda externa da margem de costura.

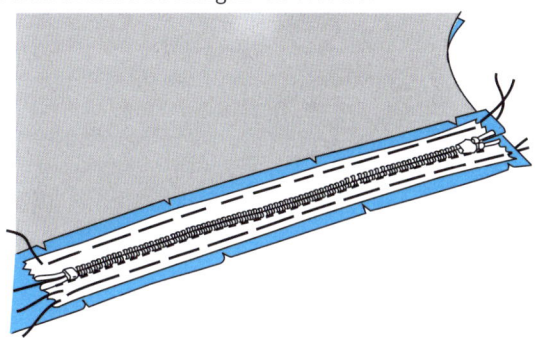

5 Abra o zíper e posicione a canaleta direita do pé-calcador sobre a cremalheira do zíper. Afaste a cremalheira do zíper e costure a segunda peça no lugar, finalizando no cursor.

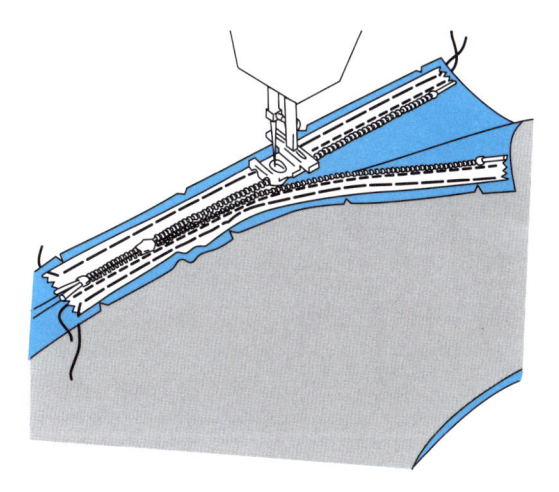

6 Feche o zíper. Deslize o pé-calcador especial para esquerda de modo que a agulha esteja alinhada com a borda no pé-calcador. Nessa etapa, o pé-calcador convencional pode ser colocado na máquina.

7 Retire a extremidade do zíper (ponta inferior) da área de costura. Faça a costura da peça de roupa ao longo da linha de costura, desde a costura inferior do zíper até o restante da costura da peça.

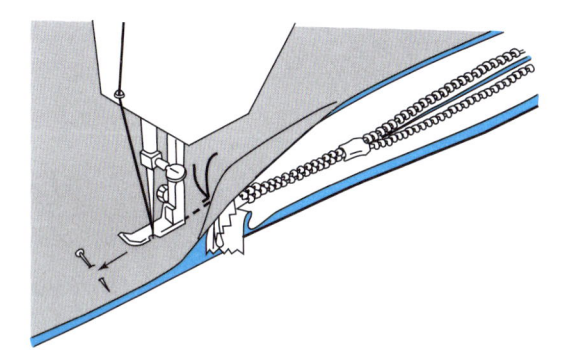

8 Passe a margem de costura aberta e costure as extremidades dos cadarços do zíper às margens de costura.

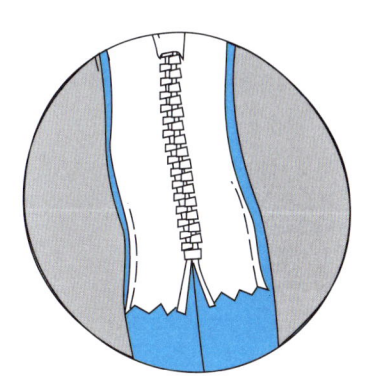

APÊNDICE

RECURSOS PARA MÁQUINAS DE COSTURA

Livros e DVDs de consulta sobre overloque

Os livros a seguir fornecem informações adicionais sobre overloques:

Bednar, N and van der Kley, A
Creative Serging: Innovative Applications to Get the Most from Your Serger
New York and London: Sterling, 2005

Editors of Creative Publishing International and Singer
The New Sewing with a Serger
Minnetonka, MN: Creative Publishing International, 1999

Griffin, M; Hastings, P; Mercik, A; and Lee, L
Serger Secrets: High Fashion Techniques for Creating Great-Looking Clothes
Emmaus, PA: Rodale Books, 1998

James, C
Complete Serger Handbook
New York: Sterling, 1998

Melot, G
Ready, Set, Serge: Quick and Easy Projects You Can Make in Minutes
Cincinnati, OH: Krause Publications, 2009

Palmer, P and Brown, G
Sewing with Sergers: The Complete Handbook for Overlock Sewing. 3rd edition
Portland, OR: Palmer/Pletsch Publishing, 2004

Young, T
ABCs of Serging: A Complete Guide to Serger Sewing Basics
Radnor, PA: Chilton Book Co., 1992

Os DVDs a seguir fornecem informações adicionais sobre overloques:

Alto, M and Palmer, P
Creative Serging
Portland, OR: Palmer/Pletsch, Inc., 2004

Alto, M and Palmer, P
Serger Basics
Portland, OR: Palmer/Pletsch, Inc., 2004

Gabel, M J
Serge and Sew with Mary Jo
Instructional DVDs, Gabel Enterprises, P.O. Box 312, Nipomo, CA 93444

Pullen, M C and McMakin, K
Heirloom Sewing by Serger
Brownsboro, AL: Martha Pullen Co., 2007

Van der Kley, A
Basic Overlocking
Tasmania, Australia: 1800 Sew Help Me, 2005

Fabricantes de máquinas de costura e overloques

Estes fabricantes produzem máquinas de costura e overloques em diversos modelos, com vários recursos e faixas de preço. Os endereços do Reino Unido são fornecidos para empresas internacionais.

Bernina
91 Goswell Road
Londres EC1V 7EX
Reino Unido
www.bernina.com

Brother Sewing Machines Europe GmbH UK
Shepley Street, Audenshaw
Manchester M34 5JD
Reino Unido
www.brothersewing.eu

Elna
Elna Centre
Southside, Stockport
Cheshire SK6 2SP
Reino Unido
www.elna.co.uk

Husqvarna Viking
VSM (UK) LTD
Ravensbank House
Ravensbank Drive, Redditch
Worcestershire B98 9NA
Reino Unido
new.husqvarnaviking.com

Janome
Janome Centre
Southside, Stockport
Cheshire SK6 2SP
Reino Unido
www.janome.co.uk

Pfaff Sewing Machines
VSM (UK) Ltd
Ravensbank House
Ravensbank Drive, Redditch
Worcestershire B98 9NA
Reino Unido
www.pfaff.com

Singer
Bogod & Company Ltd
91 Goswell Road,
London EC1V 7EX
Reino Unido
www.singerco.co.uk

Fabricantes de máquinas industriais

Entre em contato com o fornecedor de máquinas industriais mais perto de você para os modelos a seguir:

Bernina
Bieffe
Brandless
Brother
Durkopf-Adler
Global
Juki
Mauser-Spezial

Pegasus
Pfaff
Seiko
Singer
Toyota
Tysew
Union Special

GLOSSÁRIO

Abertura de costura através do rolo de costura: manipular o tecido, geralmente ao longo de uma linha de costura, a fim de passar a costura para além da borda do lado interno da peça de roupa.

Acabamento: processo que proporciona um visual profissional em bordas de costuras, limpezas, bainhas, decotes e outras seções de uma roupa Qualquer método (como ponto zigue-zague e técnica de overlocar ou virar) utilizado para dar acabamento nas bordas de uma peça de roupa.

Acabamento da costura: acabamento utilizado na borda da margem de costura para que o tecido não desfie.

Acabamento em viés: uso de uma tira estreita em viés para ocultar a borda não acabada de uma bainha ou uma costura.

Adornos: diferentes tipos de galões, renda e outros, utilizados como decoração.

Afunilar: cortar o tecido ou costurar, para que ele afunile gradualmente até a extremidade.

Agulha Milliner: agulha longa com um olho pequeno e arredondado, utilizada para pontos de alinhavo.

Agulha para bordar: agulha média com um olho oval mais longo utilizada para vários fios de linha e para bordar.

Agulhas de ponta normal: agulhas multiuso de comprimento médio com um pequeno olho redondo. Os tamanhos variam do 1 ao 16.

Alfinetes para seda: alfinetes finos e médios à prova de ferrugem que se afunilam a uma ponta bastante afiada. Os alfinetes para seda são menos propensos a deixar marcas no tecido.

Alinhavar: costurar uma seção da peça de roupa a outra com pontos soltos e temporários.

Alinhavo: pontos longos utilizados para unir temporariamente as peças do tecido. Os pontos alinhavo podem ser feitos à mão ou à máquina. As extremidades não são fechadas ou costuradas com retrocesso. Antes de remover os pontos, as linhas devem ser cortadas a cada alguns centímetros.

Alinhavo com alfinete: uso de alfinetes para manter as peças de tecido juntas, os quais podem ser removidos facilmente à medida que o tecido é costurado. Alfinetes são utilizados para que as camadas não deslizem.

Alinhavo de alfaiate: pontos de alinhavo, pequenos e temporários de duas linhas, costurados manualmente e cortados. Utilizado para fazer marcações de montagem.

Almofada de alfaiate: almofada oval e firme utilizada para passar áreas que precisam de estruturação. Uma metade é coberta de algodão para passar tecidos em geral e a outra é coberta com lã macia para passar tecidos de lã sem que eles fiquem brilhosos.

Alteração: modificação de um molde ou uma peça de roupa para que fique com um bom caimento no corpo e represente as suas medidas e proporções.

Aparar: recortar excesso de tecido e estreitar a costura após ela ter sido feita. Elimina volume e excesso de tecido nos cantos, em qualquer ponto antes de virar.

Aparelho de caseamento: acessório de uma máquina de costura para fazer casas de botão de vários tamanhos.

Ápice: ponto do busto.

Aplique: recorte decorativo ou detalhe aplicado sobre o tecido ou a peça de roupa principal.

Arremate: pontos zigue-zague curtos que formam uma barra para reforçar as extremidades de casas de botões, braguilhas e pontos de tensão em calças, jeans e macacões. Também conhecido como travete.

Aselha: alças feitas de tiras de viés, linhas ou cordões para servir como casas de botão. Elas geralmente ultrapassam a borda da peça de roupa.

Aviamentos: acessórios de costura ou itens pequenos necessários para produzir uma peça de roupa, como agulhas, alfinetes, entretelas, zíperes, botões e linhas.

Bainha: borda inferior finalizada de uma peça de roupa, para que não se desfie ou rasgue.

Barbatanas: tiras flexíveis e estreitas, feitas de metal ou plástico rígido, utilizadas para estruturar costuras e bordas de roupas ajustadas (como vestidos sem alça) para que não deslizem do corpo.

Bobina: pequeno carretel de linha que prende a linha superior durante a costura.

Boca da pence: parte mais ampla das pernas da pence.

Bolso: detalhe da peça de roupa no lado direito do tecido ou inserido em uma costura ou abertura da peça. Possui objetivos decorativos e/ou práticos.

Borda de costura: borda da margem de costura. Às vezes chamada de borda não acabada.

Borda decorativa: tratamento decorativo em extremidades não acabadas, geralmente utilizando bordado ou renda, principalmente em costuras, bainhas e decotes.

Borda não acabada: a borda cortada das peças da roupa.

Braguilha: tipo de fechamento que oculta as aberturas de zíper ou botão de shorts, saias e calças.

Cabeça da manga: parte curvada e superior de uma manga posta.

Camada: camadas de tecido dispostas para corte.

Canaleta para elástico: borda dobrada ou tira aplicada que cria um túnel através do qual um elástico, um cordão ou uma fita é passado.

Canvas: material de algodão, durável e de gramatura pesada, feito de fios grossos e torcidos firmemente. Utilizado para reforçar a frente e outras partes de casacos.

Carcela: tira de tecido sobreposta costurada em uma abertura de peça de roupa.

Carretilha: instrumento com uma borda serrilhada em um cabo, utilizada para transferir marcações de molde ao tecido ou ao molde de papel.

Casas de botão: abertura para botões, costuradas à mão ou à máquina.

Cava: abertura da peça de roupa para o braço ou para a inserção de uma manga.

Centro da frente/centro das costas: linha em um molde ou peça de roupa que indica a posição do centro vertical.

Chapa da agulha: pedaço de metal achatado que fica na base da máquina de costura, abaixo do pé-calcador. Tem um orifício pequeno através do qual a agulha passa pela linha da bobina à medida que vai costurando. Essa chapa também tem linhas de orientação, para auxiliar na execução de uma costura reta.

Colchetes de pressão: par de fechos de metal circulares, com uma ponta redonda e um encaixe, utilizado para manter as peças de roupa no lugar.

Combinação: fios compostos por duas ou mais fibras diferentes antes de serem transformados em um único fio.

Contrafio: fios que correm na direção horizontal da roupa e são perpendiculares às ourelas.

Cordão: corda de fios de algodão utilizada para vivos e tiras.

Corte interno: corte mais longo do que um pique na seção da peça de roupa para fazer uma abertura.

Corte no viés: corte de tecido em viés.

Cós: acabamento na cintura. Os cós são feitos com uma tira dobrada ou uma peça curva e costurada.

Costura: duas ou mais bordas de tecido unidas por uma variedade de pontos. As costuras devem ser bem construídas e apropriadas para o tecido, o tipo de peça de roupa e o local na peça.

Costura de segurança: pontos na direção do sentido que impedem que o tecido se estique. Utilizado como um ponto permanente ou preliminar.

Costura do gancho: parte da calça onde as pernas se encontram, formando uma costura curva.

Costura fechada: margem de costura ao longo de uma borda, costurada e virada para formar uma costura fechada entre as duas camadas de tecido.

Costura inglesa: costura dupla. Uma peça é virada para dentro e costurada na parte superior de outra peça para dar acabamento nos dois lados da peça de roupa.

Costura welt: costura simples com as duas margens de costura passadas em um lado e mantidas no lugar com uma fileira de pespontos.

Crinolina: tecido de algodão firme e grosso de gramatura pesada; utilizada para dar mais consistência a anáguas, encorpar cintos e fazer o cabeçalho de cortinas.

Descaseador: ferramenta de corte pequena utilizada para remover pontos indesejados. Projetado especialmente com uma extremidade de corte e uma ponta afiada para deslizar sob os pontos.

Descasear: remover pontos.

Desfiado: pequenos fios soltos que ficam suspensos na borda de um tecido plano. Os tecidos que desfiam com facilidade devem ter um acabamento na borda.

Elasticidade: quantidade de estiramento no tecido que cede à pressão sem rasgar ou arrebentar.

Encaixar: unir piques e outras marcações de montagem de duas peças.

Encolher: relaxar as fibras do tecido, geralmente com lavagem simples ou a seco, antes da montagem de uma peça; previne um encolhimento futuro.

Encolhimento residual: pequena porcentagem, geralmente 5%, de encolhimento que permanece em um tecido ou uma peça de roupa finalizada. O encolhimento residual ocorre gradualmente à medida que a peça de roupa for lavada.

Entretela: tecido colocado entre a peça de roupa e o forro, utilizado para deixar a peça mais encorpada e reforçada e manter a forma.

Estrutura interna da roupa: peça interior feita de tecido pesado e de sustentação, ajustado ao corpo para manter uma peça de roupa sem alças no lugar.

Evasê: silhueta em vestidos ou saias, ajustada na parte de cima e solta na bainha, semelhante a um A.

Feito sob medida: perfeito no caimento, nos detalhes e na montagem. Geralmente se refere ao modelo feito para um cliente específico.

Feltro: material não tecido feito de fibras compactadas de lã, pele ou mohair, geralmente mesclado com algodão ou viscose. Aplica-se calor, umidade e pressão às fibras para formar uma massa sólida.

Fenda: abertura sobreposta ou fenda utilizada em bainhas de casacos, saias e mangas de alfaiataria.

Fio da trama: contrafio dos tecidos, que corre transversalmente nos tecidos.

Fio do tecido: termo de costura que se refere às fibras do tecido que correm no sentido longitudinal e transversal.

Fio do urdume: fio mais resistente, que corre longitudinalmente nos tecidos.

Fio reto: fios que correm no sentido longitudinal do tecido, paralelos à ourela.

Fita de algodão: fita utilizada para construção interna, geralmente para reforçar e impedir que o tecido se estique.

Fita métrica: fita estreita e firme marcada com medidas (geralmente métricas e imperiais). As fitas com metal nas duas pontas, reversíveis e que não esticam e nem encolhem são as mais práticas e precisas.

Folga: distribuição uniforme de volume quando uma seção da costura é unida a outra seção menor sem precisar formar franzidos e tomas. Utilizada para estruturar mangas postas, recortes princesa e outras áreas.

Forro: tecido leve utilizado para dar acabamento no lado interno de uma peça de roupa. Produz um acabamento profissional, ajuda a manter a forma da camada externa e adiciona calor.

Forro interno: tecido cortado no mesmo formato do tecido externo e utilizado para proporcionar aquecimento, consistência e forma às peças de roupa. É construído separadamente e colocado entre o forro e o tecido externo. Também pode ser de tiras de morim, cortadas no viés, para servir como base de bainhas.

Franzir: juntar volume de tecido em uma linha de pontos.

Giz de alfaiate: pequeno pedaço de giz, de 4 cm aproximadamente, com duas extremidades afuniladas, utilizado para marcar linhas temporárias em bainhas e outros pontos de alteração.

Gola: faixa de tecido ou peça dobrada anexada ao decote de uma camisa, blusa ou vestido.

Goma: acabamento aplicado em tecidos para adicionar consistência e armação.

Guiador: acessório anexado à base da máquina com linhas entalhadas claramente; utilizado para medir a largura das costuras.

Lanugem: superfície fibrosa produzida ao pentear as fibras do tecido durante o processo de acabamento. Utiliza-se um planejamento de corte para moldes unidirecionais, com a parte superior de todas as peças do molde colocadas na mesma direção.

Lapelas: abertura frontal que vai do ponto de quebra da peça de roupa até a dobra da gola.

Limpeza: camada duplicada de tecido costurada a uma borda não acabada de uma peça de roupa para dar acabamento. É virada para o lado avesso da peça de roupa e permanece plana.

Limpeza de fita: uma fita estreita e de gramatura leve, utilizada para cobrir a borda não acabada de uma bainha. Também é utilizada como reforço para cintura e costura.

Linha: filamentos finos e torcidos de fios utilizados para costura.

Linha da dobra da bainha: linha na qual a bainha é marcada, dobrada e virada para o lado interno.

Linha de ajuste: linha dupla em um molde que indica onde as alterações de comprimento (adição ou redução) devem ser feitas.

Linha de corte: linha contínua, longa e destacada impressa em um molde que indica o local onde o molde deve ser cortado.

Linha de costura do molde: linha indicada no molde para fazer a costura, geralmente a 10 mm de distância da borda.

Linha de quebra da gola: borda da lapela superior, dobrada para trás para produzir as lapelas.

Linha para bordado: linha fina e semelhante a uma corda utilizada para delinear uma casa de botão feita à mão.

Linha para casa de botão: linha de seda feita de fibra natural utilizada para casas de botão pregadas manualmente e outros detalhes de alfaiataria.

Linhas de estilo: qualquer outra linha de costura que não seja de costuras do ombro, da cava ou de costuras laterais. Geralmente, uma linha de estilo corre de um ponto a outro na peça de roupa, como uma pala desde a costura lateral até a costura lateral ou um recorte princesa do ombro desde o ombro até a cintura.

Malha por urdume: tecido de malha criado por várias laçadas formadas no sentido longitudinal.

Malha simples: tecidos tricotados com um conjunto de agulhas e um fio para formar laçadas ao longo da largura do tecido.

Manga quimono: manga cortada em peça inteira com o corpo da frente e das costas e costurada do ombro até o comprimento da manga.

Mangas postas: mangas com uma cabeça alta que se assemelha à forma do braço. As mangas postas são separadas do corpo e costuradas na cava após a costura do ombro e das costuras laterais.

Marcações do molde: símbolos para pences, casas de botão, piques, pontos e tomas impressos no molde para guiar a montagem de uma peça de roupa. São transferidas do molde ao tecido com alinhavo de alfaiate, piques, giz, pontos de alinhavo, carretilha ou papel carbono.

Margem da bainha: extensão na barra de saias, vestidos, blusas, mangas e calças, a qual é virada para dentro e costurada com um ponto apropriado para bainha.

Margem de costura: determinada quantidade de tecido alocada para unir seções de uma peça de roupa ou outros artigos.

Margem de folga: quantidade de folga adicionada às medidas do molde para deixar as peças de roupa mais confortáveis e permitir movimento.

Mercerizado: fios, linhas e tecidos de algodão com um acabamento de soda cáustica para adicionar resistência e brilho às fibras e torná-las mais receptivas aos corantes.

Método 1 de costura de embebimento: método de costura que enruga levemente o tecido, fazendo o excesso de folga se encaixar na costura.

Mitrar: formar uma costura diagonal em um canto de um decote ou uma bainha.

Montagem de unidade: procedimento de montagem em que cada peça é costurada, passada e estendida pelo máximo de tempo possível antes da inserção de mangas e golas. Isso reduz a quantidade de manuseio das várias peças de uma peça de roupa, o que as deixa com a aparência mais nova e economiza tempo.

Morim: tecido de algodão barato feito a partir de fios alvejados ou não.

Não tecido (TNT): tecido como entretela ou feltro, formado pela união de fibras por pressão e uso de calor ou produtos químicos.

Nesga: pedaço pequeno de tecido colocado em um corte ou uma costura para adicionar largura e folga. Geralmente, é inserida debaixo do braço para proporcionar folga a uma manga.

Ourela: acabamento estreito e firme ao longo das bordas longitudinais do tecido.

Pala: parte superior ajustada de blusas, calças ou saias.

Parte superior da gola: parte visível da gola na peça de roupa final.

Passa mangas: tábua feita de madeira, acolchoada e pequena revestida de tecido de algodão ou canvas tratado com silicone, utilizada para passar mangas e costuras.

Passar: uso de um ferro, com ou sem vapor, para prensar peças de roupa e costuras durante a montagem. Neste método, o ferro é apenas pressionado e levantado sobre a roupa, diferentemente de passar a ferro, em que o ferro é deslizado para frente e para trás sobre a roupa.

Passar a ferro: processo de alisar e estabilizar um tecido com um ferro aquecido.

Pé de gola: parte da gola que começa desde a linha de quebra até o decote.

Pé do botão: extensão feita de linha, plástico ou metal no lado inferior de um botão. O pé permite que o botão seja mantido acima do tecido, sobre a casa de botão.

Pé-calcador: acessório da máquina de costura que mantém firme o tecido enquanto a agulha costura. O pé-calcador comum é utilizado na maioria das costuras.

Pé-calcador para zíper: pé-calcador de pé único e com entalhe nas duas laterais para acomodar a agulha e facilitar a costura próxima à borda, como em zíperes e vivos para montagens do lado direito ou esquerdo. Existem diversos modelos de pés-caleadores para zíper.

Pence: apanhado de excesso de tecido, de diversas larguras, que se afunila em uma ou nas duas extremidades; utilizada para auxiliar no ajuste da peça de roupa nas curvas do corpo.

Pence do busto: auxilia no ajuste de uma peça de roupa sobre a área do busto. Geralmente, inicia na costura lateral ou do ombro e acaba 5 cm antes do ponto do busto (o ápice).

Pence francesa: pence diagonal que começa em qualquer ponto entre o quadril e 5 cm acima da cintura e que afunila em direção ao ponto (ápice) do busto.

Pence para a distribuição de volume: pence parcialmente costurada de modo que o volume seja liberado no final. Também chamada de pence aberta.

Pences de calças/saias: utilizadas para ajustar a cintura de uma saia ou uma calça. As pences frontais geralmente são mais curtas que as traseiras.

Pernas da pence: linhas de costura nos dois lados da pence.

Pesponto: uma ou várias fileiras de pontos de máquina costurados no lado de fora da peça de roupa, em todas as camadas da peça. Pode ser feito próximo a uma linha de costura para efeito decorativo ou a 6 mm de distância da borda.

Pesponto invisível: técnica em que um ponto reto é costurado na linha de junção de uma costura prévia, no lado direito da peça de roupa, sem que ela fique visível. Esse método é utilizado para finalizar cós, punhos, golas e limpeza francesa.

Pesponto rente: pontos feitos à máquina próximos de uma borda finalizada no lado direito do tecido.

Picotar: uso de tesouras de picote para cortar uma borda serrilhada em uma costura para impedir que o tecido se desfie. Também pode ser utilizado para produzir bordas decorativas em tecidos como feltro.

Pique: pequeno corte na margem de costura que vai quase até a linha de costura. Utilizado em costuras curvas para aliviar a tensão e deixar a costura plana quando for virada, como em decotes ou em cantos de costuras retas em golas, limpezas e decotes. No molde, indica as costuras que devem ser combinadas e não unidas.

Piques alternados: diversos cortes pequenos e retos em cada camada da margem de costura para que ela fique plana.

Pivot: posicionar um canto reto deixando a agulha no tecido, levantando o pé-calcador e girando o tecido para outra direção.

Ponto casamento: ponto manual e invisível utilizado para dar acabamento a bainhas e limpezas ou para unir as bordas de uma abertura. Em bainhas e limpezas, a técnica consiste em pegar uma linha da parte interna do tecido e passar a agulha pela dobra da outra borda.

Ponto caseado: acabamento vertical de ponto pequeno e feito à mão, com somente 3 mm de distância entre cada ponto, costurado sobre a borda de uma costura.

Ponto chuleado: acabamento de costura feito à mão com ponto de chuleio ou à máquina com ponto zigue-zague.

Ponto da pence: ponto de finalização e o próprio final da pence.

Ponto de inserção: linha aberta, utilizada como um ponto decorativo entre duas bainhas.

Ponto de reforço: um ponto reto feito à máquina na linha de costura, antes da peça de roupa ser montada, utilizado para reforçar as bordas da peça e impedir que ela fique distorcida durante a montagem.

Ponto decorativo: ponto feito à máquina ou por bordado, utilizado para efeitos de design.

Ponto espinho: ponto curto e manual, feito da esquerda para a direita, de fio a fio, para formar um ponto cruz mais fechado. Utilizado especialmente em bainhas.

Ponto invisível: ponto manual, pequeno e quase invisível, utilizado para a bainha. O método de passar a agulha através de uma dobra no tecido em cada ponto ajuda a ocultar a linha.

Ponto para franzido: ponto mais longo utilizado para reunir volume na linha de costura.

Ponto picado: ponto pequeno e resistente utilizado para finalizar manualmente uma aplicação de zíper. Também é chamado de ponto picado à mão.

Ponto reto: ponto permanente feito à máquina. O comprimento do ponto deve ser ajustado de acordo com o tecido.

Ponto zigue-zague: ponto regular que forma uma linha em zigue-zague; todos os pontos possuem a mesma largura e são costurados, geralmente, em linha reta.

Prega: dobra de tecido, geralmente costurada parcialmente, utilizada para ajuste e controle de volume e como uma característica do modelo da peça de roupa.

Preguear: franzir o tecido na linha de costura onde se deseja criar volume. Às vezes, as pregas são consideradas como várias fileiras de franzidos.

Pressão do pé-calcador: a quantidade de pressão exercida pelo pé-calcador sobre o tecido durante a costura. A pressão pode ser ajustada de acordo com o mais adequado para o tecido.

Pressão manual: processo que utiliza os dedos, e frequentemente vapor, para passar uma costura que não deve ser passada a ferro, como uma cabeça de manga.

Punhos: detalhe de acabamento para a borda inferior de mangas ou calças, que consiste em uma faixa separada ou dobrada.

Quilt: duas camadas de tecido costuradas com enchimento. A costura pode ser feita à mão ou à máquina, geralmente com padronagem em forma de diamante ou arabesco.

Rebater a costura: dobrar toda a margem de costura para o lado da limpeza ou o lado interno e costurar no lado direito da limpeza, costurando também a margem de costura, próximo à borda da costura. Isso permite que a costura fique plana e impede que a borda da costura fique aparente do lado direito da peça de roupa.

Refilar: aparar todas as margens de costura a fim de reduzir volume. Também chamado de junção da costura.

Reforçar: fortalecer uma área que estará sujeita à tensão. A área pode ser reforçada com um ponto de reforço (trouvete) próximo à linha de costura ou com uma peça de tecido no lado interior presa com uma fileira extra de pontos.

Reforço: pedaço pequeno de tecido ou fita costurado em uma área da peça de roupa para reforçar ou sustentar uma posição. Utilizado em pontos de corte e em cinturas.

Reforço da cabeça da manga: tiras extras de tecido macio ou enchimento de algodão ao redor da parte superior de uma cava para criar uma linha suave e sustentar o equilíbrio da cabeça da manga.

Retrocesso: ponto reverso da máquina utilizado para reforçar o início e o fim da costura.

Revel: lapelas estruturadas sem uma gola, utilizadas em casacos, jaquetas, blusas e vestidos. Serve como limpeza entre a parte externa da peça e o forro.

Rolo: unidade na qual o tecido é embalado pelo fabricante e vendido para lojas de tecidos.

Roupas reversíveis: peça de roupa finalizada que pode ser utilizada com ambos os lados para fora.

Sapata para bainha: acessório que vem com a maioria das máquinas de costura domésticas e possibilita a costura de bainhas.

Sentido do fio: fio longitudinal do tecido. Em moldes de costura, o sentido do fio é impresso como uma linha ou borda reta. Ao colocar peças do molde de papel sobre o tecido, o sentido do fio ou a seta devem ficar em paralelo com a ourela.

Sob medida: processo de corte, ajuste e costura para que uma peça de roupa se adeque ao corpo por meio de de pences, aberturas, bolsos, forros, bainhas e ferro.

Sobrepor: dobrar ou estender uma peça de roupa sobre outra.

Tecido: material que pode ser tecido, tricotado, feltrado ou laminado. Os tecidos podem ser feitos de fibras naturais ou sintéticas.

Tecido com elastano: tecido plano com fios texturizados construídos de modo que ele estique quando puxado, mas volte à forma original. Os fios com elastano proporcionam conforto, mantém a forma e são resistentes a rugas; geralmente são utilizados em brins ou gabardinas.

Tecido dublado: tecido com a parte de trás feita de malha ou forro leve selado por um adesivo para adicionar consistência e reforço.

Tecido felpudo: com superfície tecido texturizada, produzido por entrelaçamento de fios laçados na base, criando laços espaçados.

Tecidos aveludados: instruções para planejamento de corte em tecidos felpudos, em que todas as peças do molde precisam ser posicionadas na mesma direção.

Tecidos não aveludados (sem pé): instruções para planejamento em corte de tecidos sem lanugem, em que as peças do molde precisam ser posicionadas em qualquer direção.

Tensão: relação entre a agulha e as linhas da bobina e como elas se entrelaçam para formar o ponto de costura, criando um ponto mais solto ou firme.

Tesouras de costura: ferramenta de corte com uma lâmina de no mínimo 15 cm e um cabo maior que o outro. São maiores que as tesouras multiuso.

Tira de reforço: tira de tecido colocada no lado interno da peça de roupa principal; utilizada para reforçar casas de botão e bolsos e para pontos zigue-zague decorativos.

Tira em viés: utilizada para finalizar e reforçar uma borda não acabada. A tira em viés é dobrada para arrematar a borda e fica visível no lado direito e avesso da peça de roupa.

Toile: amostragem de uma peça de roupa feita de morim ou algodão que auxilia durante os processos de montagem e ajuste.

Tomas: dobra costurada, geralmente reta e paralela à dobra. As tomas proporcionam um volume casual, mas definido.

Tomas decorativas: tomas estreitas e com pespontos.

Tomas invisíveis: tomas costuradas de modo que a dobra de uma toma encontre a linha de costura da próxima toma no lado interno da peça de roupa.

Toque: "sensação" do tecido, sua flexibilidade, maciez e suavidade.

Unir: em instruções de moldes, geralmente significa juntar as peças com pontos, utilizando margem de costura normal e pontos regulares.

Velcro: dois pedaços de tira de tecido, com pequenos ganchos em um lado e uma superfície com laçadas em outro, que são unidos para formar um fechamento.

Viés: linha que corre na diagonal do sentido do fio de um tecido. O viés verdadeiro deve estar em um ângulo de 45°. Tecidos cortados no viés conseguem a elasticidade máxima para tecidos planos.

Viés/fita: dobra simples ou dupla de tiras cortadas no viés verdadeiro, no qual uma borda é costurada nas bordas da peça de vestuário como um acabamento ou uma guarnição.

Vinco: linha criada ao dobrar e passar um tecido.

Vira viés: ferramenta rígida de metal, de 25 cm aproximadamente, com uma alavanca e um gancho em uma das extremidades. Utilizado para virar tiras de viés do avesso.

Vivo: tira estreita de tecido cortada no viés e dobrada, utilizada para peças de roupa cortadas.

Wash-and-Wear: termo utilizado para descrever vários acabamentos aplicados aos tecidos. As peças de roupa produzidas nesses tecidos não precisam ser, obrigatoriamente, passadas após a lavagem.

Zíper: aviamentos feitos de dentes de metal ou cremalheiras sintéticas que se entrelaçam para produzir um fechamento completo.

ÍNDICE

Os números de página em itálico indicam ilustrações.

acabamento das margens 113
acabamento em viés 114
acabamentos
   bainhas 137
   costuras 113–16
acetato 36, 44
acrílico 44
agulha de haste achatada 27
agulha de ponta seta 27
agulhas 17, 22, 25, 27, 28
agulhas de mão 25
agulhas de ponta arredondada/ ponta bola 27
agulhas de ponta facetada 27
agulhas de ponta normal 25
agulhas para acolchoado 25
agulhas para bordar 25
ajuste da cintura da saia 74
ajuste da manga 73
ajuste de calça 74
ajuste do molde 70-4
   ajuste com moulage 72
   ajuste da calça 74
   ajuste da cintura da saia 74
   ajuste da manga 73
   ajuste do ombro 72
   alinhamento centro da frente/ das costas 72
   contrafio 71
   costuras laterais 71, 72
   equilíbrio da frente às costas 71
   equilíbrio/ajuste da cava 71, 73
   junção das peças com alfinete 71
   marcação do molde ajustado 73
   pences do busto 72
   recortes princesa 72
   sentidos do fio 71
ajuste do ombro 72
ajuste *ver* ajuste do molde
ajuste/equilíbrio da costura lateral 71, 72
ajustes com moulage 72
alfaiate, almofada de 29, 30
alfinetar, ajuste de molde 71
alfinetes 25
alfinetes de segurança 25
alfinetes sem cabeça 25
algodão 26, 36, 40
alinhavo com alfinete 84
almofada de alfaiate 29, 30
almofadas 25, 29, 31
almofadas de esmeril 25
almofadas para agulha 25
aplicação centrada/com abas 155, 156–7
área de trabalho 8
arremate, tesoura de 24
aselhas 147
avanços tecnológicos, tecidos 40
aviamentos 68

bainha à mão 136
bainha à máquina 136
bainha dupla com ponto rente 92
bainha mitrada 142
bainhas 135-42
   acabamentos 137
   bainha à mão 136
   bainha à máquina 136
   bainha mitrada 142
   bainhas coladas 136
   bainhas de canto 141
   como marcar e virar 138–9
   linha da bainha 136
   marcadores 23
   margem da bainha 136
   métodos de fixação 136
   ponto picot 92, 140
   pontos 91–2
   termos essenciais 136–7
   usos 137
   virar 138–9
bainhas coladas 136
bainhas de canto 141
bambu 36, 43
biótipos *ver* medidas
bloco de pressão 29
bobina, passar linha na caixa da 18
bobinas
   bobinas com caixas fixas 11
   colocação 18

como encher a bobina 17
como passar o fio na máquina 19
bobinas com caixas fixas 11
botões 144, 148–9
botões chatos (ou costuráveis) 148–9
botões com pé 149
braguilha separada e pertingal 155, 162–5

caixa de bobina 18
caixa de equipamentos 8
cânhamo 42
carretilhas 25, 81
casas de botão 23, 26, 145–7
casas horizontais 145
casas feitas à máquina 146
casas verticais 145
categorias das peças de roupa 65–6
categorias de vestuário 65–6
cera de abelha 25
colchetes 144, 151
colchetes de pressão 144
como marcar o molde *ver* marcações do molde
como passar a linha 15–16, 17, 18
contrafio 37, 64, 71
cortadores rotativos 24
corte
   ferramentas 24
   planejamento do corte do molde 75–6, 80
   tecidos felpudos 45
   tecidos felpudos 45
   técnica 75–6
costura chanel 100–1

costura de embebimento, método 1 87
costura de embebimento, método 2 87
costura de pala 110–11
costura de pala de camisa 110–11
costura de segurança 86
costura inglesa 104
costura simples 96–7, 113, 114
costura welt aberta 116
costuras 94-116
   acabamento das margens 113
   acabamento em viés 114
   acabamentos 113–16
   comprimento do ponto 94
   costura chanel 100–1
   costura de pala 110–11
   costura de pala de camisa 110–11
   costura inglesa 104
   costura simples 96–7, 113–114
   costura welt aberta 116
   costuras com canto 108–9
   costuras com vivo e cordão 105
   costuras curvas 106–7
   costuras de canto 108–9
   costuras feitas à máquina 94
   costuras francesas 102-3
   costuras franzidas 20
   costuras welt 115, 116
   diretrizes de costura 95
   linha de costura 94
   linhas de orientação 95
   margem de costura 69, 94
   passar a ferro 30
   pé-calcador 95
   ponto de reforço 94

pontos de alinhavo 98–9
recortes princesa 72
retrocesso 94
rolos de costura 29, 31
técnica de babados 112
costuras com canto 108–9
costuras com vivo e cordão 105
costuras curvas 106–7
costuras de canto 108–9
costuras feitas à máquina 94
costuras francesas 102-3
costuras franzidas 20
costuras welt 115, 116
cuidados necessários, tecidos 65–6
curvas francesas 23

dedal 25
descrição do molde 68
desenhos 68
desenhos técnicos 68
design de roupas *ver* planejamento do design
DVDs 168

elastano 44
elástico, costurando o 90
entretela com inserção de urdume 47
entretela por malha de urdume 47
entretelar, entretelas 49, 79
entretelas 47–51
   conteúdo da fibra 47
   entretela com inserção de urdume 47
   entretela por malha de urdume 47
   entretelar 49, 79

entretelas colantes 49, 50
entretelas costuráveis 49, 51
entretelas não colantes 49, 51
gramatura 48
planejamento do corte do molde 79
pré-encolhimento 49
processo de tecelagem 47–8
seleção de 47
tipos 48
entretelas colantes 49, 50
entretelas costuráveis 49, 51
entretelas não colantes 49, 51
entretelas não tecido 48
entretelas tecidas 47
envelopes de molde 67, 69
equilíbrio da frente às costas, ajuste do molde 71
equilíbrio/ajuste da cava 71, 73
equipamentos e ferramentas
    de corte 24, 80
    de costura 25
    de medida 23
    de passadoria 29
    suprimentos diversos 25
especificações de tamanho de empresas 68
especificações de tamanhos 68
    ver também medidas
estampa do tecido 63
estrutura cetim 38
estrutura sarja 38
estrutura tela 38

fabricantes de máquinas de costura/overloques 169

fechamentos 143–67
    botões 144, 148–9
    casas de botão 145–7
    colchetes 144, 151
    colchetes de pressão 144
    fivelas 144
    ilhoses de metal 144
    medidor de costura 144
    termos essenciais 144
    velcro 144, 150
    Velcro 144, 150
    zíperes 144, 152–67
fendas (prega embutida) 130
ferramentas de costura 25
ferramentas ver equipamentos e ferramentas
ferro a vapor 29, 30
ferros 29, 30
fibras artificiais ou sintéticas 35
fibras ecologicamente corretas 35
fibras metálicas 35
fibras/tecidos naturais 34, 35, 40–3
fibras/tecidos sintéticos 36, 43–5
fio da trama 37
fio reto, tecidos 37
fita métrica 23
fita métrica de gancho 23
fivelas 144
forros 46, 79
franzido 88–9
função de diferencial externo 21

giz de alfaiate 25
glossário de termos de costura 170–6
gramatura dos tecidos 62
guia 69

ilhoses 144
ilhoses de metal 144
iluminação da área de trabalho 8

lã 35, 36, 42
lápis de giz 25
leitura complementar 168
limpeza de máquinas de costura 20
linha 26, 28
linha da bainha 136
linha de acolchoado para máquina 26
linha de costura 94
linha de fio de poliéster 26
linha de overloque 26
linha mista 26
linha para casa de botão 26
linhas de algodão mercerizado 26
linhas de dobras, planejamento do corte do molde 79–80
linho 36, 40–1
livros 168
luva de costureira 29
luvas 29

malha por urdume 39, 47
malha retilínea 39, 47
malhas duplas 39
malhas simples 39
máquina de costura reta frontal 15
máquina de costura Viking Designer Diamond 12
máquina industrial Durkopp Adler 13
máquinas com bobina de caixa fixa 11

máquinas com tensor e estica-fio na lateral 16
máquinas de bordado 13
máquinas de costura, solução de problemas 20
máquinas de costura 9–20
   agulhas 27
   cabeçote da máquina 10
   categorias 9
   check-list 20
   colocação de bobinas 18
   como encher a bobina 17
   como escolher 9
   como limpar 20
   como passar linha 15–16, 17
   como passar linha na agulha 17
   como passar linha na bobina 19
   como passar linha na caixa da bobina 18
   componentes 14
   costura artística 12
   costura de moda 12
   costura de passatempo 12
   detalhes mecânicos 9
   fabricantes 169
   funções 10
   máquina com caixa móvel 11
   máquina reta frontal 15
   máquinas com bobina de caixa fixa 11
   máquinas com tensor e estica-fio na lateral 16
   máquinas computadorizadas 9, 11
   máquinas de bordado 13
   máquinas de gabinete 11
   máquinas domésticas 9, 11
   máquinas industriais 9, 10, 13, 16, 169
   máquinas mecânicas 9
   máquinas portáteis 11
   medidores 23, 144
   modelos 11
   modelos de bobinas 11
   partes de 14
   pequenas empresas de confecção 13
   pontos 9, 20
   posição do pé-calcador 154
   recursos 10
   seleção de 9
   solução de problemas 20
   tipos 9
   valor de 9, 11–13
   ver também overloques
máquinas de costura computadorizadas 9, 11
máquinas de costura domésticas 9, 11
máquinas de costura industriais 9, 10, 13, 16, 169
máquinas de costura portáteis 11
máquinas de gabinete 11
máquinas mecânicas 9
marcações do molde
   bainhas 138–9
   carretilhas 81
   envelopes de molde 69
   métodos 80–1
   molde ajustado 73
   pence recortada 123–4
   pence simples 119–20
   pence simples curva 121–2
   pences internas 125
   pregas simples 127
   tomas para distribuição de volume 132–3
marcadores de bainha 23
margem da bainha 136
margem de costura 69, 94
medida da cintura 67
medida do busto 67
medida do quadril 67
medidas 53–9
   adolescentes 58
   bebês 56
   crianças 56–8, 67
   crianças de 1-2 anos 56
   especificações de tamanho para empresas 68
   ferramentas 23
   homens 59, 67
   mulheres 54–5, 67
   seleção de molde 67, 68
medidas infantis 56–8, 67
medidas para adolescentes 58
medidas para adolescentes 58
medidas para bebês 56
medidas para crianças de 1–2 anos 56
medidas para homens 59, 67
medidas para meninas 56, 57, 58
medidas para meninos 57, 58
medidas para mulheres 54–5, 67
medidor de casa de botão 23
medidor de costura 23, 144
método de marcação com lápis 81
modelo da peça de roupa *ver* planejamento do design
moldar, tecidos 64

overloques 21–2, 140, 168, 169

overloques domésticas 21

overloques industriais 21

papel 25, 81

papel carbono 25, 81

passa mangas 29

passar 29, 30–1

pé-calcador 95

pé-calcador com meio pé para zíper 154

pé-calcador para franzido 88

pé-calcador para vivo 154

pé-calcador para zíper 154

peças do molde, aplicação de zíper 160–5

pence recortada 123–4

pence simples 119–20

pence simples curva 121–2

pences 117–25

  boca da pence 117

  costurar 119–25

  passar a ferro 30

  pence recortada 123–4

  pence simples 119–20

  pence simples curva 121–2

  pences da calça 117

  pences da saia 117

  pences do busto 72, 117

  pences francesas 118

  pences internas 118, 125

  pernas da pence 117

  ponto da pence 117

  tipos 117–18

  tomas 131

  usos 117

pences da calça 117

pences da saia 117

pences do busto 72, 117

pences francesas 118

pences internas 118, 125

pesponto 85

pesponto rente 86

piques, envelopes de molde 69

planejamento do corte do molde 75–80

  alfinetando no sentido do fio/linhas de dobras 79–80

  corte de tecido 75–6, 80

  entretelas 79

  forros 79

  planejamento de corte para moldes bidirecionais 77

  planejamento de corte para moldes unidirecionais 77

  selecionando 76

  sentidos do fio 76

  tecidos listrados 78

  tecidos xadrezes 78

planejamento do design 62–6

  características do modelo 62

  estampa do tecido 63

  linhas de design 62

  preferência de cor 63

  tecido pré-encolhido 64

poliamida 43

poliéster 26, 44

ponto casamento 92

ponto de reforço 85, 94

ponto invisível 92

ponto permanente 84

ponto picado 91

ponto picot 92, 140

pontos 9, 83–92

  alinhavo com alfinete 84

  aplicação de zíper 159

  bainhas 91–2

  conceitos 84-6

  costura de embebimento, método 1 87

  costura de embebimento, método 2 87

  costura de segurança 86

  linhas de orientação 20

  pesponto 85

  pesponto invisível 86

  pesponto rente 86

  ponto casamento 92

  ponto de reforço 85

  ponto espinho 91

  ponto invisível 92

  ponto para franzido 88–9

  ponto permanente 84

  ponto picado 91

  ponto picot 92

  ponto rente da bainha dupla 92

  ponto reto 84

  pontos de alinhavo 84

  pontos de costura 84

  pontos decorativos 21

  pontos zigue-zague 85

  rebatendo a costura 86

  solução de problemas 20

  termos essenciais 84-6

pontos de alinhavo 84, 98–9

pontos de costura 84

  ver também pontos

pontos decorativos 21

pontos espinho 91

pontos zigue-zague 85

pré-encolhimento 49, 64
preferência de cores, planejamento do design 63
prega fêmea 129, 130
prega macho 130
pregas 126–30
   fendas (prega embutida) 130
   prega fêmea 129, 130
   prega macho 130
   pregas armadas 126
   pregas com pesponto para baixo 128
   pregas embutidas 130
   pregas passadas 126
   pregas simples 127
   variações 128
pregas armadas 126
pregas com pesponto para baixo 128
pregas embutidas 130
pregas passadas 126
pregas simples 127

rami 42
rebatendo a costura 86
recortes princesa 72
régua de um metro 23
réguas 23
renda 45
retrocesso 94
rolos de costura 29, 31

sapata com meio pé 154
sapata para zíper ajustável 154
seda 36, 41

seleção de molde 67–9
   aviamentos 68
   descrição do molde 68
   desenhos técnicos 68
   envelopes de molde 67, 69
   especificações de tamanho de empresas 68
   medidas 67, 68
   quantidade de tecido necessária 68
   tamanho 67, 68
sentidos do fio
   ajuste de molde 71
   planejamento do corte do molde 76, 79–80
   tecidos 37, 64
solução de problemas, máquinas de costura 20

tábua de agulha 29, 31
tábua de alfaiate 29
tábua de passar 29
tecido de proteção 29
tecidos "tecno-naturais" 34, 40
tecidos artificiais 43–5
tecidos aveludados 45, 77
tecidos de microfibras 35
tecidos felpudos 45, 77
tecidos finos 34
tecidos listrados 78
tecidos mistos 36, 44
tecidos orgânicos 40–3
tecidos planos 38, 47
tecidos xadrezes 78
tecidos/fibras 33–51
   acetato 36, 44

acrílico 44
algodão 26, 36, 40
avanços tecnológicos 40
bambu 36, 43
cânhamo 42
categorias das peças de roupa 65–6
contrafio 37, 64
cuidados necessários 65–6
elastano 44
entretelas 47, 47–51
estampa do tecido 63
fibras artificiais ou sintéticas 35
fibras ecologicamente corretas 35
fibras metálicas 35
fibras/tecidos naturais 34, 35, 40–3
fio 37, 64
fio reto 37
forros 46
gramatura 62
lã 35, 36, 42
linho 36, 40–1
malha retilínea 39
moldar 64
montagem 38–9
planejamento do design 62–6
poliamida 43
poliéster 26, 44
pré-encolhimento 64
qualidade 62
quantidade necessária 68
rami 42
renda 45
seda 36, 41

seleção 62–6
sintéticos 36, 43–5
tamanho da agulha 28
tecidos "tecno-naturais" 34, 40
tecidos artificiais 43–5
tecidos aveludados 45
tecidos aveludados 45, 77
tecidos de microfibras 35
tecidos finos 34
tecidos listrados 78
tecidos mistos 36, 44
tecidos orgânicos 40-3
tecidos planos 38
tecidos xadrezes 78
Tencel 43
teste de queima 36
textura 34
viés 37
viscose 43
técnica de babados, costuras 112
Tencel 43
tesoura de arremate 24
tesouras 24, 80
tesouras de costura 24

tesouras de picote 24
têxteis ver tecidos/fibras
textura dos tecidos 34
tipos de bobinas para máquinas de costura 11
tomas 131–4
   tomas como pences 131
   tomas decorativas 131, 134
   tomas para distribuição de volume 132–3
   usos 131
tomas como pences 131
tomas decorativas 131, 134
tomas para distribuição de volume 132–3

velcro 144, 150
Velcro 144, 150
viés, tecidos no 37
vira viés 25
viscose 43

zíper central 155, 156–7
zíper com carcela embutida 160–1

zíper convencional 152
zíper destacável 153
zíper invisível 153, 155, 166–7
zíper transpassado/com uma aba 155, 158–9
zíperes 152–67
   aplicação centrada/com abas 155, 156–7
   aplicações 155–67
   braguilha separada e pertingal 155, 162–5
   definição 144
   métodos de inserção 155–67
   modelos 152–3
   pé-calcador para zíper 154
   peças do molde 160–5
   zíper central 155, 156–7
   zíper com carcela embutida 160–1
   zíper convencional 152
   zíper destacável 153
   zíper invisível 153, 155, 166–7
   zíper transpassado/com uma aba 155, 158–9